信息系统监理师章节习题与考点特训
（适用第 2 版考纲）

主 编 薛大龙

副主编 刘 伟 陈 健 王 红 赵德端

中国水利水电出版社
www.waterpub.com.cn
·北京·

内 容 提 要

信息系统监理师考试是全国计算机技术与软件专业技术资格（水平）考试（简称"软考"）的中级资格考试，考试通过可获得中级工程师职称。

本书针对第 2 版信息系统监理师考试大纲编写，作为软考教材的章节习题集，本书具有四个特点：目录与第 2 版官方教材一致；知识点分布与最新考纲一致；重点与高频考点一致；难度与历年真题一致。在学习知识点之后，再做与该章节知识点相对应的练习题，可以极大地提升学习效率。

本书可作为考生备考信息系统监理师的学习教材，也可供相关考试培训班使用。

图书在版编目（CIP）数据

信息系统监理师章节习题与考点特训 : 适用第 2 版考纲 / 薛大龙主编. -- 北京 : 中国水利水电出版社, 2024. 7. -- ISBN 978-7-5226-2619-2

Ⅰ. G202-44

中国国家版本馆 CIP 数据核字第 2024UW5381 号

策划编辑：周春元　　责任编辑：杨元泓　　封面设计：李 佳

书　名	信息系统监理师章节习题与考点特训（适用第 2 版考纲） XINXI XITONG JIANLISHI ZHANGJIE XITI YU KAODIAN TEXUN（SHIYONG DI-ER BAN KAOGANG）
作　者	主　编　薛大龙 副主编　刘 伟　陈 健　王 红　赵德端
出版发行	中国水利水电出版社 （北京市海淀区玉渊潭南路 1 号 D 座　100038） 网址：www.waterpub.com.cn E-mail：mchannel@263.net（答疑） 　　　　sales@mwr.gov.cn 电话：（010）68545888（营销中心）、82562819（组稿）
经　售	北京科水图书销售有限公司 电话：（010）68545874、63202643 全国各地新华书店和相关出版物销售网点
排　版	北京万水电子信息有限公司
印　刷	三河市鑫金马印装有限公司
规　格	184mm×240mm　16 开本　14.75 印张　354 千字
版　次	2024 年 7 月第 1 版　2024 年 7 月第 1 次印刷
印　数	0001—3000 册
定　价	48.00 元

凡购买我社图书，如有缺页、倒页、脱页的，本社营销中心负责调换

版权所有·侵权必究

本书之 WHAT&WHY

为什么选择本书

软考的历年全国平均通过率一般在 10%左右。考试所涉及的知识范围较广，而考生一般又多忙于工作，仅靠教材，考生在有限的时间内很难领略及把握考试的重点和难点。

本书作者多年来潜心研究软考知识体系，对历年的软考试题进行了深入分析、归纳与总结，并把这些规律性的东西融入软考培训的教学中，取得了非常显著的效果。但限于各方面条件，能够参加面授的考生还是相对少数，为了能让更多考生分享到我们的一些经验与成果，特组织编写了本书。本书具有以下四个特点：

> **目录与第 2 版官方教材一致**：本书按照分类组织成习题集，使考生能更有针对性地复习和应考，考生通过做本书的习题，可掌握教材各章的知识点，考试重点和难点，熟悉考试方法、试题形式、试题的深度与广度、考试内容的分布，以及解答问题的方法和技巧。

> **知识点分布与最新考纲一致**：本书作者通过细致分析考试大纲，结合命题规律，使得本书中的题目分布与最新的信息系统监理师考试大纲的要求一致，符合考纲要求的正态分布。在学习知识点之后，再做与该章节知识点相对应的练习题，可以极大地提升学习效率。

> **重点与高频考点一致**：本书将作者团队中多名杰出讲师的软考教学经验、多年试题研究及命题规律总结经验融汇在一起，练习题目与高频考点呈强正相关的关系，同时兼顾非高频考点。

> **难度与历年真题一致**：本书在以上三个特点的基础上，还专门分析了考试难度，使得练习题的难度与历年真题的难度一致，从而使考生不过多地正偏离，也不负偏离，符合考试的要求。

本书作者不一般

本书由薛大龙担任主编，刘伟、陈健、王红、赵德端担任副主编。具体负责章节如下：第 1~3 章由赵德端负责，第 4~7 章由王红负责，第 8、9 章由薛大龙、刘伟负责，第 10~19 章由刘伟负责，第 20~25 章由陈健负责。全书由薛大龙确定架构，刘伟统稿，薛大龙定稿。

薛大龙，全国计算机技术与软件专业技术资格考试辅导教材编委会主任，财政部政府采购评审专家，北京市评标专家，曾多次参与软考的命题与阅卷，作为规则制定者非常熟悉命题要求、命题形式、命题难度、命题深度、命题重点及判卷标准等。

刘伟，高级工程师，全国计算机技术与软件专业技术资格考试辅导教材编委会委员，财政部政府采购评审专家，山东省政府采购评审专家。软考资深讲师，信息系统项目管理师，系统规划与管理师、信息系统监理师，系统集成项目管理工程师。主持或参与大型信息化建设项目10余年，具有丰富的实践和管理经验。

陈健，高级工程师，具有信息系统项目管理师、信息系统监理师、网络工程师、系统集成项目管理工程师等资格，科技部省级众创空间特约讲师，全国计算机软件资格考试辅导书编委会委员，财政部政府采购评审专家，山东省政府采购评审专家，淄博市机电职业教育集团产业特聘教授，具备丰富的信息网络系统（电子政务网）建设与运行维护经验，信息应用系统项目（智慧城市方向）建设经验。

王红，软考资深讲师，PMP、系统集成项目管理工程师、信息系统监理师。具有丰富的软考和项目管理实战与培训经验，对软考有深刻研究，专业知识扎实，授课方法精妙，经常采用顺口溜记忆法和一些常识引发考生的理解与记忆；风格干净利落，温和中不失激情，极富感染力，深受学员好评。非常熟悉题目要求、题目形式、题目难度、题目深度等，曾在北京、上海、广东、湖北等地进行公开课和企业内训。

赵德端，软考新锐讲师，授课学员近十万人次。专业基础扎实，授课思路清晰，擅长提炼总结高频考点，举例通俗易懂，化繁为简。深知考试套路，熟知解题思路。教学风格生动活泼，灵活有趣，擅长运用口诀联系实际进行授课，充满趣味性，深受学员喜爱。

本书适合谁

本书可作为考生备考"信息系统监理师"的学习教材，也可供相关考试培训班使用。考生可通过学习本书，掌握考试的重点，熟悉试题形式及解答问题的方法和技巧等。

致谢

感谢中国水利水电出版社周春元编辑在本书的策划、写作大纲的确定、编辑出版等方面付出的辛勤劳动和智慧，以及他给予我们的很多支持与帮助。

由于编者水平有限，且本书涉及的内容很广，书中难免存在疏漏和不妥之处，诚恳地期望各位专家和读者不吝指正和帮助，对此，我们将十分感激。

编 者
2024年于北京

目 录

本书之 WHAT&WHY

第1章　信息与信息化 ············ 1
1.1　信息与信息化概述 ············ 1
答案及解析 ············ 1
1.2　国家信息化 ············ 2
答案及解析 ············ 2
1.3　信息基础设施 ············ 2
答案及解析 ············ 3
1.4　信息化应用 ············ 5
答案及解析 ············ 6

第2章　信息系统工程 ············ 7
2.1　信息系统 ············ 7
答案及解析 ············ 8
2.2　系统工程 ············ 8
答案及解析 ············ 9
2.3　软件工程 ············ 11
答案及解析 ············ 12
2.4　数据工程 ············ 13
答案及解析 ············ 14
2.5　系统集成工程 ············ 15
答案及解析 ············ 15
2.6　安全工程 ············ 16
答案及解析 ············ 16

第3章　信息网络系统 ············ 18
3.1　信息网络系统体系框架和OSI七层模型 ············ 18
答案及解析 ············ 18
3.2　TCP/IP协议族 ············ 19
答案及解析 ············ 20
3.3　网络传输平台 ············ 21

答案及解析 ············ 21
3.4　网络和应用服务平台 ············ 22
答案及解析 ············ 22
3.5　安全服务平台 ············ 23
答案及解析 ············ 23
3.6　网络管理和维护平台 ············ 24
答案及解析 ············ 24
3.7　环境系统建设 ············ 25
答案及解析 ············ 25

第4章　信息资源系统 ············ 27
4.1　数据资源平台 ············ 27
答案及解析 ············ 28
4.2　云系统资源 ············ 29
答案及解析 ············ 31

第5章　信息应用系统 ············ 34
5.1　信息应用系统的分类 ············ 34
答案及解析 ············ 34
5.2　典型信息应用系统 ············ 35
答案及解析 ············ 36

第6章　信息安全 ············ 38
6.1　信息安全的定义及属性 ············ 38
答案及解析 ············ 38
6.2　信息安全的发展历程 ············ 39
答案及解析 ············ 39
6.3　信息安全的主要技术和措施 ············ 39
答案及解析 ············ 40
6.4　网络安全等级保护 ············ 42
答案及解析 ············ 42
6.5　信息安全风险评估概述 ············ 43

答案及解析 …………………………………… 43
　6.6　关键信息基础设施保护 …………………… 43
　　答案及解析 …………………………………… 44
　6.7　数据安全的主要策略及方法 ……………… 44
　　答案及解析 …………………………………… 44
第7章　运行维护 …………………………………… 45
　7.1　运行维护概述 ……………………………… 45
　　答案及解析 …………………………………… 45
　7.2　运行维护服务能力 ………………………… 46
　　答案及解析 …………………………………… 46
　7.3　运行维护服务交付过程 …………………… 47
　　答案及解析 …………………………………… 47
　7.4　运行维护应急管理 ………………………… 48
　　答案及解析 …………………………………… 48
第8章　信息系统工程监理基础知识 ……………… 49
　8.1　信息系统工程监理的意义和作用 ………… 49
　　答案及解析 …………………………………… 50
　8.2　信息系统工程监理的相关概念 …………… 50
　　答案及解析 …………………………………… 51
　8.3　信息系统工程监理的发展 ………………… 52
　　答案及解析 …………………………………… 52
　8.4　信息系统工程监理的依据 ………………… 53
　　答案及解析 …………………………………… 53
　8.5　信息系统工程监理的风险 ………………… 53
　　答案及解析 …………………………………… 54
　8.6　信息系统工程监理服务的成本 …………… 55
　　答案及解析 …………………………………… 55
　8.7　监理及相关服务的质量与评价 …………… 56
　　答案及解析 …………………………………… 56
第9章　监理工作的组织和规划 …………………… 57
　9.1　监理机构 …………………………………… 57
　　答案及解析 …………………………………… 57
　9.2　监理大纲 …………………………………… 59
　　答案及解析 …………………………………… 60
　9.3　监理规划 …………………………………… 61

　　答案及解析 …………………………………… 62
　9.4　监理实施细则 ……………………………… 63
　　答案及解析 …………………………………… 64
　9.5　监理大纲、监理规划、监理实施细则
　　　　的异同 ……………………………………… 65
　　答案及解析 …………………………………… 66
第10章　质量控制 ………………………………… 68
　10.1　质量控制基础 …………………………… 68
　　答案及解析 …………………………………… 69
　10.2　对质量影响因素的控制 ………………… 69
　　答案及解析 …………………………………… 70
　10.3　质量控制体系建设 ……………………… 71
　　答案及解析 …………………………………… 72
　10.4　质量控制手段 …………………………… 72
　　答案及解析 …………………………………… 73
　10.5　质量控制点 ……………………………… 74
　　答案及解析 …………………………………… 75
　10.6　监理质量控制工作 ……………………… 75
　　答案及解析 …………………………………… 76
第11章　进度控制 ………………………………… 78
　11.1　进度与进度控制 ………………………… 78
　　答案及解析 …………………………………… 79
　11.2　进度控制的目标与范围 ………………… 80
　　答案及解析 …………………………………… 81
　11.3　进度控制技术 …………………………… 81
　　答案及解析 …………………………………… 83
　11.4　监理进度控制工作 ……………………… 84
　　答案及解析 …………………………………… 87
第12章　投资控制 ………………………………… 90
　12.1　管理基础 ………………………………… 90
　　答案及解析 …………………………………… 90
　12.2　投资控制过程 …………………………… 90
　　答案及解析 …………………………………… 92
　12.3　投资构成和投资控制方法 ……………… 94
　　答案及解析 …………………………………… 98

12.4 监理投资控制工作 …………………… 102	16.2 项目环境 …………………………… 129
答案及解析 ……………………………… 103	答案及解析 ……………………………… 129

第 13 章 合同管理 ……………………………… 105
13.1 信息系统工程合同的内容及分类 …… 105
答案及解析 ……………………………… 106
13.2 信息系统工程合同管理的内容
与基本原则 ……………………… 108
答案及解析 ……………………………… 109
13.3 合同索赔的处理 ……………………… 110
答案及解析 ……………………………… 110
13.4 合同争议的处理 ……………………… 111
答案及解析 ……………………………… 111
13.5 合同违约的管理 ……………………… 112
答案及解析 ……………………………… 113
13.6 知识产权保护 ………………………… 114
答案及解析 ……………………………… 114

第 14 章 信息管理 ……………………………… 115
14.1 信息系统工程的信息与信息管理 …… 115
答案及解析 ……………………………… 116
14.2 信息资料管理方法 …………………… 117
答案及解析 ……………………………… 117
14.3 监理相关信息分类 …………………… 118
答案及解析 ……………………………… 118
14.4 监理信息管理工作 …………………… 119
答案及解析 ……………………………… 120

第 15 章 组织协调 ……………………………… 122
15.1 组织协调的概念与内容 ……………… 122
答案及解析 ……………………………… 122
15.2 组织协调的基本原则 ………………… 123
答案及解析 ……………………………… 124
15.3 监理组织协调工作 …………………… 124
答案及解析 ……………………………… 125

第 16 章 项目管理 ……………………………… 127
16.1 项目及项目管理的重要性 …………… 127
答案及解析 ……………………………… 128

16.3 PMBOK 项目管理知识体系 ………… 130
答案及解析 ……………………………… 131
16.4 项目管理与监理工作的关系 ………… 133
答案及解析 ……………………………… 134

第 17 章 变更控制 ……………………………… 135
17.1 工程变更概述 ………………………… 135
答案及解析 ……………………………… 136
17.2 变更控制原则 ………………………… 136
答案及解析 ……………………………… 137
17.3 变更控制方法 ………………………… 137
答案及解析 ……………………………… 138
17.4 变更控制内容 ………………………… 139
答案及解析 ……………………………… 140
17.5 监理变更控制要点 …………………… 141
答案及解析 ……………………………… 142

第 18 章 风险管理 ……………………………… 143
18.1 风险管理概述 ………………………… 143
答案及解析 ……………………………… 143
18.2 风险管理过程 ………………………… 144
答案及解析 ……………………………… 145
18.3 风险评估技术与方法 ………………… 146
答案及解析 ……………………………… 147

第 19 章 监理支撑要素 ………………………… 149
19.1 法律法规 ……………………………… 149
答案及解析 ……………………………… 152
19.2 标准规范 ……………………………… 156
答案及解析 ……………………………… 157
19.3 监理合同 ……………………………… 159
答案及解析 ……………………………… 160
19.4 监理服务能力 ………………………… 161
答案及解析 ……………………………… 161

第 20 章 信息系统工程监理基础工作 ………… 163
20.1 规划阶段监理基础工作 ……………… 163

答案及解析 …………………………… 164	22.5 验收阶段监理工作 …………………… 192
20.2 招标阶段监理基础工作 …………… 164	答案及解析 …………………………… 193
答案及解析 …………………………… 165	22.6 软件支持过程的监理工作 ………… 194
20.3 设计阶段监理基础工作 …………… 165	答案及解析 …………………………… 194
答案及解析 …………………………… 166	22.7 软件工程项目文档清单 …………… 194
20.4 实施阶段监理基础工作 …………… 167	答案及解析 …………………………… 195
答案及解析 …………………………… 168	22.8 案例分析题 ………………………… 195
20.5 验收阶段监理基础工作 …………… 170	答案及解析 …………………………… 196
答案及解析 …………………………… 171	第23章 数据中心监理 ……………………… 198
20.6 案例分析题 ………………………… 173	23.1 概述 ………………………………… 198
答案及解析 …………………………… 173	答案及解析 …………………………… 198
第21章 基础设施工程监理 ………………… 175	23.2 招标阶段监理工作 ………………… 199
21.1 概述 ………………………………… 175	答案及解析 …………………………… 199
答案及解析 …………………………… 175	23.3 设计阶段监理工作 ………………… 200
21.2 招标阶段监理工作 ………………… 176	答案及解析 …………………………… 200
答案及解析 …………………………… 176	23.4 实施阶段监理工作 ………………… 201
21.3 设计阶段监理工作 ………………… 177	答案及解析 …………………………… 202
答案及解析 …………………………… 177	23.5 验收阶段监理工作 ………………… 203
21.4 实施阶段监理工作 ………………… 178	答案及解析 …………………………… 203
答案及解析 …………………………… 178	23.6 案例分析题 ………………………… 203
21.5 验收阶段监理工作 ………………… 179	答案及解析 …………………………… 204
答案及解析 …………………………… 179	第24章 信息安全监理 ……………………… 206
21.6 各子系统工程监理内容 …………… 180	24.1 概述 ………………………………… 206
答案及解析 …………………………… 181	答案及解析 …………………………… 207
21.7 案例分析题 ………………………… 182	24.2 规划设计阶段监理工作 …………… 208
答案及解析 …………………………… 183	答案及解析 …………………………… 208
第22章 软件工程监理 ……………………… 187	24.3 招标阶段监理工作 ………………… 209
22.1 概述 ………………………………… 187	答案及解析 …………………………… 209
答案及解析 …………………………… 187	24.4 设计阶段监理工作 ………………… 209
22.2 招标阶段监理工作 ………………… 188	答案及解析 …………………………… 210
答案及解析 …………………………… 188	24.5 实施阶段监理工作 ………………… 211
22.3 设计阶段监理工作 ………………… 188	答案及解析 …………………………… 211
答案及解析 …………………………… 189	24.6 测试评估阶段监理工作 …………… 211
22.4 实施阶段监理工作 ………………… 190	答案及解析 …………………………… 212
答案及解析 …………………………… 191	24.7 验收阶段监理工作 ………………… 212

答案及解析 …………………………………… 212
　24.8　信息安全合规性要求 …………………… 212
　　答案及解析 …………………………………… 213
　24.9　信息安全关键技术要求 ………………… 214
　　答案及解析 …………………………………… 214
　24.10　案例分析题 ……………………………… 214
　　答案及解析 …………………………………… 215
第25章　运行维护监理 …………………………… 217
　25.1　概述 ……………………………………… 217
　　答案及解析 …………………………………… 217

　25.2　招标阶段监理工作 ……………………… 218
　　答案及解析 …………………………………… 218
　25.3　实施阶段监理工作 ……………………… 219
　　答案及解析 …………………………………… 220
　25.4　评估阶段监理工作 ……………………… 222
　　答案及解析 …………………………………… 222
　25.5　运行维护的监理要点 …………………… 223
　　答案及解析 …………………………………… 223
　25.6　案例分析题 ……………………………… 224
　　答案及解析 …………………………………… 225

第1章 信息与信息化

1.1 信息与信息化概述

- 以下关于数据与信息的说法，错误的是___(1)___。
  - (1) A. 信息是经过对数据的处理和加工得来的
    - B. 信息由原始事实组成
    - C. 常见的数据有字母数字数据、图像数据、音频数据
    - D. 数据代表现实世界
- 信息可以用于多种目的，有价值的信息具有___(2)___的特征。
  - (2) A. 便捷性　　　B. 经济性　　　C. 灵活性　　　D. 相关性
- 下列___(3)___不属于有价值的信息的特征。
  - (3) A. 准确性　　　B. 完整性　　　C. 及时性　　　D. 多样性
- 关于信息化基本内涵的描述，不正确的是___(4)___。
  - (4) A. 信息化的手段是基于现代信息技术的先进社会生产工具
    - B. 信息化的空域是政治、经济、文化、军事和社会一切的领域
    - C. 信息化实现的途径是创建信息时代的社会生产力，推动社会生产关系及社会上层建筑的改革
    - D. 信息化的主体是信息技术领域的从业者，包括开发和测试人员

答案及解析

(1) **答案：B** 解析 由原始事实组成的是数据，而不是信息，例如员工人数、每周工作总小时数、库存零件数或生产线上生产的零件数。

(2) **答案：C** 解析 灵活的信息可以用于多种目的。例如，关于某一特定零件库存量的信

息，销售代表可用来确定销售是否能达成，生产经理可以用来确定是否需要更多库存，财务主管可以用来确定公司的库存投资总价值。

（3）**答案：D** **解析** 有价值的信息的特征包括：便捷性、准确性、完整性、经济性、灵活性、相关性、可靠性、安全性、简单性、及时性、可检验性。

（4）**答案：D** **解析** 信息化的基本内涵如下。

1）主体：是全体社会成员，包括政府、企业、事业、团体、个人。
2）时域：是一个长期的过程。
3）空域：是政治、经济、文化、军事和社会一切的领域。
4）手段：是基于现代信息技术的先进社会生产工具。
5）途径：是创建信息时代的社会生产力，推动社会生产关系及社会上层建筑的改革。
6）目标：提升国家的综合实力、社会的文明素质和人民的生活质量。

1.2 国家信息化

- 《"十四五"国家信息化规划》中提出，深入推进"放管服"改革，加快政府职能转变，打造____（1）____、法治化、国际化营商环境。
  （1）A. 市场化　　　　B. 智能化　　　　C. 协同化　　　　D. 数据化
- 2021年12月12日，国务院印发____（2）____中指出，"十四五"时期，我国数字经济转向深化应用、规范发展、普惠共享的新阶段。
  （2）A. 《"十四五"数字经济发展规划》　　B. 《"十四五"平台经济发展规划》
  　　C. 《"十四五"实体经济发展规划》　　D. 《"十四五"虚拟经济发展规划》

答案及解析

（1）**答案：A** **解析** 时政题，《"十四五"国家信息化规划》中提出，深入推进"放管服"改革，加快政府职能转变，打造市场化、法治化、国际化营商环境。

（2）**答案：A** **解析** 2021年12月12日，国务院印发《"十四五"数字经济发展规划》中指出，"十四五"时期，我国数字经济转向深化应用、规范发展、普惠共享的新阶段。

1.3 信息基础设施

- ____（1）____不是云计算的特点。
  （1）A. 高安全性　　　B. 高可靠性　　　C. 高可扩展性　　　D. 超大规模
- 云计算服务中，____（2）____为用户提供虚拟的操作系统、数据库管理系统、开发环境等服务。
  （2）A. IaaS　　　　B. PaaS　　　　C. SaaS　　　　D. DaaS

- 大数据的主要特征不包括___(3)___。
  - (3) A. 容量大　　　B. 存取速度快　　　C. 种类多样　　　D. 价值密度高
- 在智慧城市里，___(4)___利用 SOA、云计算、大数据等技术，通过数据和服务的融合，支撑承载智慧应用层中的相关应用，提供应用所需的各种服务和共享资源。
  - (4) A. 物联感知层　　　　　　　　B. 计算与存储层
  　　 C. 数据与服务支撑层　　　　　D. 智慧应用层
- 从物联网的本质角度来看，物联网的特点不包括___(5)___。
  - (5) A. 互联　　　B. 识别与通信　　　C. 多方协作　　　D. 智能化
- 按物联网的部署方式分类，___(6)___向一个关联的"社区"或机构群体提供服务，可能由两个或两个以上的机构协同运行和维护。
  - (6) A. 私有物联网　　B. 公有物联网　　C. 社区物联网　　D. 混合物联网
- 工业互联网是互联网和新一代___(7)___深度融合的新型基础设施、应用模式和工业生态，是第四次工业革命的重要基石。
  - (7) A. 信息技术与工业系统　　　　　B. 虚拟经济与工业系统
  　　 C. 信息技术与网络经济　　　　　D. 物联网技术与工业系统
- 以下___(8)___不属于区块链的特点。
  - (8) A. 多方协作　　　B. 不可篡改　　　C. 可追溯　　　D. 中心化
- 按照区块链开放程度进行分类，___(9)___中，多个创建节点共同进行准则的建立、权限的设定、过程的监管。其他接入节点只能按规则进行交易，但不参与其他过程。
  - (9) A. 公有链　　　B. 联盟链　　　C. 私有链　　　D. 自由链
- 根据人工智能的当前发展现状，___(10)___不属于人工智能的特征。
  - (10) A. 本质为计算，基础为数据　　　B. 能感知环境，产生反应
  　　　C. 与人交互，感情丰富　　　　　D. 适应性强，可学习
- 在人工智能的关键技术领域中，___(11)___作为机器获取外界信息的主要途径，是机器智能的重要组成部分，有关的研究主要包括机器视觉、模式识别和自然语言处理。
  - (11) A. 机器思维　　　B. 机器感知　　　C. 机器行为　　　D. 机器学习
- 以下关于 VR 虚拟现实与 AR 增强现实的说法，错误的是___(12)___。
  - (12) A. 虚拟现实是指用户完全沉浸在计算机生成的虚拟环境中
  　　　B. 增强现实强调虚拟信息与现实环境的融合
  　　　C. 增强现实的关键要素是沉浸感、交互性、假想性
  　　　D. 虚拟现实在很大程度上隔离其物理环境的封闭式体验

答案及解析

(1) **答案：A**　解析　云计算的特征如下：①超大规模；②虚拟化；③高可靠性；④通用性；

⑤高可扩展性；⑥按需服务；⑦极其廉价。

（2）**答案：B** 解析 IaaS（基础设施即服务），向用户提供计算机能力、存储空间等基础设施方面的服务。这种服务模式需要较大的基础设施投入和长期运营管理经验，但 IaaS 服务单纯出租资源，盈利能力有限。

PaaS（平台即服务）在 IaaS 之上，把软件开发环境作为一种服务来提供，指的是以服务形式将应用程序开发及部署平台提供给第三方开发人员。PaaS 一般包含数据库、中间件及开发工具，均以服务形式通过互联网提供。

SaaS（软件即服务）指的是将应用程序以服务形式提供给用户，应用程序可以是公有云提供商提供的商用 SaaS 应用，或私有云提供商提供的商用或定制的 SaaS 应用。SaaS 一般通过浏览器将程序提供给成千上万的用户使用。

（3）**答案：D** 解析 大数据的四个特点：体量大、多样性、价值密度低、快速化。

1）体量大是指数据量巨大，而且非结构化数据的超大规模和增长快速，非结构化数据占总数据量的 80%～90%，其增长比结构化数据快 10～50 倍。

2）多样性是指数据类型包括结构化数据、半结构化数据和非结构化数据，具有很多不同的形式，这些数据无模式或者模式不明显，并且属于不连贯的语法或语义。

3）价值密度低是指类似沙里淘金，从海量的数据里面获得对自己有用的数据，要处理大量的不相关信息。

4）快速化，大数据处理的数据通常指实时获取需要的信息，进行实时分析，数据处理通常立竿见影。

（4）**答案：C** 解析 在智慧城市建设模型中，共含有五大功能层：物联感知层、通信网络层、计算与存储层、数据与服务支撑层和智慧应用层。其中数据与服务支撑层利用 SOA、云计算、大数据等技术，通过数据和服务的融合，支撑承载智慧应用层中的相关应用，提供应用所需的各种服务和共享资源。

（5）**答案：C** 解析 从物联网的本质角度来看，物联网具有互联、识别与通信、智能化三个特点。

1）互联是指对需要联网的"物"一定要能够实现互联互通。

2）识别与通信是指纳入联网的"物"一定要具备自动识别物与物通（Machine-to Machine，M2M）的功能。

3）智能化是指网络系统应该具有自动化、自我反馈与智能控制的特点。

（6）**答案：C** 解析 按物联网的部署方式分类，社区物联网向一个关联的"社区"或机构群体提供服务，可能由两个或两个以上的机构协同运行和维护，主要存在于内网和专网中。内网，即局域网，是指在某一区域内或行业内由多台计算机相互连成的计算机组。专网指专用网络，是遵守 RFC 1918 和 RFC 4193 规范，使用私有 IP 地址空间的网络。私有 IP 无法直接联接互联网，需要公网 IP 转发。

（7）**答案：A** 解析 我国工业互联网产业联盟发布的《工业互联网体系架构》报告中指出，

"工业互联网是互联网和新一代信息技术与工业系统全方位深度融合所形成的产业和应用生态,是工业智能化发展的关键综合信息基础设施。其本质是以机器、原材料、控制系统、信息系统、产品以及人之间的网络互联为基础,通过对工业数据的全面深度感知、实时传输交换、快速计算处理和高级建模分析,实现智能控制、运营优化和生产组织方式变革"。

(8) 答案:D 解析 区块链具有多方协作、不可篡改、可追溯三个特点。

1)多方协作。区块链网络中分布着众多节点,节点之间具有平等的权利与义务,整个系统由所有节点共同维护,节点之间无须通过单一中心机构即可直接进行数据交换。

2)不可篡改。区块链中很多环节均使用了密码学技术,可保证信息一旦添加到链上就无法被篡改,数据更加安全可靠,避免了一切人为操作的可能性。由于其分布式存储的特性,若想篡改信息至少要掌握网络中51%的数据节点,在实践过程中是无法实现的。

3)可追溯。由于区块链使用哈希算法,它的链接形式是后一个区块拥有前一个区块的哈希值,每一个区块都和前一个区块有联系,串联起来就形成了区块链。区块链上保存了从第一个区块开始的所有历史数据,区块链上任意一条记录都可以被追溯。

(9) 答案:B 解析 假设组织不可信,在联盟链中,多个创建节点共同进行准则的建立、权限的设定、过程的监管。其他接入节点只能按规则进行交易,但不参与其他过程。

公有链人人可参与、公开透明。世界上任何个体或者团体都可以在公有链发送交易,且交易能够获得该区块链的有效确认。每个人都可以竞争记账权,比特币区块链就是公有链的典型代表。

联盟链半公开,仅限联盟成员参与,是某个群体或组织内部使用的区块链,需要预先指定几个节点为记账人,每个区块的生成由所有预选记账人共同决定,其他节点可以交易,但是没有记账权。

私有链则完全封闭,仅限个人或公司内部参与。仅采用区块链技术进行记账,记账权并不公开,且只记录内部的交易,由公司或者个人独享。

(10) 答案:C 解析 人工智能具有以下特征:①由人类设计,为人类服务,本质为计算,基础为数据;②能感知环境,能产生反应,能与人交互,能与人互补;③有适应特性,有学习能力,有演化迭代,有连接扩展。

(11) 答案:B 解析 在人工智能的关键技术领域中,机器感知作为机器获取外界信息的主要途径,是机器智能的重要组成部分,有关的研究主要包括机器视觉、模式识别和自然语言处理。

(12) 答案:C 解析 虚拟现实的关键要素是沉浸感、交互性、假想性,需要设计并营造出虚拟场景,使用户与虚拟场景中的内容发生实时交互。而不是增强现实,增强现实通过将虚拟信息叠加在现实世界,用户处于现实与虚拟世界的交互中。

1.4 信息化应用

- 以下关于新时代数字政府的描述,错误的是___(1)___。

(1) A. 新时代数字政府的核心目标是促进政府治理体系和治理能力现代化

B．新时代数字政府是一种全新的政府运行形态或模式，是一种创新的行政管理和服务方式

C．凡是互联网技术介入到政府治理中的治理模式都属于数字政府的形态

D．全面提升政府在经济调节、市场监管、社会治理、公共服务、生态环境保护等领域数字化履职能力

- 以下___(2)___不属于数字政府的特征。

  (2) A．信息传播的平等化　　　　　　B．社会生活的全面数据化

  　　C．政府服务的精准化　　　　　　D．政府治理的标准化

- 以下关于数字经济描述，错误的是___(3)___。

  (3) A．数字经济以数据资源为关键要素，以现代信息网络为主要载体

  　　B．数字经济具有数字化、网络化、智能化、商业化、共享化五个基本特征

  　　C．数字经济以虚拟经济代替实体经济，与市场经济互斥

  　　D．数字经济是继农业经济、工业经济之后产生的新的经济形态

- 以下___(4)___不属于智慧城市的典型应用。

  (4) A．智慧交通　　B．智慧民生　　C．金税工程　　D．智慧政府

- 以下___(5)___不属于新型智慧城市的特征。

  (5) A．开放　　　　B．共享　　　　C．服务均等化　　D．安全

答案及解析

(1) **答案：C** 解析　新时代数字政府是在"立足新发展阶段、贯彻新发展理念、构建新发展格局"的历史方位下，坚持全心全意为人民服务的根本宗旨，以新一代信息技术为支撑，以应用场景为牵引，以数据治理为关键，通过重组政府架构、再造政府流程、优化政务服务，全面提升政府在经济调节、市场监管、社会治理、公共服务、生态环境保护等领域的数字化履职能力，提升政务运行效能和政务公开水平，促进政府治理体系和治理能力现代化，实现政府决策科学化、社会治理精准化、公共服务高效化的新型政府运行形态。

(2) **答案：D** 解析　数字政府的主要特征体现在信息传播的平等化、社会生活的全面数据化、政府服务的精准化、政府治理的智慧化四个方面。

(3) **答案：C** 解析　数字经济的发展改变着人们的生活观念和思维模式。数字经济推动了共享经济在更多领域的融入。数字经济并不是虚拟经济，其能够推动市场经济。

(4) **答案：C** 解析　金税工程是吸收国际先进经验，运用高科技手段结合我国增值税管理实际设计的高科技管理系统，该系统由一个网络和四个子系统构成基本框架。

(5) **答案：D** 解析　新型智慧城市具有开放、共建、共享、服务均等化、城市特色化的特征。

第 2 章 信息系统工程

2.1 信息系统

- 信息系统的五个基本功能包括___(1)___。
  - (1) A. 输入、存储、处理、输出、管理
  - B. 输入、存储、处理、输出、控制
  - C. 规划、输入、存储、处理、输出
  - D. 规划、输入、存储、处理、管理
- 诺兰将计算机信息系统的发展道路划分为六个阶段：___(2)___。
  - (2) A. 初始阶段、传播阶段、控制阶段、集成阶段、数据管理阶段和成熟阶段
  - B. 初始阶段、传播阶段、组织阶段、集成阶段、人员管理阶段和成熟阶段
  - C. 初始阶段、集成阶段、控制阶段、传播阶段、人员管理阶段和成熟阶段
  - D. 初始阶段、组织阶段、控制阶段、传播阶段、数据管理阶段和成熟阶段
- 在信息系统物理结构中，___(3)___指通过计算机网络把不同地点的计算机硬件、软件、数据等资源联系在一起，实现不同地点的资源共享。
  - (3) A. 集中式结构 B. 分布式结构
  - C. 共享式结构 D. 独立式结构
- 同一个分布式系统的多个节点，可能共同地操作一些共享资源，体现了信息系统中分布式系统的___(4)___。
  - (4) A. 对等性 B. 并发性 C. 分布性 D. 缺乏全局时钟性
- 在分布式系统中，很难定义两个事件的先后顺序，体现了信息系统中分布式系统的___(5)___。
  - (5) A. 故障多样性 B. 并发性 C. 分布性 D. 缺乏全局时钟性

答案及解析

(1) **答案：B** **解析** 信息系统包括如下五个基本功能。
1) 输入功能：输入功能决定于系统所要达到的目的及系统的能力和信息环境的许可。
2) 存储功能：存储功能指的是系统存储各种信息资料和数据的能力。
3) 处理功能：处理功能指的是对数据进行加工、处理和计算，以产生有用的信息。
4) 输出功能：信息系统的目的就是保证实现最佳的输出。
5) 控制功能：控制功能对构成信息系统的各种信息处理设备进行控制和管理，对整个信息加工、处理、传输、输出等环节通过各种程序进行控制。

(2) **答案：A** **解析** 诺兰将计算机信息系统的发展道路划分为六个阶段：初始阶段、传播阶段、控制阶段、集成阶段、数据管理阶段和成熟阶段。诺兰的六阶段模型反映了计算机应用发展的规律性，前三个阶段具有计算机时代的特征，后三个阶段具有信息时代的特征。

(3) **答案：B** **解析** 分布式结构，是指通过计算机网络把不同地点的计算机硬件、软件、数据等资源联系在一起，实现不同地点的资源共享，各地的计算机系统既可以在网络系统的统一管理下工作，也可以脱离网络环境利用本地资源独立运作。由于分布式结构顺应了现代企业管理发展的趋势，即企业组织结构朝着扁平化、网络化的方向发展，因此它已经成为信息系统的主流模式。

(4) **答案：B** **解析** 在一个计算机网络中，程序运行过程中的并发性操作非常常见。例如，同一个分布式系统的多个节点，可能并发地操作一些共享资源，诸如数据库或分布式存储等。如何准确并高效地协调分布式并发操作是分布式结构中最大的挑战之一。

(5) **答案：D** **解析** 典型的分布式系统由一系列在空间上随意分布的多个进程组成，进程之间通过交换消息来相互通信。在分布式系统中，很难定义两个事件的先后顺序，原因是分布式系统缺乏一个全局的时钟序列控制。

2.2 系统工程

- 在系统工程方法中，___(1)___ 集中体现了系统工程方法的系统化、综合化、最优化、程序化和标准化等特点，是系统工程方法论的重要基础。

  (1) A. 霍尔三维结构　　　　　　　　B. 切克兰德方法
  　　C. 并行工程方法　　　　　　　　D. 综合集成法

- 在系统工程方法中，___(2)___ 的核心不是"最优化"，而是"比较"与"探寻"。

  (2) A. 霍尔三维结构　　　　　　　　B. 切克兰德方法
  　　C. 并行工程方法　　　　　　　　D. 综合集成法

- 在系统工程生命周期各阶段中，___(3)___ 的目的是细化系统需求，创建解决方案的描述，构建系统，验证并确认系统。

(3) A．探索性研究阶段 　　　　　　 B．概念阶段
　　　C．开发阶段 　　　　　　　　　 D．生产阶段
● 在系统工程生命周期方法中，___(4)___方法允许为项目提供一个初始能力，随之提供连续交付以达到期望的系统。适用于较小的、不太复杂的系统。
　　(4) A．计划驱动 　　　　　　　　　 B．渐进迭代式开发
　　　C．精益开发 　　　　　　　　　 D．敏捷开发
● 以下关于系统工程的敏捷原则说法错误的是___(5)___。
　　(5) A．最高的优先级是通过尽早地和持续地交付有价值的软件来满足客户
　　　B．在项目开发后期不能再进行需求变更
　　　C．不断交付可用的成果，周期从几周到几个月不等，且越短越好
　　　D．最佳的架构、需求和设计出自于自组织的团队
● 一般来说，信息系统的生命周期可分为五个阶段，分别是___(6)___。
　　(6) A．系统规划、系统分析、系统设计、系统实现、系统运行与评价
　　　B．系统规划、系统管理、系统设计、系统实现、系统维护与评价
　　　C．系统设计、系统分析、系统运行、系统实现、系统管理与交付
　　　D．系统设计、系统分析、系统设计、系统维护、系统管理与交付

答案及解析

（1）**答案：A** 解析　霍尔三维结构又称霍尔的系统工程，是美国系统工程专家霍尔（A.D.Hall）等人于1969年提出的一种系统工程方法论。霍尔三维结构集中体现了系统工程方法的系统化、综合化、最优化、程序化和标准化等特点，是系统工程方法论的重要基础。霍尔三维结构是由时间维、逻辑维和知识维组成的三维空间结构。

（2）**答案：B** 解析　切克兰德方法是在霍尔方法论的基础上，由英国的P.切克兰德（P.Checkland）于20世纪80年代提出的。切克兰德方法论的核心不是"最优化"，而是"比较"与"探寻"。切克兰德方法将工作过程分为以下七个步骤：认识问题、初步定义、建立概念模型、比较及探寻、选择、设计与实施、评估与反馈。

（3）**答案：C** 解析　系统工程生命周期一般包括如下七个阶段。
1）探索性研究阶段。探索性研究阶段的目的是识别利益相关者的需求，探索创意和技术。
2）概念阶段。概念阶段的目的是细化利益相关者的需求，探索可行概念，提出有望实现的解决方案。
3）开发阶段。开发阶段的目的是细化系统需求，创建解决方案的描述，构建系统，验证并确认系统。开发阶段包括详细计划、开发，以及验证与确认活动。
4）生产阶段。生产阶段的目的是生产系统并进行检验和验证。
5）使用阶段。使用阶段的目的是运行系统以满足用户需求。

6）保障阶段。保障阶段的目的是提供持续的系统能力。

7）退役阶段。退役阶段的目的是存储、归档或退出系统。

（4）**答案：B　解析**　系统工程生命周期方法有如下几种：

1）计划驱动方法。计划驱动方法的特征在于整个过程始终遵守规定流程的系统化方法，特别关注文档的完整性、需求的可追溯性，以及每种表示的事后验证。

2）渐进迭代式开发。渐进迭代式开发（Iterative and Incremental Development，IID）方法允许为项目提供一个初始能力，随之提供连续交付以达到期望的系统。适用于较小的、不太复杂的系统。这种方法的重点在于灵活性，通过剪裁突出了产品开发的核心活动。

3）精益开发。精益思想中的精益开发和更广泛的方法均起源于丰田的"准时化"哲学思想，其目标是"通过彻底消除生产线上的浪费、不一致性及不合理需求，高效率地生产出优质产品"。精益开发是一个动态的、知识驱动的、以客户为中心的过程，通过这一过程使特定企业的所有人员以创造价值为目标不断地消除浪费。

4）敏捷开发。敏捷的关键目标在于灵活性，当风险可接受时允许从序列中排除选定的事件。

（5）**答案：B　解析**　适用于系统工程的敏捷原则如下：

1）最高的优先级是通过尽早地和持续地交付有价值的软件来满足客户。

2）欢迎需求变更，即使是在项目开发后期。

3）不断交付可用的成果，周期从几周到几个月不等，且越短越好。

4）项目中业务人员与研发人员每天在一起工作，业务人员始终参与到研发工作中。

5）在研发团队内部和团队之间，传递信息最有效的方法是面对面交谈。

6）可以工作的成果是进展的主要度量。

7）对技术的精益求精及对设计的不断完善将提升敏捷性。

8）简单性（尽最大可能减少不必要工作的艺术）是精髓。

9）最佳的架构、需求和设计出自于自组织的团队。

10）团队要定期反省如何能够做到更加高效，并相应地调整团队的行为。

（6）**答案：A　解析**　一般来说，信息系统的生命周期可分为五个阶段，分别是系统规划、系统分析、系统设计、系统实现、系统运行与评价。

1）系统规划。信息系统规划是系统建设的起始阶段，作用是指明信息系统在组织经营战略中的作用和地位，指导信息系统后续的实现与开发。一个完整的系统规划，应当包括信息系统的目标、总体框架、组织结构和管理流程、实施计划和技术规范等。

2）系统分析。系统分析阶段的目标是为系统设计阶段提供系统的逻辑模型，主要任务是在可行性分析和总体规划的基础上，对现有系统进行进一步的详细调查，并整理成规范的文档资料；对使用信息系统的组织的结构、业务流程和经营管理，以及信息需求与处理的现状和问题进行分析，为系统设计提供依据。

3）系统设计。系统设计是信息系统建设过程中的另一个重要阶段。在这一阶段，要根据系统分析的结果，设计出信息系统的实施方案，从而为程序员提供清晰而完整的物理设计说明。

4）系统实现。系统实现阶段的任务是将设计文档变成能在计算机上运行的信息系统。

5）系统运行与评价。系统投入运行后，需要经常进行维护和评价，记录系统运行的情况，根据一定的规则对系统进行必要的修改，评价系统的工作质量和经济效益。

2.3 软件工程

- 在软件架构风格中，___(1)___风格包括批处理序列和管道/过滤器两种。

  （1）A．数据流　　　　B．调用/返回　　　　C．独立构件　　　　D．虚拟机
- 关于软件需求分析的描述，不正确的是___(2)___。

  （2）A．软件需求是指用户解决问题或达到目标所需的条件或能力

  　　B．软件需求是系统或系统部件要满足合同、标准、规范或其他正式规定文档所需具有的条件或能力

  　　C．需求是多层次的，包括业务需求、用户需求和系统需求

  　　D．需求分析定义系统边界但无法解决需求间的冲突
- 质量功能部署（QFD）是一种将客户要求转化为软件需求的技术。QFD的目的是最大限度地提升软件工程过程中客户的满意度。为了这个目标，QFD确认了三类需求，常规需求、___(3)___和意外需求。

  （3）A．期望需求　　　B．基础需求　　　C．显式需求　　　D．功能需求
- 软件需求规格说明书在软件开发中具有重要作用，但其作用不应该包括___(4)___。

  （4）A．软件设计的依据

  　　B．软件可行性分析的依据

  　　C．软件验收的依据

  　　D．用户和开发人员对软件要做什么的共同理解
- 结构化分析建立的模型的核心是数据字典，围绕这个核心，有三个层次的模型：数据模型、功能模型和___(5)___。

  （5）A．需求模型　　　B．管理模型　　　C．行为模型　　　D．信息模型
- 结构化分析使用___(6)___表示功能模型。

  （6）A．E-R图　　　　B．数据流图　　　C．状态转换图　　D．数据字典
- ___(7)___阶段的核心工作是建立系统的用例模型与分析模型。

  （7）A．结构化分析　　　　　　　　B．面向对象分析

  　　C．需求分析　　　　　　　　　D．软件设计
- 结构化设计是一种面向数据流的方法，其中重要指导思想是___(8)___。

  （8）A．自顶向下、逐步求精　　　　B．自底向上、逐步抽象

  　　C．自顶向下、逐步抽象　　　　D．自底向上、逐步求精
- ___(9)___是指当有新版本发布的时候，先让少量的用户使用新版本，并且观察新版本是否存

在问题,如果出现问题,就及时处理并重新发布。

(9)A. 软件部署　　　B. 蓝绿部署　　　C. 持续部署　　　D. 金丝雀部署

答案及解析

(1)**答案:A** **解析** 软件架构风格分为以下几种。
1)数据流风格:包括批处理序列和管道/过滤器两种。
2)调用/返回风格:包括主程序/子程序、数据抽象和面向对象,以及层次结构。
3)独立构件风格:包括进程通信和事件驱动的系统。
4)虚拟机风格:包括解释器和基于规则的系统。
5)仓库风格:包括数据库系统、黑板系统和超文本系统。

(2)**答案:D** **解析** 软件需求是指用户解决问题或达到目标所需的条件或能力,是系统或系统部件要满足合同、标准、规范或其他正式规定文档所需具有的条件或能力,以及反映这些条件或能力的文档说明。需求是多层次的,包括业务需求、用户需求和系统需求,这三个不同层次从目标到具体,从整体到局部,从概念到细节。通过需求分析,可以检测和解决需求之间的冲突,发现系统的边界,并详细描述出系统需求。

(3)**答案:A** **解析** 质量功能部署(Quality Function Deployment,QFD)是一种将用户要求转化为软件需求的技术,其目的是最大限度地提升软件工程过程中用户的满意度。QFD 将软件需求分为三类:常规需求、期望需求和意外需求。

(4)**答案:B** **解析** 需求分析就是分析软件用户的需求是什么,描述需求的文档称为软件需求规格说明书。请注意,需求分析阶段的成果是需求规格说明书,促使开发人员获得设计和实现这些功能所需的所有必要信息,是软件设计的依据。软件需求规格说明书对所有需求说明的用户和开发人员都只能有一个明确统一的解释,是用户和开发人员对软件要做什么的共同理解。软件需求规格说明书是软件验收的依据,通过检查每项需求是否能通过设计测试用例或其他的验证方法,来确定产品是否确实按需求实现了。可行性分析是项目立项阶段要做的工作,虽然也需要对用户需求进行调研,但此阶段不会形成软件需求规格说明书。

(5)**答案:C** **解析** 使用结构化分析(Structured Analysis,SA)方法进行需求分析,其建立的模型的核心是数据字典。围绕这个核心,有三个层次的模型:数据模型、功能模型和行为模型(也称为"状态模型")。

(6)**答案:B** **解析** 在实际工作中,一般使用实体关系图(E-R 图)表示数据模型,用数据流图(Data Flow Diagram,DFD)表示功能模型,用状态转换图(State Transform Diagram,STD)表示行为模型。

(7)**答案:B** **解析** 面向对象分析的基本任务是运用面向对象(Object-Oriented,OO)方法,对问题域进行分析和理解,最终产生一个符合用户需求,并能直接反映问题域和系统功能的 OOA 模型及其详细说明。OOA 模型包括用例模型和分析模型。面向对象分析阶段的核心工作是建立系统的用例模型与分析模型。

（8）**答案：A** 解析 结构化设计（Structured Design，SD）是一种面向数据流的方法，它以 SRS 和 SA 阶段所产生的 DFD 和数据字典等文档为基础，是一个自顶向下、逐步求精和模块化的过程。

（9）**答案：D** 解析 常见的两大持续部署方式是蓝绿部署和金丝雀部署。

蓝绿部署是指在部署的时候准备新旧两个部署版本，通过域名解析切换的方式将用户使用环境切换到新版本中，当出现问题的时候，可以快速地将用户环境切回旧版本，并对新版本进行修复和调整。

金丝雀部署是指当有新版本发布的时候，先让少量的用户使用新版本，并且观察新版本是否存在问题，如果出现问题，就及时处理并重新发布，如果一切正常，就稳步地将新版本适配给所有的用户。

2.4 数据工程

- 根据数据模型应用的目的不同，可以分为不同的类别，其中___（1）___是考虑各种具体的技术实现因素，进行数据库体系结构设计，真正实现数据在数据库中的存放。
  （1）A．概念模型　　　B．逻辑模型　　　C．关系模型　　　D．物理模型
- 数据标准化是实现数据共享的基础，数据标准化的主要内容包括___（2）___。
  （2）A．元数据标准化、数据元素标准化、数据存储与编码标准化
  　　B．元数据标准化、数据模式标准化、数据分类与编码标准化
  　　C．数据建模标准化、数据模式标准化、数据存储与编码标准化
  　　D．数据建模标准化、数据元素标准化、数据存储与编码标准化
- 数据存储就是根据不同的应用环境，通过采取合理、安全、有效的方式将数据保存到物理介质上，存储介质的类型主要有磁带、光盘和___（3）___。
  （3）A．内存条　　　B．U 盘　　　C．磁盘　　　D．硬盘
- 以下___（4）___不属于常见的备份策略。
  （4）A．完全备份　　　B．差分备份　　　C．增量备份　　　D．冗余备份
- 在数据的开发利用中，___（5）___的主要任务包括数据总结、关联分析、分类和预测、聚类分析和孤立点分析。
  （5）A．数据集成　　　B．数据挖掘　　　C．数据服务　　　D．数据可视化
- 以下关于数据库安全威胁的类型中，___（6）___包括所有通过数据处理和修改而违反信息完整性的行为。
  （6）A．非授权的信息泄露　　　B．非授权的数据修改
  　　C．拒绝服务　　　　　　　D．系统软硬件中的错误

答案及解析

（1）**答案：D** **解析** 物理模型是在逻辑模型的基础上，考虑各种具体的技术实现因素，进行数据库体系结构设计，真正实现数据在数据库中的存放。物理模型的内容包括确定所有的表和列，定义外键用于确定表之间的关系，基于性能的需求可能进行反规范化处理等。物理模型的目标是如何用数据库模式来实现数据的逻辑模型，以及真正地保存数据。

（2）**答案：B** **解析** 数据标准化是实现数据共享的基础。数据标准化主要为复杂的信息表达、分类和定位建立相应的原则和规范，使其简单化、结构化和标准化，从而实现信息的可理解、可比较和可共享，为信息在异构系统之间实现语义互操作提供基础支撑。数据标准化的主要内容包括元数据标准化、数据模式标准化和数据分类与编码标准化。

（3）**答案：C** **解析** 数据存储首先要解决的是存储介质的问题。存储介质并不是越贵越好、越先进越好，要根据不同的应用环境，合理选择存储介质。存储介质的类型主要有磁带、光盘和磁盘三种。

（4）**答案：D** **解析** 数据备份是为了防止由于用户操作失误、系统故障等意外原因导致的数据丢失，将整个应用系统的数据或一部分关键数据复制到其他存储介质上的过程，常见的备份策略主要有三种：完全备份、差分备份和增量备份。

（5）**答案：B** **解析** 数据挖掘是指从大量数据中提取或挖掘知识，即从大量的、不完全的、有噪声的、模糊的、随机的实际数据中，提取隐含在其中的、人们不知道的却潜在有用的知识，数据挖掘的主要任务包括数据总结、关联分析、分类和预测、聚类分析和孤立点分析。

（6）**答案：B** **解析** 数据库安全威胁的主要类型见下表。

维度	表现方式		说明
威胁后果	非授权的信息泄露		指未获授权的用户有意或无意得到信息。通过对授权访问的数据进行推导分析获取非授权的信息也属于这一类
	非授权的数据修改		包括所有通过数据处理和修改而违反信息完整性的行为。非授权修改不一定会涉及非授权信息泄露，因为即使不读取数据也可以进行破坏
	拒绝服务		包括会影响用户访问数据或使用资源的行为
威胁方式	无意	自然或意外灾害	如地震、水灾、火灾等。这些事故可能会破坏系统的软硬件，导致完整性破坏和拒绝服务
		系统软硬件中的错误	导致应用实施错误的策略，从而导致非授权的信息泄露、数据修改或拒绝服务
		人为错误	无意地违反安全策略，导致的后果与软硬件错误类似
	有意	授权用户	滥用自己的特权造成威胁
		恶意代理	病毒、特洛伊木马和后门是这类威胁中的典型代表

2.5 系统集成工程

- 以下___(1)___不属于系统集成在技术上需要遵循的基本原则。
  (1) A．开放性　　　　B．结构化　　　　C．稳定性　　　　D．先进性和主流化
- 系统集成就是将各类资源有机、高效地整合到一起，形成一个完整的系统。信息系统集成包括网络集成、数据集成和应用集成等。其中，数据集成和应用集成分别用于解决系统的___(2)___。
  (2) A．互操作性、互连性　　　　　　　B．互操作性、互通性
  　　C．互连性、互通性　　　　　　　　D．互通性、互操作性
- 在软件集成的大背景下，出现了有代表性的软件构件标准，其中 OMG 对象管理组织制定了___(3)___。
  (3) A．CORBA　　　B．COM　　　　C．.NET　　　　D．J2EE
- 在.NET 开发框架中，___(4)___处于.NET 开发框架的底层，大大简化了应用程序的发布和升级。
  (4) A．通用语言运行环境　　　　　　　B．基础类库
  　　C．Windows 应用　　　　　　　　　D．ADO.NET 技术

答案及解析

（1）**答案：C** **解析**　系统集成的工作在信息系统项目建设中非常重要，它通过硬件平台、网络通信平台、数据库平台、工具平台、应用软件平台将各类资源有机、高效地集成到一起，形成一个完整的工作台面。系统集成工作的好坏对系统开发、维护有极大的影响。因此，系统集成在技术上需要遵循的基本原则包括：开放性、结构化、先进性和主流化。

（2）**答案：D** **解析**　系统集成就是将各类资源有机、高效地整合到一起，形成一个完整的系统。信息系统集成包括网络集成、数据集成和应用集成等。网络集成、数据集成和应用集成分别用于解决系统的互联性、互通性和互操作性。网络集成重点是系统中异构网络的互联，数据集成重点是系统中异构数据集的互通使用和统一管理，应用集成重点是解决系统中的不同应用程序能顺利操作处理异构的数据集。

（3）**答案：A** **解析**　对象管理组织（Object Management Group，OMG）是 CORBA 规范的制定者，是由 800 多个信息系统供应商、软件开发者和用户共同构成的国际组织，建立于 1989 年。OMG 在理论上和实践上促进了面向对象软件的发展。

（4）**答案：A** **解析**　通用语言运行环境在网络对象中处于.NET 开发框架的底层，是该框架的基础，它为多种语言提供了统一的运行环境、统一的编程模型，大大简化了应用程序的发布和升级、多种语言之间的交互、内存和资源的自动管理等。

2.6 安全工程

- 信息安全系统三维空间包括安全服务、网络参考模型和___（1）___。
  （1）A．安全设施　　　B．安全技术　　　C．安全机制　　　D．安全策略
- 信息安全系统的体系架构三位空间图，其中 X 轴是___（2）___。
  （2）A．安全机制　　　B．网络参考模型　C．安全服务　　　D．安全策略
- 从网络中的各个层次提供给信息应用系统所需要的安全服务支持,体现了信息安全系统三维空间中的___（3）___。
  （3）A．安全机制　　　B．网络参考模型　C．安全服务　　　D．OSI 网络参考模型
- 信息安全系统三维空间的五大属性不包括___（4）___。
  （4）A．完整　　　　　B．认证　　　　　C．不可否认　　　D．不可篡改
- ISSE 将信息安全系统工程实施过程分解为三个基本的部分，其中不包括___（5）___。
  （5）A．工程过程　　　B．管理过程　　　C．风险过程　　　D．保证过程
- ISSE 信息安全系统工程能力成熟度模型（ISSE-CMM）中，___（6）___属于规划和跟踪级（Level2 级）的公共特性逻辑域。
  （6）A．对过程进行标准化定义
  　　　B．审计工作产品
  　　　C．协调工程科目内部的沟通
  　　　D．为组织的标准化过程族的工作产品建立可测度的质量目标
- 在公共特性的能力级别中，属于第三级充分定义级的能力特点是___（7）___。
  （7）A．在定义组织层面的过程之前，先要弄清楚与项目相关的事项
  　　　B．用项目中学到的最好的东西来定义组织层面的过程
  　　　C．只有知道它是什么，才能测量它
  　　　D．需要以完备的管理实施、已定义的过程和可测量的目标作为基础

答案及解析

（1）**答案：C**　解析　用一个"宏观"三维空间图来反映信息安全系统的体系架构及其组成，X 轴是"安全机制"，Y 轴是"OSI 网络参考模型"，Z 轴是"安全服务"。

（2）**答案：A**　解析　X 轴是"安全机制"，Y 轴是"OSI 网络参考模型"，Z 轴是"安全服务"。

（3）**答案：C**　解析　安全服务就是从网络中的各个层次提供给信息应用系统所需要的安全服务支持，如对等实体认证服务、数据完整性服务、数据保密服务等。

（4）**答案：D**　解析　由 X、Y、Z 三个轴形成的信息安全系统三维空间就是信息系统的"安全空间"。随着网络逐层扩展，这个空间不仅范围逐步加大，安全的内涵也更丰富，达到具有认证、

权限、完整、加密和不可否认五大要素，也称为"安全空间"的五大属性。

（5）**答案：B　解析**　用ISSE将信息安全系统工程实施过程分解为工程过程、风险过程和保证过程三个基本的部分。

（6）**答案：B　解析**　ISSE信息安全系统工程能力成熟度模型（ISSE-CMM）中，Level2级的公共特性的验证执行中，涉及：验证过程与可用标准和/或程序的一致性；审计工作产品（验证工作产品遵从可适用标准和/或需求的情况）。

（7）**答案：B　解析**　在公共特性的能力级别中，第三级充分定义级着重于规范化地裁剪组织层面的过程定义，这个级别的能力特点可描述为，用项目中学到的最好的东西来定义组织层面的过程。

第3章 信息网络系统

3.1 信息网络系统体系框架和 OSI 七层模型

- 在信息网络系统中，__(1)__ 平台负责网络管理服务和业务应用层面的管理逻辑、业务逻辑和信息数据处理。
  - (1) A．网络传输　　　　　　　　　B．网络和应用服务
  　　　C．安全服务　　　　　　　　　D．网络管理和维护
- TCP/IP 协议簇中所定义的 TCP 和 UDP 协议，实现了 OSI 七层模型中的 __(2)__ 的主要功能。
  - (2) A．传输层　　　B．互联网络层　　　C．应用层　　　D．物理和数据链路层
- OSI 七层模型中 __(3)__ 为上层协议提供端到端的可靠和透明的数据传输服务，包括处理差错控制和流量控制等。
  - (3) A．表示层　　　B．会话层　　　C．应用层　　　D．传输层
- 在 OSI 七层模型中，直接向用户提供信息通信服务的是 __(4)__ 。
  - (4) A．表示层　　　B．会话层　　　C．应用层　　　D．传输层
- 在开放系统互联（OSI）七层模型中，在应用层和会话层之间的是 __(5)__ 。
  - (5) A．表示层　　　B．传输层　　　C．网络层　　　D．物理层

答案及解析

（1）**答案：B**　**解析**　网络和应用服务平台负责网络管理服务和业务应用层面的管理逻辑、业务逻辑和信息数据处理，包括域名解析系统（Domain Name System，DNS）、地址分配系统、业务应用系统（例如 OA、WWW、电子邮件、语音会议、视频会议、VOD、人脸识别等系统）。

（2）**答案：A**　**解析**　传输层主要包含 TCP 和 UDP 协议。TCP 是面向连接的协议，在收发数据前，必须和对方建立可靠的连接；UDP 是非连接协议，传输数据之前源端和终端不建立连接，并不保证数据一定能传送到，也不保证按顺序传输。

（3）**答案：D**　**解析**　传输层是为会话层提供建立可靠的端到端的透明数据传输机制，根据发送端和接收端的地址定义一个跨网络的多个设备甚至是跨多个网络的逻辑连接（并非物理层所处理的物理连接），同时完成发送端和接收端的差错纠正和流量控制功能。

（4）**答案：C**　**解析**　应用层是 OSI 协议的最顶层，直接向用户提供信息通信服务，信息通信服务五花八门，例如常见的互联网网站访问服务（万维网）、邮件服务、视频会议服务、游戏服务等，都会对应不同的应用程序和相应的服务协议，万维网服务使用的就是 HTTP（超文本传输）协议，诸如此类的应用程序和对应的应用服务协议就是在第七层进行表现和规范的。

（5）**答案：A**　**解析**　OSI 七层的主要功能和详细说明见下表。

层的名称	主要功能	详细说明	代表协议
应用层	处理网络应用	直接为终端用户服务，提供各类应用过程的接口和用户接口	FTP、SMTP、HTTP、Telnet
表示层	管理数据表示方式	使应用层可以根据其服务解释数据的含义。通常包括数据编码的约定、本地句法的转换，使不同类型的终端可以互相通信，例如数据加解密、压缩和格式转换等	GIF、JPEG、DES、ASCII、MPEG
会话层	建立和维护会话连接	负责管理远程用户或进程间的通信，通过安全验证和退出机制确保上下文环境的安全，重建中断的会话场景，维持双方的同步	SQL、NFS、RPC
传输层	端到端传输	实现发送端和接收端的端到端的数据透明传送，TCP 协议保证数据包无差错、按顺序、无丢失和无冗余地传输。其服务访问点为端口	TCP、UDP
网络层	在源节点和目的节点之间传输	将网络地址（如 IP 地址）翻译成对应的物理地址（如 MAC 地址），并决定如何将数据从发送方路由到接收方，以及对网络的诊断等	IP、ICMP、IGMP、ARP、RARP
数据链路层	提供点到点的帧传输	将网络层报文数据分割封装成帧，建立、维持和释放网络实体之间的数据链路，在链路上传输帧并进行差错控制、流量控制等	HDLC、PPP、ATM、IEEE 802.3
物理层	在物理链路上传输比特流	通过一系列协议定义了物理链路所具备的机械特性、电气特性、功能特性以及规程特性	FDDI、RS232、RJ-45

3.2　TCP/IP 协议族

- 在 TCP/IP 应用层的主要协议中，反向地址转换协议（RARP）的主要功能是　(1)　。

  （1）A．接收来自传输层的数据

B．负责应用层协议发送和接收具体数据的机制和过程

C．负责网络中数据包的具体传输

D．提供链路管理错误检测、对不同通信媒介的有关信息细节问题进行有效处理等

- 下列协议___(2)___属于 TCP/IP 应用层协议。

（2）A．ARP　　　　　　B．TCP　　　　　　C．UDP　　　　　　D．SMTP

- IPv6 的地址空间是 IPv4 的___(3)___倍。

（3）A．4　　　　　　　B．96　　　　　　　C．128　　　　　　D．2^{96}

- IPv4 分组首部中第一个字段为___(4)___。

（4）A．版本号　　　　　　　　　　　　　B．Internet 首部长度

C．TTL　　　　　　　　　　　　　　D．总长度

- 以下关于 IPv4 协议和 IPv6 协议的描述，不正确的是___(5)___。

（5）A．IPv4 数据包由 IPv4 包头和实际的数据部分组成

B．IPv6 地址由 64 位二进制数组成

C．IPv4 地址由 32 位二进制数组成

D．IPv6 地址采用点分十六进制形式

答案及解析

（1）答案：D　解析　TCP/IP 应用层的主要协议有网络远程访问协议（Telnet）、文件传输协议（File Transfer Protocol，FTP）、简单电子邮件传输协议（Simple Mail Transfer Protocol，SMTP）等，用来接收来自传输层的数据，或按不同的应用要求与方式将数据传输至传输层；传输层的主要协议有用户数据报协议（User Datagram Protocol，UDP）、TCP，负责应用层协议发送和接收具体数据的机制和过程；网络层的主要协议有 Internet 控制报文协议（Internet Control Message Protocol，ICMP）、IP、Internet 组管理协议（Internet Group Management Protocol，IGMP），主要负责网络中数据包的具体传输等；而物理层和数据链路层（也称为"网络接口层"或"网络访问层"）的主要协议有地址解析协议（Address Resolution Protocol，ARP）、反向地址转换协议（Reverse Address Resolution Protocol，RARP），主要功能是提供链路管理错误检测、对不同通信媒介的有关信息细节问题进行有效处理等。

（2）答案：D　解析　SMTP 协议属于 TCP/IP 协议簇应用层的协议，它帮助每台计算机在发送或中转信件时找到下一个目的地。SMTP 是简单邮件传输协议，它是一组用于由源地址到目的地址传送邮件的规则，由它来控制信件的中转方式。

（3）答案：D　解析　IPv6 的地址为 128 位，地址空间为 2^{128}；IPv4 的地址为 32 位，地址空间为 2^{32}；$2^{128}/2^{32}=2^{96}$，所以，IPv6 的地址空间是 IPv4 地址空间的 2^{96} 倍。

（4）答案：A　解析　IPv4 分组首部中第一个字段为版本号，其次为包头长度、服务类型。

（5）答案：B　解析　IPv6 地址由 128 位二进制数组成，是 IPv4 地址长度的 4 倍，前 64 比

特为网络前缀，主要用于寻址和路由；后 64 比特为接口标识，主要用于标识主机。

3.3 网络传输平台

- ___(1)___ 不属于网络传输系统或技术。
  - (1) A．数字卫星通信系统　　　　　　B．SDH
  　　　C．UNIX 系统　　　　　　　　　D．有线电视网
- 网络传输媒介中，___(2)___ 不属于有线媒介。
  - (2) A．光纤　　　　B．微波　　　　C．双绞线　　　　D．同轴电缆
- 下列选项中，___(3)___ 属于无线局域网的应用。
  - (3) A．某人租用云服务，发布个人网站
  　　　B．某商场使用的无线收款机，只需插入 SIM 卡即可使用
  　　　C．某图书馆提供线上查询和借阅服务
  　　　D．某大学提供无线校园网供教师和学生使用
- 下列选项中，___(4)___ 技术不属于物联网感知层的关键技术。
  - (4) A．虚拟化　　　　　　　　　　　B．传感器自动识别
  　　　C．自组织组网　　　　　　　　　D．无线传输
- 在物联网的三层架构中，___(5)___ 负责信息采集和物物之间的信息传输。
  - (5) A．感知层　　　　B．网络层　　　　C．传输层　　　　D．应用层

答案及解析

（1）**答案：C**　**解析**　网络传输技术：数据传输是网络的核心技术之一。传输线路带宽的高低，不仅体现了网络的通信负载能力，也反映了网络建设的现代化水平。目前常用的传输系统主要有：DWDM（波分复用）、综合布线系统（PDS）、同步数字序列（SDH）、准同步数字序列（PDH）、数字微波传输系统、VSAT 数字卫星通信系统及有线电视网（CATV）等。

（2）**答案：B**　**解析**　网络传输媒介是指在传输系统中，借助电磁波能量承载的信号将数据由发送端传输到接收端的媒介，处于 OSI 的物理层。传输媒介一般分为有线和无线两大类，有线媒介包括光纤、双绞线、同轴电缆等；无线媒介一般按照波长来区分，包括长波（3～30kHz）、中波（0.03～3MHz）、短波（3～30MHz）、超短波（30～300MHz）、微波（0.3～300GHz）等。

（3）**答案：D**　**解析**　无线局域网简称 WLAN，是在几千米范围内的公司楼群或是商场内的计算机互相联接所组建的计算机网络，一个无线局域网能支持几台到几千台计算机的使用。现如今无线局域网的应用已经越来越多。现在的校园、商场、公司以及高铁都在应用。无线局域网的应用为我们的生活和工作都带来很大的帮助，不仅能够快速传输人们所需要的信息，还能让人们在互联网中的联系更加快捷方便。

（4）**答案：A** **解析** 感知层作为物联网架构的基础层面，主要是达到信息采集并将采集到的数据上传的目的，感知层的技术主要包括：产品和传感器（条码、RFID、传感器等）自动识别技术、无线传输技术（WLAN、Bluetooth、ZigBee、UWB）、自组织组网技术和中间件技术。

（5）**答案：A** **解析** 感知层：负责信息采集和物物之间的信息传输；感知层作为物联网的基础层面，主要是达到信息采集并将采集到的数据上传的目的。

网络层：利用网络对采集的数据进行编码、认证和传输。

应用层：提高丰富的基于物联网的应用，是物联网发展的根本目标，将物联网技术与行业信息化需求相结合，实现广泛智能化应用的解决方案，关键在于行业融合、信息资源的开发利用、低成本高质量的解决方案、信息安全的保障以及有效的商业模式的开发。

3.4 网络和应用服务平台

- 常见的电子邮件协议中，____(1)____是将邮件从电子邮箱中传输到本地计算机的协议。

  （1）A．SMTP B．POP3 C．TCP D．UDP

- 在万维网服务中，万维网使用____(2)____协议。

  （2）A．HTTP B．HTML C．WWW D．MIME

- ____(3)____可作为该远程主机的一个访问终端使用，共享远程主机的 CPU、硬件、存储、应用等资源。

  （3）A．万维网服务 B．DNS 域名解析服务

  C．FTP 文件传输服务 D．Telnet 远程登录服务

答案及解析

（1）**答案：B** **解析** 常见的电子邮件协议包括 SMTP、邮局协议（Post Office Protocol Version 3，POP3）、互联网邮件访问协议（Internet Message Access Protocol，IMAP），这几种协议都是由前述的 TCP/IP 协议族定义的。SMTP 主要负责底层的邮件系统，将邮件从一台机器传至另外一台机器；POP3 是将邮件从电子邮箱中传输到本地计算机的协议；IMAP 提供邮件检索和邮件处理的新功能，用户可以不必下载邮件正文就看到邮件的标题摘要，从邮件客户端软件即可对服务器上的邮件和文件夹目录等进行操作。

（2）**答案：A** **解析** WWW 服务技术包括 HTTP 和 HTML。其中，HTTP 是 WWW 服务使用的协议。

（3）**答案：D** **解析** Telnet 远程登录服务用于将用户计算机与远程主机联接起来，并可作为该远程主机的一个访问终端使用，共享远程主机的 CPU、硬件、存储、应用等资源，例如进行远程计算和远程事务处理等操作。

3.5 安全服务平台

- 在信息网络安全中，物理安全是网络和上层系统应用及数据安全的基础，以下__(1)__不属于物理安全。

  (1) A．环境安全　　　　　　　　B．供配电系统
  　　C．安防系统　　　　　　　　D．防火墙

- 以下关于网络安全的说法，错误的是__(2)__。

  (2) A．网络安全关注的重点包括网络结构，包括网络结构合理性、安全域划分合理性
  　　B．网络入侵防护包括拒绝服务攻击的监控和防御能力
  　　C．利用VLAN等技术进行安全域划分可实现对网络层分布式拒绝服务攻击的防御功能
  　　D．网络安全审计主要通过统一日志管理系统或安全运营中心实现

- __(3)__关注的重点包括身份和访问控制，包括应用层用户身份识别、认证、权限管理。

  (3) A．网络安全　　　　　　　　B．主机安全
  　　C．应用安全　　　　　　　　D．数据安全

- 云化业务平台和传统业务平台相比，新增的主要安全问题不包括__(4)__。

  (4) A．主机安全　　　　　　　　B．网络安全
  　　C．DDoS攻击　　　　　　　　D．消防系统安全

答案及解析

（1）**答案：D** **解析** 物理安全是网络和上层系统应用及数据安全的基础，包括机房和相关设施的安全。机房是网络设备、安全设备、服务器设备、存储设备和存储介质，以及供电和通信用线缆等实体的物理存放场所，机房环境除了物理场地外，还包括确保机房安全及维护机房正常运转的配电、照明、供水、制冷等各类系统、设备及措施等支撑设施。物理安全主要包括环境安全、供配电系统、安防系统和消防系统四个部分。

（2）**答案：C** **解析** 利用VLAN等技术进行安全域划分是实现网络安全域结构优化的主要技术手段，目前大多数业务平台都进行了相应的VLAN网段划分，能够按照不同的功能、级别、安全要求等对网络系统划分不同的安全域。防火墙是基本的网络层安全防护设备，目前基本上所有业务平台都部署了硬件防火墙。通过防火墙可以实现系统内外网边界的访问控制，对进出的网络数据包进行过滤和检测，并可实现对网络层分布式拒绝服务（Distributed Denial of Service，DDoS）攻击的防御功能。

（3）**答案：C** **解析** 应用安全关注的重点包括：身份和访问控制，包括应用层用户身份识别、认证、权限管理、口令策略和传输、端口控制、敏感信息访问等；应用安全漏洞，防范应用层存在的安全漏洞，如SQL注入、跨站脚本编制、上传漏洞、命令注入、应用中间件漏洞等；会话

23

管理，包括会话标识、cookie 管理等。

（4）答案：D　解析　云化业务平台和传统业务平台相比，新增的主要安全问题包括主机安全、网络安全、数据安全、DDoS 攻击。

3.6　网络管理和维护平台

- 国际标准化组织（ISO）定义了网络管理的五大功能，分别是故障管理、__(1)__、计费管理和安全管理。

  （1）A．配置管理、风险管理　　　　B．配置管理、性能管理
  　　　C．控制管理、风险管理　　　　D．控制管理、性能管理

- 网络管理系统的功能体系结构中，__(2)__主要实现网络管理的五大功能，并可以根据实际管理需求和扩展接口实现附加的功能模块或相关子系统。

  （2）A．网元/网络层　　　　　　　　B．管理应用层
  　　　C．数据应用层　　　　　　　　D．表示层

答案及解析

（1）答案：B　解析　国际标准化组织（ISO）定义了网络管理的五大功能，分别是故障管理、配置管理、性能管理、计费管理和安全管理。

1）故障管理。收集网络中各类设备的告警信息，通过各种技术手段进行网络故障的判定和定位，为快速完成故障排除和网络恢复打下基础。

2）配置管理。配置网络以使其提供网络服务，同时采集网络中相关设备的配置数据，对其进行管理和分析，以便使网络整体运行状态达到最优。

3）性能管理。通过对网络各类性能数据的采集、分析和处理，更好地了解整个网络和其中设备的运行状况。

4）计费管理。记录各类网络业务资源的使用情况，目的是控制和监测网络操作的费用和代价。

5）安全管理。提供网络中各类设备和网络管理层面的安全性管理功能，目的是保障网络安全运行。

（2）答案：B　解析　网络管理系统的功能体系结构从下至上可以分为网元/网络层、管理应用层和表示层。网元/网络层是网管系统的最底层，包括被管理的所有网元设备和网络系统。管理应用层主要实现网络管理的五大功能，并可以根据实际管理需求和扩展接口实现附加的功能模块或相关子系统，例如辅助决策子系统、资源管理子系统、测试评估子系统等。表示层可提供用户直观、友好的人机交互界面，支持图形、文字、表格等多种形式，支持本地大屏显示、办公室 PC 展示以及远程手机接入等多种接入和展现手段。

3.7 环境系统建设

- 现代机房建设工程充分体现了新技术、新材料、新设备的特点，机房建设属于__(1)__平台的建设内容。
    （1）A．网络安全　　　　　　　　　　B．网络管理
    　　　C．网络服务　　　　　　　　　　D．网络环境
- 在综合布线系统设计中，__(2)__用于将工作区用的信息插座与楼层配线间的配线架连接起来。
    （2）A．工作区子系统　　　　　　　　B．水平布线子系统
    　　　C．管理间子系统　　　　　　　　D．垂直干线子系统
- 在综合布线系统的构成中，__(3)__代表建筑群配线设备。
    （3）A．CD　　　　B．BD　　　　C．CP　　　　D．TE

答案及解析

（1）**答案：D**　解析

1）网络环境平台：包括机房建设和综合布线系统。

2）网络安全平台：包括防火墙、入侵监测和漏洞扫描、网络防病毒、安全审计、数字证书系统等。

3）网络服务平台：既包括 DNS、WWW、电子邮件等 Internet 网络服务系统，也包括 VoIP、VOD、视频会议等多媒体业务系统。

4）网络管理平台：随着计算机网络的广泛应用，网络的规模越来越大，设备越来越多，必须使用专门的网络管理系统来管理、监测和控制网络的运行。

5）网络基础平台：包括网络传输、路由、交换、接入系统、服务器及操作系统、存储和备份等系统。

（2）**答案：B**　解析　综合布线六大子系统的范围及其功能如下：

1）工作区子系统。一个独立的需要设置终端的区域，即一个工作区，工作区子系统应由配线（水平）布线系统的信息插座、延伸到工作站终端设备处的连接电缆和适配器组成。

2）水平布线子系统。水平布线子系统由工作区用的信息插座，每层配线设备至信息插座的配线电缆、楼层配线设备和跳线等组成。

3）垂直干线子系统。垂直干线子系统应由设备间的配线设备和跳线以及设备间至各楼层配线间的连接电缆组成。

4）设备间子系统。设备间是在每一幢大楼的适当地点设置进线设备、进行网络管理以及管理人员值班的场所。设备间子系统由综合布线系统的建筑物进线设备、电话、数据、计算机等各种主机设备及其保安配线设备等组成。

5）管理子系统。管理子系统设置在每层配线设备的房间内。管理子系统应由交接间的配线设备，输入/输出设备等组成，管理子系统也可应用于设备间子系统。

6）建筑群子系统。建筑群子系统由两个及两个以上建筑物的电话、数据、电视系统组成一个建筑群综合布线系统，包括连接各建筑物之间的缆线和配线设备（CD），组成建筑群子系统。

（3）**答案：A 解析** 综合布线系统的构成如下：CD 代表建筑群配线设备，BD 代表建筑物配线设备，FD 代表楼层配线设备，CP 代表集合点，是综合布线系统中所规定的在水平电缆中的一个连接点，TO 代表信息插座模块，TE 代表终端设备。

第4章 信息资源系统

4.1 数据资源平台

- 下列___(1)___不属于主流国产操作系统。
  - (1) A. 麒麟　　　　　　　　　　B. 统信
  - 　　C. 欧拉　　　　　　　　　　D. Windows
- 一般大型的人工智能（AI）应用需要独立部署___(2)___服务器和___(2)___服务器。
  - (2) A. 训练　推理　　　　　　　B. 逻辑　运算
  - 　　C. 逻辑　推理　　　　　　　D. 训练　算法
- 存储区域网络（SAN）采用___(3)___，具有___(3)___、高带宽、低延迟的特点。
  - (3) A. TCP/TP　集中管理　　　　B. 光纤通道技术　可扩展性差
  - 　　C. RAID 控制器　价格便宜　　D. 网络拓扑结构　易于部署
- 网络附加存储（NAS）通过___(4)___连接到一群计算机上，通过___(4)___实现网络化存储。
  - (4) A. TCP/TP　RAID 控制器　　B. 光纤通道技术　TCP/TP
  - 　　C. USB 接口　RAID 控制器　D. 网络拓扑结构　TCP/TP
- 下列存储方式中，基于对象存储的是___(5)___。
  - (5) A. OSD　　　B. NAS　　　C. SAN　　　D. DAS
- 下列关于集中式存储和分布式存储的说法，错误的是___(6)___。
  - (6) A. 集中式存储核心部件集中，扩展性较差
  - 　　B. 分布式存储是将数据分散存储在多台独立的存储设备上，对硬件要求比较高
  - 　　C. 分布式存储成本较低，扩展能力强
  - 　　D. 集中式存储是将一台或多台存储设备组成中心节点，数据集中存储于中心节点

- 下列常见的数据库管理系统中，___(7)___是非关系型数据库。

  (7) A. Oracle　　　　　　　　　　B. MySQL

  　　C. SQL Server　　　　　　　　D. MongoDB

- 下列常见的数据库管理系统中，___(8)___不属于关系型数据库。

  (8) A. Oracle　　　　　　　　　　B. MySQL

  　　C. SQL Server　　　　　　　　D. MongoDB

- 传统的大型数据中心采用层次化模型设计的三层网络架构，其中不包括___(9)___。

  (9) A. 核心层　　　　　　　　　　B. 网络层

  　　C. 汇聚层　　　　　　　　　　D. 接入层

- 数据中心网络架构中，___(10)___承担"媒介传输"的作用。

  (10) A. 传输层　　　　　　　　　　B. 网络层

  　　 C. 汇聚层　　　　　　　　　　D. 接入层

答案及解析

（1）**答案：D　解析**　服务器操作系统是服务器重要的组成部分，当前主流的服务器操作系统包括 UNIX、Linux、Windows、Netware 等，主流国产操作系统包括麒麟、统信、欧拉等。

（2）**答案：A　解析**　人工智能的实现包括训练和推理两个环节。一般大型的人工智能应用需要独立部署训练服务器和推理服务器。

（3）**答案：B　解析**　存储区域网络（SAN）采用光纤通道技术，通过光纤通道交换机连接存储阵列和服务器主机，建立专用于数据存储的区域网络。SAN 具有高带宽、低延迟的优势，但是由于 SAN 系统的价格较高，且可扩展性较差，已不能满足成千上万个 CPU 规模的系统。

（4）**答案：D　解析**　网络附加存储（NAS）将存储设备通过标准网络拓扑结构（例如以太网）连接到一群计算机上。NAS 是通过 TCP/IP 实现网络化存储，可扩展性好、价格便宜、用户易管理。但 NAS 协议开销高、带宽低、延迟大，不利于在高性能集群中应用。

（5）**答案：A　解析**　对象存储（Object-based Storage，OS）是一种新的网络存储架构，基于对象存储技术的设备就是对象存储设备（Object-based Storage Device，OSD）。总体而言，对象存储同时兼具 SAN 的高速直接访问磁盘的特点及 NAS 的分布式共享的特点。

（6）**答案：B　解析**　集中式存储是将一台或多台存储设备组成中心节点，数据集中存储于这个中心节点中，并且整个系统的所有业务单元都集中部署在这个中心节点上。其优势在目前技术条件下是无可替代的，但缺点就是核心部件集中、冗余性和扩展能力较差。

分布式存储是将数据分散存储在多台独立的存储设备上，采用可扩展的系统结构，利用多台存储服务器分担存储负载，利用位置服务器定位存储信息，节点间采用高速网络，对硬件无特殊要求，成本较低，扩展能力强。同时可以灵活配置故障与副本策略，拥有自动重平衡能力，但延迟高、数据一致性问题也是其缺点和难点所在。

（7）**答案：D　解析**　非关系型数据库（NoSQL）：指分布式的、非关系型的、不保证遵循ACID（数据库事务处理的四个基本要素）原则的数据存储系统。非关系型数据库适合文档形式、图片形式、文件形式等，使用灵活，应用场景广泛。传统的非关系型数据库有MongoDB、HBase、Redis、Neo4j等。国产的非关系型数据库包括GaussDB（for Mongo）等。

（8）**答案：D　解析**　关系型数据库和常见的表格比较相似，关系型数据库中表与表之间有很多复杂的关联关系。传统的关系型数据库有Oracle、DB2、MySQL、Microsoft SQL Server、Microsoft Access等多个品种，每种数据库的语法、功能和特性也各具特色。国产的关系型数据库包括GaussDB（for MySQL）、达梦数据库、OpenBASE、OSCAR等。

（9）**答案：B　解析**　传统的大型数据中心采用层次化模型设计的三层网络架构，具体如下：

1）核心层。核心层是整个数据中心网络的数据传输主干道，一般由两台或若干台三层路由交换机实现，为进出数据中心的数据提供高速转发，为内部多个汇聚层节点提供连接性。

2）汇聚层。汇聚层连接网络的核心层和各个接入层设备，在两层之间承担"媒介传输"的作用，在接入层设备接入核心层之前先经过汇聚层进行数据处理，以减轻核心层设备的负荷。

3）接入层。接入层负责接入各类资源和业务节点，一般称为入网点或网络服务提供点（Point-of-Presence，PoP）。

（10）**答案：C　解析**　同第（9）题。

4.2　云系统资源

- 下列云服务，＿＿（1）＿＿层的作用是将各种底层的计算和存储等资源作为服务提供给用户。

　　（1）A. SaaS　　　　　B. PaaS　　　　　C. DaaS　　　　　D. IaaS

- 以下云计算服务实例中，属于PaaS类型的是＿＿（2）＿＿。

　　（2）A. 在线杀毒　　　B. 在线ERP　　　C. 在线开发平台　D. 网络硬盘

- 云计算架构按照分层方式，分为＿＿（3）＿＿。

　　（3）A. 基础设施即服务（IaaS）、平台即服务（PaaS）、软件即服务（SaaS）
　　　　B. 显示层、中间层、基础设施层、管理层
　　　　C. 网络层、传输层、会话层、表示层、应用层
　　　　D. 核心层、汇聚层、接入层、管理层、应用层

- 在云计算架构中，＿＿（4）＿＿提供了多租户、分布式缓存、并行处理、应用服务器等服务。

　　（4）A. 中间层　　　　B. 管理层　　　　C. PaaS层　　　　D. 接入层

- 虚拟化、分布式存储属于云计算架构中的＿＿（5）＿＿。

　　（5）A. 接入层　　　　B. 管理层　　　　C. PaaS层　　　　D. 基础设施层

- 下列属于云服务承运商的是＿＿（6）＿＿。

　　（6）A. 亚马逊　　　　B. 华为　　　　　C. 中国电信　　　D. 阿里巴巴

- 邮箱、即时通信、共享容灾等属于云计算服务交付中的___(7)___模式。
  - (7) A．组织所有，运维外包，外部运行
    - B．组织所有，运维外包，资源共享调度
    - C．组织租赁，外部运行，资源共享调度
    - D．公共云服务
- 下列___(8)___不属于云服务器的特点。
  - (8) A．高可用性　　　B．弹性　　　C．潜在危险性　　　D．稳定性
- 下列___(9)___不属于块存储的功能特点。
  - (9) A．弹性可扩展　　B．快照备份　　C．简单易用　　　D．访问控制
- 下列场景中，___(10)___不是基于对象存储。
  - (10) A．在线点播　　　　　　　　B．音频转码
    - C．固态硬盘存储　　　　　　D．图片存储与处理
- 下列对于负载均衡的特点描述，错误的是___(11)___。
  - (11) A．成本低　　　　　　　　　B．高可用
    - C．支持跨地域容灾　　　　　D．按需购买和灵活管理
- 下列___(12)___不属于云关系型数据库的功能特点。
  - (12) A．即开即用　　B．按需升级　　C．无副本冗余　　D．访问控制策略
- ___(13)___主要应用于对用户业务体验的实时性要求较高的业务场景。
  - (13) A．云安全中心（态势感知）　　B．DDoS 高防 IP
    - C．云防火墙　　　　　　　　　D．Web 应用防火墙
- 考虑到未来网络有较大的扩展空间，同时需具备良好的电源和网络条件。为了保证满足弹性扩展的需求，云化网络系统在设计时需遵循一些原则，其中不包括___(14)___。
  - (14) A．容错性　　　B．开放式　　　C．按需升级　　　D．大容量
- 关于中间件的描述，不正确的是___(15)___。
  - (15) A．中间件是独立的系统级软件，连接操作系统层和应用框架层
    - B．中间件一般提供如下功能：通信支持、应用支持、公共服务
    - C．中间件位于客户机/服务器的操作系统之上，管理计算资源和网络通信
    - D．中间件为不同操作系统提供应用的接口标准化、协议统一化
- ___(16)___提供联机事务处理所需要的通信、并发访问控制、事务控制、资源管理、安全管理、负载平衡、故障恢复和其他必要的服务。
  - (16) A．过程式中间件　　　　　　B．事务式中间件
    - C．面向对象中间件　　　　　D．面向消息的中间件
- 下列关于 SaaS 的说法，不正确的是___(17)___。
  - (17) A．无需购买软件
    - B．需要自行安装和维护软件

C. 使用同一个软件的租户之间互不干扰

D. 按功能划分成模块，租户需要什么功能就租赁什么模块

- 云数据中心处于云计算技术体系的核心地位，一般具有五大要素，其中不包括__（18）__。

（18）A. 面向对象　　　　　　　　　B. 按需供给

　　　 C. 高效智能　　　　　　　　　D. 资源池化

- 在云数据中心架构中，服务器、网络设备、存储设备、安全设备等处于__（19）__。

（19）A. 物理资源层　　　　　　　　B. 基础设施层

　　　 C. 数据中心机房　　　　　　　D. 平台服务层

- 下列__（20）__不属于数据中心各功能单元在布局设计上应遵循的原则。

（20）A. 集成化原则　　　　　　　　B. 可维护性原则

　　　 C. 经济性原则　　　　　　　　D. 可扩展性原则

答案及解析

（1）**答案：D**　**解析**　在服务方面，主要向用户提供基于云的各种服务，共包含三种模式：SaaS、PaaS 和 IaaS。其中，SaaS 层的作用是将应用主要基于 Web 的方式提供给用户；PaaS 层的作用是将一个应用的开发和部署平台作为服务提供给用户；IaaS 层的作用是将各种底层的计算（如虚拟机）和存储等资源作为服务提供给用户。

（2）**答案：C**　**解析**　SaaS（软件即服务）、PaaS（平台即服务）、IaaS（基础设施即服务）。在线杀毒和在线 ERP 提供的是软件服务，网络硬盘是硬件，属于基础设施。Pass 的主要作用是将一个开发的运行平台作为服务提供给用户。

（3）**答案：B**　**解析**　云计算架构按照分层方式，包括显示层、中间层、基础设施层和管理层。

（4）**答案：A**　**解析**　云计算架构按照分层方式，包括显示层、中间层、基础设施层和管理层。中间层是承上启下的，它提供了多种服务，包括：多租户、分布式缓存、并行处理、应用服务器、REST。

（5）**答案：D**　**解析**　云计算架构按照分层方式，包括显示层、中间层、基础设施层和管理层。基础设施层的作用是：虚拟化、分布式存储、关系型数据库、NoSQL（Not only SQL）非关系型的数据库。

（6）**答案：C**　**解析**　云服务提供商即提供云服务（云计算产品）的厂商，例如提供 AWS 云服务的亚马逊、提供阿里云服务的阿里巴巴、提供华为云服务的华为等。云服务承运商即提供云服务消费者到云服务产品之间连接的媒介，通常云服务消费者是通过 Internet 访问使用云服务的，所以 Internet 服务提供商就是这里的云服务承运商，例如中国电信。

（7）**答案：D**　**解析**　公共云服务。由 SP 为组织或个人提供面向互联网的公共服务（如邮箱、即时通信、共享容灾等），云架构与公共网络联接，由 SP 保证不同组织与用户的数据安全。

（8）**答案：C　解析**　云服务器具有高可用性、稳定性与安全性、弹性的特点。

（9）**答案：D　解析**　块存储具有如下功能特点：弹性可扩展、多存储类型、稳定可靠、简单易用、快照备份、分类。

（10）**答案：C　解析**　对象存储的应用场景有：图片和音视频等应用的海量存储、网页或移动应用的静态和动态分离、在线点播、交互式传播、图片处理与存储等。支持.jpg、.png、.bmp、.gif、.webp、.tiff等多种图片格式的文件格式转换、缩略图、剪裁、水印、缩放等多种操作。提供高质量、高速并行的音视频转码能力。

（11）**答案：D　解析**　负载均衡的功能特点有：

1）高可用。采用全冗余设计，无单点，支持同城容灾，搭配DNS可实现跨地域容灾，可用性高。根据应用负载进行弹性扩容，在流量波动情况下不中断对外服务。

2）低成本。与传统硬件负载均衡系统的高投入相比成本低。

（12）**答案：C　解析**　云关系型数据库的功能特点如下：

1）便宜易用。即开即用、按需升级、透明兼容、管理便捷。

2）高性能。参数优化、SQL优化建议、高端硬件投入。

3）高安全性。防DDoS攻击、访问控制策略、系统安全。

4）高可靠性。双机热备、多副本冗余、数据备份、数据恢复。

云关系型数据库的应用场景有：异地容灾、数据多样化存储、持久化缓存数据、大数据分析。

（13）**答案：C　解析**　DDoS高防IP的应用场景有：DDoS高防IP可服务于云内及云外的所有客户，主要使用场景包括金融、娱乐（游戏）、媒资、电商、政府等对用户业务体验的实时性要求较高的业务。Web应用防火墙（WAF）的应用场景有：Web应用防火墙服务于云上及云外的所有客户，该服务主要应用于金融、电商、O2O、互联网+、游戏、政府、保险等对安全要求较高的各类网站。

（14）**答案：C　解析**　为了保证满足弹性扩展的需求，云化网络系统在设计时需遵循下述原则：安全性、可靠性和容错性；开放式、标准化；可扩展性、实用性、先进性、成熟性；大容量；可管理性。

（15）**答案：A　解析**　中间件是一种独立的系统软件或服务程序，分布式应用软件借助这种软件在不同的技术之间共享资源。中间件位于客户机/服务器的操作系统之上，管理计算资源和网络通信。中间件是独立的系统级软件，连接操作系统层和应用程序层，屏蔽具体操作的细节，为不同操作系统提供应用的接口标准化、协议统一化。中间件一般提供如下功能：通信支持、应用支持、公共服务。

（16）**答案：B　解析**　事务式中间件又称事务处理管理程序，是当前使用最广泛的中间件之一，其主要功能是提供联机事务处理所需要的通信、并发访问控制、事务控制、资源管理、安全管理、负载平衡、故障恢复和其他必要的服务。

（17）**答案：B　解析**　无需购买，只需租赁。SaaS提供商管理软件更新和安全。

（18）**答案：A　解析**　云数据中心一般具有以下五大要素：面向服务、资源池化、高效智能、按需供给、低碳环保。

（19）**答案：A** **解析** 云数据中心总体架构是数据中心构建的顶层设计，为数据中心的建设提供重要支撑作用。云数据中心架构自下而上由数据中心机房层、物理资源层、基础设施层、平台服务层、软件服务层、终端用户层六大部分构成。数据中心各层向上提供支撑。物理资源层是指为数据中心信息系统提供物理承载的各类资源，主要有服务器、网络设备、存储设备、安全设备、负载均衡设备等。

（20）**答案：A** **解析** 数据中心各功能单元在布局设计上应遵循如下主要原则：整体性原则、安全性原则、模块化原则、灵活性及可扩展性原则、可维护性原则、经济性原则。

第5章 信息应用系统

5.1 信息应用系统的分类

- ___(1)___是建立在信息技术基础上,利用现代企业的先进管理思想,全面地集成了企业的所有资源信息,并为企业提供决策、计划、控制与经营业绩评估的全方位和系统化的管理平台。
  (1) A. TPS　　　　B. ERP　　　　C. CRM　　　　D. CMS
- 网络直播带货是新兴的购物模式。张某进入某企业网络直播间,与主播互动后,在网站下订单购买了三件商品。这种电子商务的模式属于___(2)___。
  (2) A. B2B　　　　B. C2C　　　　C. B2C　　　　D. B2B
- ___(3)___应用人工智能技术和计算机技术,根据某领域一个或多个专家提供的知识和经验进行推理和判断,模拟人类专家的决策过程,以便解决那些需要人类专家处理的复杂问题。
  (3) A. ES　　　　B. KSM　　　　C. CMS　　　　D. VRS
- ___(4)___使一个或多个用户能够在计算机模拟环境中移动和反应。通过特殊的接口设备,将模拟世界的景象、声音和感觉传送给用户。
  (4) A. VRS　　　　B. AR　　　　C. AI　　　　D. MR

答案及解析

(1) **答案:B　解析**　企业资源规划(ERP)是企业在生产制造过程中普遍使用的一种信息应用系统。企业的所有资源包括三大流:物流、资金流和信息流。ERP是对这三种资源进行全面集成管理的管理信息系统。概括地说,ERP是建立在信息技术基础上,利用现代企业的先进管理思想,全面地集成了企业的所有资源信息,并为企业提供决策、计划、控制与经营业绩评估的全方位和系统化的管理平台。

（2）**答案：C** **解析** 电子商务是公司与公司（B2B）、公司与消费者（B2C）、消费者与消费者（C2C）、企业与公共部门、消费者与公共部门之间利用信息系统和互联网进行的任何商业交易。虽然是直播带货购买，但仍然是企业向消费者提供网上购物环境，消费者通过 Internet 访问相关网站进行咨询、购买活动，即为 B2C 商务模式。

（3）**答案：A** **解析** 专家系统（ES）是一个具有大量的专门知识与经验的程序系统，它应用人工智能技术和计算机技术，根据某领域一个或多个专家提供的知识和经验进行推理和判断，模拟人类专家的决策过程，以便解决那些需要人类专家处理的复杂问题。简而言之，专家系统是一种模拟人类专家解决领域问题的计算机程序系统。

（4）**答案：A** **解析** 虚拟现实系统（Virtual Reality System，VRS）使一个或多个用户能够在计算机模拟环境中移动和反应。虚拟现实模拟需要特殊的接口设备，将模拟世界的景象、声音和感觉传送给用户。

5.2 典型信息应用系统

- 事务处理系统（TPS）常见的数据处理有两种，分别为___（1）___。
  - （1）A．批处理和联机事务处理　　　　B．数据采集和数据编辑
  　　　C．数据操作和事务处理　　　　　D．数据存储和数据操作
- 证券的股票交易、航空公司的客户订单，更适合使用___（2）___方式。
  - （2）A．批处理　　　　　　　　　　　B．联机事务处理
  　　　C．联系分析处理　　　　　　　　D．商业智能分析
- 下列关于事务处理系统（TPS）的说法，错误的是___（3）___。
  - （3）A．TPS 的输出就是为终端用户提供所需的有关文件和报表
  　　　B．TPS 仅支持终端用户的批次查询，不支持联机实时查询
  　　　C．一个组织的数据库通过 TPS 来更新
  　　　D．TPS 的主要功能就是对企业管理中日常事务所发生的数据进行输入、处理和输出
- ERP 为企业提供的功能是多层面和全方位的，下列描述错误的是___（4）___。
  - （4）A．有力地支持企业的各个层面上的决策
  　　　B．为处于不同行业的企业提供有针对性的 IT 解决方案
  　　　C．从企业内部的供应链发展为全行业和跨行业的供应链
  　　　D．精准预测市场发展趋势，帮助企业快速应对市场变化
- 管理信息系统（MIS）分为四部分，分别为___（5）___。
  - （5）A．信息源、信息处理器、信息用户、信息管理者
  　　　B．信息源、信息处理器、信息可视化、信息应用

C．操作层、策略层、知识层、管理层

D．数据层、操作层、知识层、管理层

- 在管理信息系统中，___（6）___指的是在决策过程中不断收集信息，不断发送给决策者，不断调整决策。

  （6）A．开环结构　　　B．闭环结构　　　C．响应机制　　　D．决策机制

- 下列关于决策支持系统（DSS）的说法，不正确的是___（7）___。

  （7）A．系统的收集、存储和输出的一切信息都是为决策者服务的

  B．系统对决策信息和方案进行全面分析后代替决策者做出决策

  C．系统能够为解决非结构化管理问题提供支持，以改善决策的质量

  D．充分利用先进信息技术快速传递和处理信息

- 知识管理系统（KSM）是将___（8）___软件、数据库和设备组织在一起的集合，用于创建、存储、共享和使用组织的知识和经验。

  （8）A．信息、知识　　B．人员、流程　　C．数据、组织　　D．知识、机制

- 基于知识的专家系统是以___（9）___为中心。

  （9）A．知识和推理　　B．数据和算法　　C．判断和决策　　D．人工智能

- 办公自动化系统（OA）就是办公信息处理手段的自动化。下列___（10）___不属于OA的主要功能。

  （10）A．事务处理　　B．辅助决策　　C．企业形象　　D．信息管理

- 办公自动化系统（OA）的组成包括以下四部分：计算机设备、办公设备、数据通信及网络设备、___（11）___。

  （11）A．打印设备　　B．移动设备　　C．硬件系统　　D．软件系统

- 关于专家系统和一般计算机系统的描述，不正确的是___（12）___。

  （12）A．专家系统的功能是解决问题、解释结果、进行判断和决策

  B．专家系统处理问题的种类多数属于准结构性或非结构性，可处理不确定性的知识，用于特定领域

  C．一般计算机系统处理问题种类多数属于结构性，处理确定的知识

  D．专家系统的处理能力是处理数字

答案及解析

（1）**答案：A** **解析** 事务处理系统（TPS）常见的数据处理方式有两种：一种是批处理方式；另一种是联机事务处理方式。

（2）**答案：B** **解析** 联机事务处理（OLTP）方式的优点是，当事务数据产生时能即时更新有关的文件和数据库，并能立刻响应终端用户的查询请求。其缺点是成本高，由于是对数据库进行联机直接存取，为防止数据被非法存取或被偶然破坏，需要有一定的授权机制。某些实时处理是不

能被中断的，如证券的股票交易、航空公司的客户订单等。为保证实时处理不被中断，要采用有关的容错技术，这也需要额外的开支。

（3）**答案：B 解析** TPS 支持终端用户的批次查询或联机实时查询，典型的查询方式是用户通过屏幕显示获得查询结果。

（4）**答案：D 解析** ERP 为企业提供的功能是多层面和全方位的，主要包括：支持决策的功能；为处于不同行业的企业提供有针对性的 IT 解决方案；从企业内部的供应链发展为全行业和跨行业的供应链。

（5）**答案：A 解析** 管理信息系统由四大部件组成，即信息源、信息处理器、信息用户和信息管理者。

（6）**答案：B 解析** 开环结构是在执行一个决策的过程中不收集外部信息，不根据信息情况改变决策，直至产生本次决策的结果，事后的评价只供以后的决策作参考。闭环结构是在决策过程中不断收集信息，不断发送给决策者，不断调整决策，事实上最后执行的决策已不是当初设想的决策。

（7）**答案：B 解析** 决策支持系统（DSS）的作用是辅助决策者、支持决策者。由于决策过程的复杂性和人在决策过程中的重要作用，系统不可能取代人而做出决策。在整个决策过程中，系统不可能也不应该提供答案，也不应该强加给决策者预先规定的决策顺序。支持但不是代替高层决策者进行决策。

（8）**答案：B 解析** 知识管理系统（KSM）是将人员、流程、软件、数据库和设备组织在一起的集合，用于创建、存储、共享和使用组织的知识和经验。

（9）**答案：A 解析** 专家系统（ES）就是基于知识的专家系统，它是人工智能的一个重要分支。这种基于知识的系统设计是以知识库和推理机为中心展开的，即结构为：知识+推理=系统。

（10）**答案：C 解析** 从业务性质来看，办公自动化系统（OA）的主要功能如下：事务处理、信息管理、辅助决策。

（11）**答案：D 解析** 办公自动化系统（OA）的组成包括以下四部分：计算机设备、办公设备、数据通信及网络设备、软件系统。

（12）**答案：D 解析** 专家系统与一般的计算机系统两者的相异之处见下表。

系统	专家系统	一般计算机系统
功能	解决问题、解释结果、进行判断和决策	解决问题
处理能力	处理数字与符号	处理数字
处理问题种类	多数属于准结构性或非结构性，可处理不确定性的知识，用于特定领域	多数属于结构性，处理确定的知识

第6章 信息安全

6.1 信息安全的定义及属性

- 下列___(1)___不属于信息安全的基本属性。
  - (1) A. 不可否认性 安全性　　　　　　　B. 准确性 安全性
  　　　C. 可控性 可用性　　　　　　　　D. 保密性 完整性
- 信息在传送过程中没有被非法用户添加、删除、替换的特性属于信息安全的___(2)___。
  - (2) A. 可靠性　　　B. 完整性　　　C. 保密性　　　D. 安全性
- DDoS拒绝服务攻击是以通过大量合法的请求占用大量网络资源，造成网络瘫痪。该网络攻击破坏了信息安全的___(3)___属性。
  - (3) A. 可控性　　　B. 安全性　　　C. 保密性　　　D. 可用性

答案及解析

(1) 答案：B　解析　信息安全的基本属性包括保密性、完整性、可用性、可控性、不可否认性。

(2) 答案：B　解析　信息安全的基本属性包括保密性、完整性、可用性、可控性、不可否认性，见下表。

属性	解释
保密性	即保证信息为授权者享用而不泄露给未经授权者
完整性	即保证信息从真实的发信者传送到真实的收信者手中，传送过程中没有被非法用户添加、删除、替换等

续表

属性	解释
可用性	即保证信息和信息系统随时为授权者提供服务，保证合法用户对信息和资源的使用不会被不合理地拒绝
可控性	即出于国家和机构的利益和社会管理的需要，保证管理者能够对信息实施必要的控制管理，以对抗社会犯罪和外敌侵犯
不可否认性	即人们要为自己的信息行为负责，提供保证社会依法管理需要的公证、仲裁信息证据

（3）**答案：D　解析**　可用性即保证信息和信息系统随时为授权者提供服务，保证合法用户对信息和资源的使用不会被不合理地拒绝。

6.2　信息安全的发展历程

- 人们对信息安全的认识经历了三个比较显著的发展阶段，其中不包括___(1)___。

  （1）A．通信保密阶段　　　　　　　B．网络信息安全阶段
  　　　C．信息加密保护　　　　　　　D．信息安全保障时代

答案及解析

（1）**答案：C　解析**　人们对信息安全的认识经历了三个比较显著的发展阶段：一是数据安全初级阶段（即通信保密阶段），强调保密通信，实现数据传输加密；二是网络信息安全时代，强调网络环境；三是信息安全保障时代，强调不能被动地保护，需要实现"保护-检测-反应-恢复"四个环节的多重安全保障。

6.3　信息安全的主要技术和措施

- 身份认证是信息安全的主要技术之一，下列___(1)___不属于身份认证常见的认证措施。

  （1）A．智能卡　　　　B．数字签名　　　C．虹膜认证　　　D．短信验证码

- 下列___(2)___不属于常见的访问控制机制。

  （2）A．自主访问控制　　　　　　　B．基于角色的访问控制
  　　　C．基于组的访问控制　　　　　D．强制访问控制

- 信息系统访问控制机制中，___(3)___是指对所有主体和客体都分配安全标签用来标识所属的安全级别，然后在访问控制执行时对主体和客体的安全级别进行比较，确定本次访问是否合法的技术或方法。

  （3）A．自主访问控制　　　　　　　B．基于角色的访问控制

C．基于组的访问控制　　　　　　　D．强制访问控制

- ___（4）___能够及时发现并处理计算机网络运行时潜在的安全风险、数据传输风险等问题，同时可以对计算机网络安全中的各项操作进行记录与检测，以确保计算机网络正常运行。

    （4）A．访问控制　　　　　　　　　B．防火墙

    　　　C．身份认证　　　　　　　　　D．入侵检测

- 下列关于防火墙的说法，不正确的是___（5）___。

    （5）A．内部网络和外部网络之间的所有网络数据流都必须经过防火墙

    　　　B．只有符合安全策略的数据流才能通过防火墙

    　　　C．防火墙自身应具有非常强的抗攻击免疫力

    　　　D．主动防范计算机等电子设备不受病毒入侵

- 在电子政务系统建设中，要求政府内网与外网之间逻辑隔离，可以采用___（6）___的方法来实现。

    （6）A．访问控制　　　B．物理隔离网闸　　　C．身份认证　　　D．交换网络隔离

- 以下关于对称密钥加密的说法，正确的是___（7）___。

    （7）A．加密方和解密方可以使用不同的算法

    　　　B．加密密钥和解密密钥可以是不同的

    　　　C．加密密钥和解密密钥必须是相同的

    　　　D．对称密钥运算量大，很难破解

- 若甲、乙采用非对称密钥体系进行保密通信，甲用乙的公钥加密数据文件，乙使用___（8）___来对数据文件进行解密。

    （8）A．甲的公钥　　　B．甲的私钥　　　C．乙的公钥　　　D．乙的私钥

- 以下关于数字签名的说法，正确的是___（9）___。

    （9）A．验证和解密过程相同　　　　　　B．数字签名不可抵赖

    　　　C．数字签名难以鉴别发送者　　　　D．数字签名不可信

答案及解析

（1）**答案：B**　**解析**　身份认证是在计算机网络中确认操作者身份的过程。常见的认证措施有：虚拟身份电子标识（VIEID）、静态密码、智能卡、短信验证码、动态口令、USB Key、生物识别、双因素认证、Infogo认证、虹膜认证、访问控制。数字签名属于数据加密技术。

（2）**答案：C**　**解析**　常见的访问控制机制有：①自主访问控制（DAC）：让客体的所有者来定义访问控制规则。②基于角色的访问控制（Role-BAC）：将主体划分为不同的角色，然后对每个角色的权限进行定义。③基于规则的访问控制（Rule-BAC）：制定某种规则，将主体、请求和客体的信息结合起来进行判定。④强制访问控制（MAC）：一种基于安全级别标签的访问控制策略。

（3）**答案**：D　**解析**　强制访问控制（MAC）：一种基于安全级别标签的访问控制策略。强制访问控制（MAC）：系统独立于用户行为强制执行访问控制，用户不能改变它们的安全级别或对象的安全属性，通常对数据和用户安全等级划分标签，访问控制机制通过比较安全标签来确定接受还是拒绝用户对资源的访问。

（4）**答案**：B　**解析**　防火墙，又称防护墙、火墙，其功能主要是及时发现并处理计算机网络运行时潜在的安全风险、数据传输风险等问题，同时可以对计算机网络安全中的各项操作进行记录与检测，以确保计算机网络正常运行。防火墙位于计算机和它所连接的网络之间，计算机流入、流出的所有网络通信和数据包均需要经过它。防火墙在 Internet 与 Intranet 之间建立起一个安全网关，从而保护内部网免受非法用户的侵入。

（5）**答案**：D　**解析**　防病毒指用户主动防范计算机等电子设备不受病毒入侵，从而避免出现用户资料泄密、设备程序被破坏等情况。防火墙通常被比喻为网络安全的大门，用来鉴别什么样的数据包可以进出企业内部网。防火墙的基本特性如下：

1）内部网络和外部网络之间的所有网络数据流都必须经过防火墙。

2）只有符合安全策略的数据流才能通过防火墙。这是防火墙最基本的功能。

3）防火墙自身应具有非常强的抗攻击免疫力。防火墙操作系统是关键，只有自身具有完整信任关系的操作系统才可以谈论系统的安全性。

4）应用层防火墙具备更细致的防护能力。

5）数据库防火墙具有针对数据库恶意攻击的阻断能力。采用虚拟补丁技术、SOL 注入禁止技术、SOL 黑名单技术等关键技术应用，为数据库提供安全、可靠的防护。

（6）**答案**：B　**解析**　网闸从逻辑上隔离、阻断了互联网、工作外网等对工作内网具有潜在攻击可能的一切网络联接，使外部攻击者无法直接入侵、攻击或破坏内网，保障了内部主机的安全。在电子政务系统建设中，要求政府内网与外网之间逻辑隔离，在政府专网与内网之间用物理隔离。常用的方法是采用物理隔离网闸来实现。

（7）**答案**：C　**解析**　专用密钥又称为对称密钥或单密钥，加密和解密时使用同一个密钥，即同一个算法。由于对称密钥运算量小、速度快、安全强度高，被广泛采用。

（8）**答案**：D　**解析**　公开密钥又称为非对称密钥，加密和解密时使用不同的密钥，即不同的算法。非对称密钥由于两个密钥（加密密钥和解密密钥）各不相同，因而可以将一个密钥公开，而将另一个密钥保密，同样可以起到加密的作用。在这种编码过程中，一个密钥用来加密消息，而另一个密钥用来解密消息。通常加密密钥为公钥，解密密钥为私钥。

（9）**答案**：B　**解析**　数字签名机制提供了一种鉴别方法，以解决伪造、抵赖、冒充和篡改等问题。数字签名使用公钥加密领域的技术实现，加密和解密时使用不同的密钥。经过数字签名的文件，其完整性是很容易验证的，而且具有不可抵赖性，不需要骑缝章、骑缝签名，也不需要笔迹专家来验证。

6.4 网络安全等级保护

- 网络安全等级保护分为五级,其中第三级是____(1)____。
  - (1) A. 指导保护级　　B. 监督保护级　　C. 强制保护级　　D. 自主保护级
- 信息系统受到破损后,会对社会秩序和公共利益造成严重危害,或者对国家安全造成危害,该信息系统应实施____(2)____的信息安全保护。
  - (2) A. 第一级　　B. 第二级　　C. 第三级　　D. 第四级
- 网络安全等级保护分为五级,____(3)____指的是等级保护对象遭破坏后,会对社会秩序和公共利益造成特别严重危害,对国家安全造成严重危害。
  - (3) A. 指导保护级　　B. 监督保护级　　C. 强制保护级　　D. 自主保护级
- 等级保护第三级(简称"等保三级")是当下信息系统建设过程中比较常见的等级保护定级级别,下列关于等保三级说法不正确的是____(4)____。
  - (4) A. 等保三级要求进行身份鉴别时采用组合鉴别技术
    B. 等保三级要求对通信过程中的整个报文或会话过程进行加密
    C. 等保三级要求访问控制扩展到对进出网络的信息内容过滤
    D. 等保三级要求加强数据备份和保密性,不允许异地数据备份
- 网络安全等级保护测评的主要内容不包括____(5)____。
  - (5) A. 物理安全　　B. 网络安全　　C. 设备安全　　D. 应用安全

答案及解析

(1) **答案:B** 解析 网络安全保护等级的划分见下表。

等级	侵害程度	
第一级	自主保护级	对相关公民、法人和其他组织的合法权益造成损害	但不危害国家安全、社会秩序和公共利益
第二级	指导保护级	会对相关公民、法人和其他组织的合法权益造成严重损害或特别严重损害	对社会秩序和公共利益造成危害,但不危害国家安全
第三级	监督保护级	会对社会秩序和公共利益造成严重危害	对国家安全造成危害
第四级	强制保护级	会对社会秩序和公共利益造成特别严重危害	对国家安全造成严重危害
第五级	专控保护级		对国家安全造成特别严重危害

（2）**答案：C**　**解析**　同第（1）题。

（3）**答案：C**　**解析**　同第（1）题。

（4）**答案：C**　**解析**　等保三级要求的主要增强点包括：对系统管理数据、鉴别信息和重要业务数据在存储过程和传输过程中的完整性进行检测和恢复，采用加密或其他有效措施实现以上数据传输和存储的保密性；提供异地数据备份等。

（5）**答案：C**　**解析**　网络安全等级保护测评（简称"等保测评"）的主要内容包括：物理安全、网络安全、主机安全、应用安全、数据安全。

6.5　信息安全风险评估概述

- 从技术措施角度，信息安全常见的风险点包括六个分项，其中不包括___（1）___。

  （1）A．安全物理环境　　　　　　　　B．数据安全

  　　C．安全管理中心　　　　　　　　D．安全计算环境

- 从管理措施角度，信息安全常见的风险点包括___（2）___、安全管理制度及机构设置、安全管理人员、安全建设管理、安全运维管理五个分项。

  （2）A．安全物理环境　　　　　　　　B．安全通信网络

  　　C．安全管理中心　　　　　　　　D．安全计算环境

答案及解析

（1）**答案：C**　**解析**　从技术措施角度，信息安全常见的风险点可以分为安全物理环境、安全通信网络、安全区域划分、安全计算环境（包括网络硬件设备、应用系统）和数据安全六个分项。

（2）**答案：C**　**解析**　从管理措施角度，信息安全常见的风险点可以分为安全管理中心、安全管理制度及机构设置、安全管理人员、安全建设管理和安全运维管理五个分项。再针对各个分项的风险点检测项，以及每一个检测项对应的等保三级要求或等保二级要求进行分析，研究对策。

6.6　关键信息基础设施保护

- 关键信息基础设施保护是确保国家安全、经济发展和社会稳定的重要措施，关键信息基础设施保护的法律依据是___（1）___。

  （1）A．《中华人民共和国网络安全法》　　B．《关键信息基础设施安全保护条例》

  　　C．《网络安全审查办法》　　　　　　D．《中华人民共和国国家安全法》

- 关键信息基础设施安全保护办法由___（2）___制定。

  （2）A．国家网信办　　　　　　　　　　B．国务院

  　　C．公安部门　　　　　　　　　　　D．工业和信息化部主管部门

答案及解析

（1）**答案：A**　**解析**　关键信息基础设施保护是确保国家安全、经济发展和社会稳定的重要措施，用于保障重要网络系统、数据资源和关键服务稳定运行，以抵御外部攻击和应对内部风险。关键信息基础设施保护的法律依据是《中华人民共和国网络安全法》。

（2）**答案：B**　**解析**　《中华人民共和国网络安全法》有关规定如下：

第三十一条　国家对提供公共通信、广播电视传输等服务的基础信息网络，能源、交通、水利、金融等重要行业和供电、供水、供气、医疗卫生、社会保障等公共服务领域的重要信息系统，军事网络，设区的市级以上国家机关等政务网络，用户数量众多的网络服务提供者所有或者管理的网络和系统（以下称为"关键信息基础设施"），实行重点保护。关键信息基础设施安全保护办法由国务院制定。

6.7　数据安全的主要策略及方法

- 数据安全有三项基本特点，分别是___（1）___。
  - （1）A．安全性 保密性 可靠性　　　B．机密性 完整性 可用性
  　　　C．保密性 准确性 可控性　　　　D．可用性 可控性 可靠性
- 数据安全有三项基本特点，___（2）___指在传输、存储信息或数据的过程中，确保信息或数据不被未授权地篡改或在篡改后能够被迅速发现。
  - （2）A．完整性　　　B．保密性　　　C．安全性　　　D．不可篡改性
- 下列___（3）___不属于数据安全防护技术。
  - （3）A．本地容灾　　B．双机容错　　C．磁盘阵列　　D．数据迁移

答案及解析

（1）**答案：B**　**解析**　数据安全的三项基本特点是：机密性、完整性和可用性。

1）机密性：又称保密性，是指个人或团体的信息不为其他不应获得者获得。

2）完整性：是指在传输、存储信息或数据的过程中，确保信息或数据不被未授权地篡改或在篡改后能够被迅速发现。

3）可用性：是一种以使用者为中心的设计概念，其设计的重点在于让产品的设计能够符合使用者的习惯与需求。

（2）**答案：A**　**解析**　完整性是指在传输、存储信息或数据的过程中，确保信息或数据不被未授权地篡改或在篡改后能够被迅速发现。

（3）**答案：A**　**解析**　数据安全主要防护技术有：磁盘阵列、数据备份、双机容错、网络附加存储（NAS）、数据迁移、异地容灾、存储区域网络（SAN）。

第7章 运行维护

7.1 运行维护概述

- 运行维护服务内容是指供方根据需方需求和服务级别协议承诺,向需方提供的例行操作、响应支持、优化改善、___(1)___等服务。
  - (1) A. 绩效考核　　　　B. 调研评估　　　　C. 系统升级　　　　D. 应急响应
- 信息系统的运维工作分为三个循序渐进的阶段。目前___(2)___是最高阶段。
  - (2) A. 网络管理　　　　　　　　　　B. 运行维护服务管理
     C. 业务服务运维管理　　　　　　D. 数据服务管理
- 在信息系统运维的___(3)___阶段,将业务蓝图与资源配置蓝图进行整合,可以动态展现当前信息系统的运行情况,并动态体现出其对业务支撑的相关运维要素及各类资源的情况和能力。
  - (3) A. 网络管理　　　　　　　　　　B. 运行维护服务管理
     C. 业务服务运维管理　　　　　　D. 数据服务管理

答案及解析

(1) **答案:B**　**解析**　运行维护服务交付是指在签署的服务级别协议中,运维服务提供方承诺在服务有效期内向业主单位提供的运行维护服务内容。运维服务交付的内容通常包括例行操作、响应支持、优化改善、调研评估等。

(2) **答案:C**　**解析**　纵观国内外信息系统建设的发展,经历了从无到有、从单机到网络、从单一的业务办公系统到综合性管理信息系统的发展历程。在这个过程中,信息系统的运维工作也随之经历了从单一化的网络管理(Network System Management,NSM)到一体化的运行维护服务管理（IT Service Management，ITSM），再到以业务支撑为核心的业务服务运维管理（Business Service Management，BSM）这三个循序渐进的阶段。

（3）**答案：C 解析** 信息系统的运维工作也随之经历了从单一化的网络管理（NSM）到一体化的运行维护服务管理（ITSM），再到以业务支撑为核心的业务服务运维管理（BSM）这三个循序渐进的阶段。

BSM 的核心主要体现在如下三个方面：
1）业务蓝图展现运维服务团队业务的构成情况。
2）资源配置蓝图展现一个运维服务团队及所有对象构成关系全景。
3）最终将业务蓝图与资源配置蓝图进行整合，可以动态展现当前信息系统的运行情况，并动态体现出其对业务支撑的相关运维要素及各类资源的情况和能力。

7.2 运行维护服务能力

- 运行维护服务能力模型中提出了运行维护服务能力的四个关键要素，分别为___（1）___。
  （1）A．人员、技术、过程、资源   B．人员、技术、工具、过程
  　　C．过程、资源、技术、环境   D．过程、技术、工具、环境
- 信息系统运行维护的服务对象不包括___（2）___。
  （2）A．虚拟资源   B．物理资源   C．程序代码   D．业务数据
- 运行维护服务内容是指供方根据需方需求和服务级别协议承诺，向需方提供的例行操作、响应支持、优化改善、___（3）___等服务。
  （3）A．调研评估   B．绩效考核   C．系统升级   D．业务升级
- 下列___（4）___不属于运维服务中"优化改善"的内容。
  （4）A．适应性改进   B．增强性改进   C．预防性改进   D．功能性改进
- 对监控记录、运行条件和运行状况进行检查和趋势分析，发现其脆弱性，以消除或改进。该操作属于运维服务内容中的___（5）___。
  （5）A．响应支持   B．优化改善   C．例行操作   D．功能升级
- "为保持运行维护对象在新环境中可持续运行而实施的优化改进"属于运维服务内容中的___（6）___。
  （6）A．适应性改进   B．增强性改进   C．预防性改进   D．功能性改进

答案及解析

（1）**答案：A 解析** 运行维护服务能力模型中提出了运行维护服务能力的四个关键要素：人员、技术、过程、资源，每个要素通过关键指标反映运维服务团队应具备的能力。

（2）**答案：C** **解析** 运行维护的服务对象是信息系统工程建设项目交付的内容，主要包括机房基础设施、物理资源、虚拟资源、平台资源、业务数据等。

（3）**答案：A** **解析** 运行维护服务根据其工作目标、工作内容、交付结果分为四大类，包括调研评估、例行操作、响应支持和优化改善。

（4）**答案：D** **解析** 运行维护服务根据其工作目标、工作内容、交付结果分为四大类，包括调研评估、例行操作、响应支持和优化改善。优化改善的具体内容如下：

1）适应性改进。为保持运行维护对象在新环境中可持续运行而实施的优化改进。

2）增强性改进。采取改进措施，增强数据中心的安全性、可用性和可靠性。

3）预防性改进。检测和纠正运行维护对象运行过程中潜在的问题或缺陷。

（5）**答案：C** **解析** 运行维护服务根据其工作目标、工作内容、交付结果分为四大类，包括调研评估、例行操作、响应支持和优化改善。例行操作的具体内容如下：

1）监控。对运行维护对象的动态指标、静态指标、运行状况和发展趋势等进行记录、分析和告警。

2）预防性检查。对监控记录、运行条件和运行状况进行检查和趋势分析，发现其脆弱性，以消除或改进。

3）常规作业。对运行维护对象进行的日常维护包括：定期维护、配置备份、数据备份、数据恢复、定期重启等活动。

（6）**答案：A** **解析** 适应性改进是指为保持运行维护对象在新环境中可持续运行而实施的优化改进。

7.3 运行维护服务交付过程

- ___(1)___ 是指运维服务提供方结合业主单位业务需求，通过对运行维护服务对象的调研和分析，提出咨询建议或评估方案。

  （1）A．例行操作服务　　B．响应支持服务　　C．优化改善服务　　D．调研评估服务

- 运维服务提供方对信息系统的例行操作不包括___(2)___。

  （2）A．监控　　　　　B．预防性检查　　C．优化改善　　　D．常规作业

- 根据运维服务内容，运维服务交付方式可以分为___(3)___。

  （3）A．现场交付、远程交付　　　　　　B．定期交付、打包一次性交付
  　　　C．现场交付、移动交付　　　　　　D．分包交付、整包一次性交付

答案及解析

（1）**答案：A** **解析** 例行操作服务是指运维服务提供方提供的预定的例行服务，为了及时获得运行维护服务对象状态，发现并处理潜在的故障隐患。

（2）**答案：C 解析** 按照约定的触发条件或预先规定的常态服务，运维服务提供方对信息系统的例行操作一般分为监控、预防性检查和常规作业。

（3）**答案：A 解析** 运维服务提供方可以根据运维服务内容选择现场交付或远程交付的方式开展运行维护工作。

7.4 运行维护应急管理

- 下列___(1)___不属于运行维护应急管理的内容。
  （1）A．应急响应工作总结　　　　　　B．开展应急演练
  　　　C．备份完整系统　　　　　　　　D．制定应急响应预案
- 运行维护应急管理制度要遵循一定原则，其中不包括___(2)___。
  （2）A．预防为主　　B．快速响应　　C．综合治理　　D．统一领导
- 关于应急响应演练的描述，不正确的是___(3)___。
  （3）A．制订应急演练计划、演练脚本
  　　　B．对应急组织人员进行培训，讲解应急演练预案、应急演练计划和脚本
  　　　C．对应急演练的整个过程进行详细记录，并形成报告
  　　　D．为保障应急演练效果，应急演练过程中应暂停业务的进行

答案及解析

（1）**答案：C 解析** 运行维护应急管理包括建立应急管理制度、规范应急响应组织、制定应急响应预案、组织培训并开展应急演练、应急响应工作总结等内容。

（2）**答案：C 解析** 应急管理制度要遵循统一领导、分级负责、预防为主、快速响应的原则。

（3）**答案：D 解析** 为检验应急响应预案的有效性，同时使相关人员了解运行维护预案的目标和内容，熟悉应急响应的操作规程，运维服务团队应进行应急演练，具体执行工作应包括：

1）制订应急演练计划、演练脚本。
2）对应急组织人员进行培训，讲解应急演练预案、应急演练计划和脚本。
3）对应急演练的整个过程进行详细记录，并形成报告。
4）要保证应急演练的过程不影响业务的正常运行。

第8章 信息系统工程监理基础知识

8.1 信息系统工程监理的意义和作用

- 信息系统工程监理代表业主单位对项目的实施过程进行＿＿(1)＿＿和监督管理。

  (1) A．阶段跟踪　　　B．全程咨询　　　C．全程跟踪　　　D．阶段咨询

- 监理在工程建设过程中的重要性不言而喻，在信息系统工程建设项目中，其重要性更为突出，主要原因不包括＿＿(2)＿＿。

  (2) A．实施过程存在隐蔽工程，可视性差
  　　 B．存在轻建设、重管理的问题
  　　 C．投资相对比较大，如果管理不善会造成较大浪费
  　　 D．信息系统工程存在不能按预定进度执行的问题和风险

- 我国信息技术服务标准（ITSS）体系对信息技术服务生命周期的划分，监理运行周期主要分为三部分，其中设计阶段属于＿＿(3)＿＿部分。

  (3) A．规划设计　　　B．部署实施　　　C．运行维护　　　D．服务运营

- 最基础的监理内容被概括为"三控、两管、一协调"，下列选项中，不属于"三控"的是＿＿(4)＿＿。

  (4) A．质量控制　　　B．进度控制　　　C．投资控制　　　D．变更控制

- 信息系统工程的监理对象不包括＿＿(5)＿＿。

  (5) A．信息网络系统　　　　　　　　B．信息资源系统
  　　 C．信息管理系统　　　　　　　　D．信息应用系统

- 监理支撑要素包括监理法规及管理文件、＿＿(6)＿＿、监理及相关服务能力。

  (6) A．监理制度及相关文件　　　　　B．监理及相关服务技术
  　　 C．监理流程及相关制度　　　　　D．监理及相关服务合同

- 最基础的监理内容被概括为"三控、两管、一协调",下列选项中,属于"两管"的是___(7)___。

  (7)A. 范围管理　　　　B. 进度管理　　　　C. 合同管理　　　　D. 干系人管理

答案及解析

(1) **答案:C** **解析** 信息系统工程监理的地位和作用如下:
1) 通常直接面对业主单位和承建单位,在两者之间形成一种系统的工作关系。
2) 为业主单位提供信息系统工程相关的技术建议。
3) 代表业主单位对项目的实施过程进行全程跟踪和监督管理。
4) 保证项目交付成果的质量。
5) 协调项目干系人之间的关系,保证项目质量目标的贯彻和落实。

(2) **答案:B** **解析** 信息系统工程监理的重要性与迫切性如下:
1) 信息系统工程无论大小,一般都关系到国家、企业、单位的重要业务。
2) 往往在还没有提出需求或需求还不明确时就付诸实施,因此在实施过程中需要不断修改。
3) 由于用户需求的不断变化以及其他内部或外部因素的影响,信息系统工程存在不能按预定进度执行的问题和风险。
4) 投资相对比较大,如果管理不善会造成较大浪费。
5) 实施过程存在隐蔽工程,可视性差。
6) 存在重建设、轻管理的问题。

(3) **答案:B** **解析** 监理运行周期主要分为规划、部署实施、运行维护三部分,每一部分由若干阶段组成:规划、部署实施(招标、设计、实施、验收)、运行维护(运维招标阶段、运维实施阶段、评价及认定阶段)。

(4) **答案:D** **解析** 监理内容包括:三控(质量控制、进度控制、投资控制)、两管(合同管理、信息管理)、一协调。

(5) **答案:C** **解析** 信息系统工程的监理对象包括:信息网络系统、信息资源系统、信息应用系统、信息安全和运行维护。

(6) **答案:D** **解析** 监理支撑要素包括:监理法规及管理文件、监理及相关服务合同、监理及相关服务能力(人员、技术、资源、流程)。

(7) **答案:C** **解析** 监理内容包括:三控(质量控制、进度控制、投资控制)、两管(合同管理、信息管理)、一协调。

8.2　信息系统工程监理的相关概念

- 信息系统工程是指信息化工程建设中的信息网络系统、___(1)___、信息应用系统的新建、升级、改造工程。

(1) A. 信息处理系统   B. 信息组织系统
     C. 信息资源系统   D. 信息存储系统

- 从事信息系统工程监理业务的人员称为信息系统工程监理人员,关于总监理工程师的描述正确的是___(2)___。

(2) A. 监理单位正式聘任的、取得国家相关主管部门颁发的信息系统工程监理工程师资格证书的专业技术人员

    B. 由监理单位技术负责人书面授权,代表总监理工程师行使其部分职责和权力的监理工程师

    C. 经过监理及相关服务业务培训,具有同类工程相关专业知识,从事具体监理及相关服务工作的人员

    D. 由监理单位法定代表人书面授权,全面负责监理及相关服务合同的履行、主持监理机构工作的监理工程师

- 为投标某智慧停车管理智能平台建设项目,某信息系统监理公司在投标书中编制了___(3)___,用于取得该项目委托监理及相关服务合同。

(3) A. 监理大纲   B. 监理规划   C. 监理实施细则   D. 监理意见

- 某智慧化管理平台建设工程监理项目,在总监理工程师主持下编制___(4)___用来指导监理机构全面开展监理及相关服务工作的纲领性文件。

(4) A. 监理实施细则   B. 监理报告   C. 监理大纲   D. 监理规划

- 监理工程师在承建单位综合布线系统及关键部位或关键工序实施过程中,宜采用___(5)___监理形式。

(5) A. 监理例会   B. 签认   C. 旁站   D. 现场

答案及解析

(1) **答案:C** 解析 信息系统工程是指信息化工程建设中的信息网络系统,信息资源系统,信息应用系统的新建、升级、改造工程。

(2) **答案:D** 解析 总监理工程师是指由监理单位法定代表人书面授权,全面负责监理及相关服务合同的履行、主持监理机构工作的监理工程师。

(3) **答案:A** 解析 监理大纲是指在投标阶段,由监理单位编制,经监理单位法定代表人(或授权代表)书面批准,用于取得项目委托监理及相关服务合同、宏观指导监理及相关服务过程的方案性文件。

(4) **答案:D** 解析 监理规划是指在总监理工程师主持下编制,经监理单位技术负责人书面批准,用来指导监理机构全面开展监理及相关服务工作的纲领性文件。

(5) **答案:C** 解析 旁站是指在关键部位或关键工序实施过程中,由监理人员在现场进行的监督或见证活动。

8.3 信息系统工程监理的发展

- 关于信息化建设中普遍存在的主要问题，描述错误的是___(1)___。
  (1) A．项目资金使用不合理或预算"超范围"使用
      B．系统存在安全漏洞和隐患，造成信息泄露、系统设置后门等
      C．重硬件、轻软件，重维护、轻开发，重使用、轻建设
      D．在项目实施过程中系统业务需求一变再变，需求管理缺失

- 由于诸多问题的存在严重阻碍着信息化建设进程，甚至产生了令人痛心的信息系统豆腐渣工程，导致投资见不到效果和效益，使国家和用户单位蒙受极大的经济损失，其主要因素不包括___(2)___。
  (2) A．不具备能力的单位搅乱信息化工程市场
      B．信息系统集成企业自身建设有待加强
      C．缺乏相应的机制和制度
      D．一些业主单位在选择项目监理单位和进行业务需求分析方面有误

答案及解析

(1) **答案：C** 解析 信息化建设中普遍存在的主要问题如下：
1）系统质量不能满足应用的基本需求。
2）工程进度拖后延期，记录不全、手续缺失。
3）项目资金使用不合理或预算"超范围"使用。
4）项目文档不全甚至严重缺失，造成验收环节"查漏补缺"。
5）在项目实施过程中系统业务需求一变再变，需求管理缺失。
6）项目实施过程中经常出现扯皮、推诿现象，进而出现合同纠纷或合同违约。
7）系统存在安全漏洞和隐患，造成信息泄露、系统设置后门等。
8）重硬件、轻软件，重开发、轻维护，重建设、轻使用。
9）系统功能和技术越来越复杂，用户很难找到既懂业务又懂全部技术的"全方位"人员。
10）业主单位难以应对工程建设过程以及建设应用后的审计、巡视、巡察等各项监管检查工作。
11）项目验收或工程验收需要进一步规范，建设过程的管理需要更加规范、更加细致、更加到位，业主单位往往能力不足。
12）缺乏专业化的监督管理。

(2) **答案：D** 解析 问题原因及分析如下：
1）不具备能力的单位搅乱信息化工程市场。
2）一些业主单位在选择项目承建单位和进行业务需求分析方面有误。

3）信息系统集成企业自身建设有待加强。

4）缺乏相应的机制和制度。

8.4 信息系统工程监理的依据

- 现行的信息系统工程监理方面的国家标准是＿＿（1）＿＿。

　　（1）A．GB/T 19668　　　　　　　B．GB/T 8567

　　　　C．GB/T 28827　　　　　　　D．GB/T 16260.1

- 现行的信息系统工程监理方面的国家标准中，团队标准包括＿＿（2）＿＿。

　　（2）A．GB/T 19668　　　　　　　B．T/CECA PJ.001

　　　　C．T/CEAA PJ.001　　　　　　D．GB/T 8567

答案及解析

（1）**答案：A** 解析　信息系统工程监理方面的国家标准主要是 GB/T19668《信息技术服务 监理》（简称《监理规范》），主要包括：

1）GB/T 19668.1《信息技术服务监理 第1部分：总则》。

2）GB/T 19668.2《信息技术服务监理 第2部分：基础设施工程监理规范》。

3）GB/T 19668.3《信息技术服务监理 第3部分：运行维护监理规范》。

4）GB/T 19668.4《信息技术服务监理 第4部分：信息安全监理规范》。

5）GB/T 19668.5《信息技术服务监理 第5部分：软件工程监理规范》。

6）GB/T 19668.6《信息技术服务监理 第6部分：应用系统：数据中心工程监理规范》。

7）GB/T 19668.7《信息技术服务监理 第7部分：监理工作量度量要求》。

（2）**答案：C** 解析　现行的信息系统工程监理方面的国家标准中，团体标准主要包括：

1）T/CEAA PJ.001《信息系统工程监理 服务评价 第一部分 监理单位服务能力评估规范》。

2）T/CEAA PJ.002《信息系统工程监理 服务评价 第二部分 从业人员能力要求》。

3）T/CEAA PJ.003《信息系统工程监理 服务评价 第三部分 从业人员能力评价指南》。

4）T/CEAA PJ.004《信息系统工程监理 服务评价 第四部分 服务成本度量指南》。

5）T/CEAA PJ.005《信息系统工程监理 服务评价 第五部分 服务质量评价规范》。

8.5 信息系统工程监理的风险

- 监理工程师超出业主单位委托的工作范围，从事了自身职责外的工作，并造成了工作上的损失。这种属于＿＿（1）＿＿风险。

　　（1）A．行为责任　　　B．工作技能　　　C．技术资源　　　D．管理

- 在软件开发过程中，监理人员按照正常的程序和方法，对开发过程进行了检查和监督，并未发现任何问题，但仍有可能出现由于系统设计本身存在缺陷而导致不能完全满足实际应用的情况。这种属于___(2)___风险。

  (2) A．行为责任　　　　　　　　B．工作技能
  　　C．技术资源　　　　　　　　D．管理

- 监理人员由于在某些方面工作技能的不足，尽管履行了合同中业主单位委托的职责，实际上并未发现本应该发现的问题和隐患。这种属于___(3)___风险。

  (3) A．行为责任　　　　　　　　B．工作技能
  　　C．技术资源　　　　　　　　D．管理

- 对于监理工作中涉及的所有合同，监理人员必须做到心中有数，注意在自身的职责范围内开展工作，不要超越业主单位的委托范围去工作，这属于监理单位的风险防范方法中的___(4)___。

  (4) A．谨慎签订监理合同　　　　B．严格履行合同
  　　C．提高专业技能　　　　　　D．提高管理水平

- 监理单位在处理业主单位与承建单位之间的矛盾和纠纷时，要做到不偏袒任何一方，是谁的责任就由谁承担，该维护谁的权益就维护谁的利益，决不能因为监理单位受业主单位的委托就偏袒业主单位。这体现了监理单位的___(5)___行为准则。

  (5) A．守法　　　B．公正　　　C．独立　　　D．科学

- 监理合同一经确定，业主单位不得干涉监理的工作，同时监理单位不得从事任何具体的信息系统工程业务。这体现了监理单位的___(6)___行为准则。

  (6) A．守法　　　B．公正　　　C．独立　　　D．科学

答案及解析

（1）**答案：A** 　解析　行为责任风险来自以下三个方面：

1）监理人员超出业主单位委托的工作范围，从事了自身职责外的工作，并造成了工作上的损失。

2）监理人员未能正确履行合同中规定的职责，在工作中发生失职行为造成损失。

3）监理人员由于主观上的无意行为，未能严格履行职责并造成了损失。

（2）**答案：C** 　解析　技术资源风险是指即使监理人员在工作中没有行为上的过错，仍然有可能承受一些风险。例如，在软件开发过程中，监理人员按照正常的程序和方法，对开发过程进行了检查和监督，并未发现任何问题，但仍有可能出现由于系统设计本身存在缺陷而导致不能完全满足实际应用的情况。某些工程上质量隐患的暴露需要一定的时间和诱因，利用现有的技术手段和方法，并不可能保证所有问题都能及时发现。同时，由于人力、财力和技术资源的限制，监理人员无法对实施过程的所有部位、所有环节的问题都进行及时、全面细致地检查、发现，因此必然需要面对风险。

（3）**答案：B 解析** 工作技能风险是指监理人员由于在某些方面工作技能的不足，尽管履行了合同中业主单位委托的职责，实际上并未发现本应该发现的问题和隐患。现代信息技术日新月异，并不是每一位监理人员都能及时、准确、全面地掌握所有的相关知识和技能，因此这一类风险无法完全避免。

（4）**答案：B 解析** 严格履行合同是指对于监理工作中涉及的所有合同，监理人员必须做到心中有数，注意在自身的职责范围内开展工作，不要超越业主单位的委托范围去工作。

（5）**答案：B 解析** 公正主要是指监理单位在处理业主单位与承建单位之间的矛盾和纠纷时，要做到不偏袒任何一方，是谁的责任就由谁承担，该维护谁的权益就维护谁的利益，决不能因为监理单位受业主单位的委托就偏袒业主单位。

（6）**答案：C 解析** 独立主要是指监理单位在组织关系、经济关系、人际关系和业务关系方面独立。组织关系独立是指监理单位是工程建设中独立的一方，不是业主单位的附属机构。经济关系独立是指监理单位不与参加建设的各方发生利益分享的关系。人际关系独立是指监理单位不与参加建设各方及政府部门发生人事连带关系。业务关系独立是指监理合同一经确定，业主单位不得干涉监理的工作，同时监理单位不得从事任何具体的信息系统工程业务。

8.6 信息系统工程监理服务的成本

- 监理服务的成本分为直接成本、间接成本和其他成本，下列____（1）____属于直接人力成本。
  （1）A．本项目监理机构办公场地费　　　B．本项目监理机构成员的工资
  　　C．本项目的差旅费　　　　　　　　D．本项目的培训费

- 监理服务的成本分为直接成本、间接成本和其他成本，下列____（2）____属于间接非人力成本。
  （2）A．本项目监理机构成员的工资　　　B．本项目监理机构成员的奖金
  　　C．本项目监理机构办公场地费　　　D．本项目的设备购置费

- 监理服务的成本分为直接成本、间接成本和其他成本，下列____（3）____属于直接非人力成本。
  （3）A．本项目监理机构成员的福利　　　B．本项目涉及的行政人员工资
  　　C．本项目监理机构的办公场地费　　D．本项目的设备购置费

答案及解析

（1）**答案：B 解析** 直接成本包括：

1）直接人力成本：本项目监理机构成员的工资、奖金、福利等人力资源费用。

2）直接非人力成本：本项目顺利开展而需要支出的设备购置费、资料费、差旅费、培训费等费用。

（2）**答案：C 解析** 间接成本包括：

1）间接人力成本：本项目涉及的行政、财务、市场等其他人员的工资、奖金、福利等人力资

源费用。

2）间接非人力成本：本项目监理机构的办公场地费。

（3）**答案：D** **解析** 间接成本包括：

1）直接人力成本：本项目监理机构成员的工资、奖金、福利等人力资源费用。

2）直接非人力成本：本项目顺利开展而需要支出的设备购置费、资料费、差旅费、培训费等费用。

8.7 监理及相关服务的质量与评价

- 评价监理及相关服务需要综合考虑服务内容、___（1）___及项目建设的效果三个方面。

  （1）A．服务策划　　　B．服务清单　　　C．服务日志　　　D．服务质量

- 监理及相关服务评价指标中，在___（2）___中，评价系统的系统故障率、系统稳定性、系统安全性及经济和社会效益达成率等。

  （2）A．服务的内容　　B．服务的质量　　C．服务的效果　　D．服务的清单

答案及解析

（1）**答案：D** **解析** 评价监理及相关服务需要综合考虑服务内容、服务质量及项目建设的效果三个方面。

（2）**答案：C** **解析** 评价指标包括：

1）服务的内容：评价监理及相关服务的范围覆盖率、监理及相关服务密度、工具的数量及准确性等。

2）服务的质量：评价监理及相关服务的成果错误率、合同履行程度及重大责任事故等。

3）服务的效果：评价系统的系统故障率、系统稳定性、系统安全性及经济和社会效益达成率等。

第9章 监理工作的组织和规划

9.1 监理机构

- 总监理工程师不得将___(1)___工作委托给总监理工程师代表。
    - (1) A．审定开工申请　　　　　　　　B．处理工程变更
    - 　　C．审查工程变更　　　　　　　　D．审核签认竣工结算
- ___(2)___属于总监理工程师的岗位职责。
    - (2) A．填写监理日志　　　　　　　　B．对实施计划进行检查并记录
    - 　　C．主持编制监理规划　　　　　　D．核查所用的设备、材料
- ___(3)___属于监理员的职责。
    - (3) A．负责本专业的监理实施细则
    - 　　B．参与工程质量事故和其他事故调查
    - 　　C．负责本专业工作量的审核
    - 　　D．对承建单位的实施计划和进度进行检查并记录
- 定期向总监理工程师提交本专业监理工作实施情况报告，对重大问题及时向总监理工程师报告，属于___(4)___的职责。
    - (4) A．总监理工程师代表　　　　　　B．项目经理
    - 　　C．监理工程师　　　　　　　　　D．监理员

答案及解析

(1) **答案：D**　解析　总监理工程师代表的职责是：按总监理工程师的授权，行使总监理工

程师的部分职责和权力。

总监理工程师不得将下列工作委托总监理工程师代表：

1）主持编制监理规划，审批监理实施细则。

2）调解业主单位和承建单位或运维服务提供方的合同争议，参与索赔的处理，审批工程及相关服务项目的延期。

3）根据工程项目的进展情况进行监理人员的调配，调换不称职的监理人员。

4）审核签认承建单位或运维服务提供方的付款申请、付款证书和竣工结算或运维服务提供方的项目结算。

（2）**答案：C** 解析 总监理工程师的职责如下：

1）全面负责监理合同的实施。

2）确定监理机构人员分工并书面授权总监理工程师代表。

3）主持编制监理规划，审批监理实施细则。

4）负责管理监理机构日常工作，定期向监理单位报告。

5）检查和监督监理人员的工作，根据工程项目及相关服务项目的进展情况，可进行监理人员调配，对不称职的监理人员应调换其工作。

6）主持监理工作会议，签发工程监理机构的文件和指令。

7）审查承建单位及运维服务提供方的资质，并提出审查意见。

8）审定承建单位的开工申请、系统实施方案、实施进度计划。

9）组织编制并签发监理月报、监理工作阶段报告、专题报告和工程监理及相关服务项目工作总结。

10）主持审查和处理工程变更及运维服务过程的变更。

11）参与工程质量事故和其他事故调查。

12）审查承建单位竣工验收申请，组织有关人员进行竣工测试验收，签认竣工验收文件，审核运维服务的评价与认定结果。

13）主持整理工程项目及相关服务项目的监理资料。

14）审核签认承建单位或运维服务提供方的付款申请、付款证书和竣工结算或运维服务提供方的项目结算。

15）调解业主单位与承建单位或运维服务提供方的合同争议，参与索赔的处理，审批工程及相关服务项目的延期。

16）组织业主单位和承建单位完成工程项目成果的移交或运维服务提供方的成果的移交。

（3）**答案：D** 解析 监理员的职责如下：

1）在监理工程师的指导下开展监理工作。

2）协助监理工程师完成工程量及工作量的核定。

3）担任现场监理工作，发现问题及时向监理工程师报告。

4）对承建单位或运维服务提供方的实施计划和进度进行检查并记录。

5）对承建单位或运维服务提供方实施过程中的软件和设备安装、调试、测试情况进行监督并记录。

6）填写监理日志。

（4）**答案：C 解析** 监理工程师的职责如下：

1）负责编制监理规划中本专业部分的内容及本专业的监理实施细则。

2）负责本专业监理工作的具体实施。

3）组织、指导、检查和监督监理员的工作。

4）协助总监理工程师审查承建单位或运维服务提供方涉及本专业的计划、方案、申请、变更。

5）负责核查工程及相关服务项目中所用的设备、材料和软件。

6）负责本专业监理资料的收集、汇总及整理，参与编制监理月报。

7）定期向总监理工程师提交本专业监理工作实施情况报告，对重大问题及时向总监理工程师报告。

8）负责本专业工程量及相关服务项目工作量的审核。

9）协助组织本专业分系统工程及相关服务项目的测试、验收。

10）填写监理日志。

9.2 监理大纲

- ___（1）___ 的作用是使业主单位认可其中的监理方案，确信采用本监理单位制定的监理方案能实现项目的投资目标和建设意图，从而帮助监理单位获得监理业务。

  （1）A．监理规划　　　　B．监理日志　　　　C．监理大纲　　　　D．监理实施细则

- ___（2）___ 的作用是为监理单位今后开展监理工作制定框架方案。

  （2）A．监理大纲　　　　B．监理合同　　　　C．监理规划　　　　D．监理实施细则

- 关于监理大纲的编制要求，下列说法错误的是___（3）___。

  （3）A．应针对业主单位对监理工作的要求

  　　 B．应明确监理单位所提供的监理及相关服务目标和定位

  　　 C．需要针对工程招标文件的要求逐项进行响应，严禁弄虚作假

  　　 D．监理单位编制监理大纲后，应经总监理工程师审核

- ___（4）___ 不属于监理大纲的编制依据。

  （4）A．监理招标文件

  　　 B．业主单位的服务质量管理体系

  　　 C．监理及相关服务规范

  　　 D．与工程及相关服务有关的法律法规和标准规范

- 关于监理大纲的编制程序，下列说法正确的是___（5）___。

  （5）A．监理单位编制监理大纲后，应经监理单位技术负责人审核

B．监理单位编制监理大纲后，应经监理单位总监理工程师审核

C．监理大纲由监理单位技术负责人书面批准

D．监理大纲由总监理工程师书面批准

- 监理大纲的主要内容不包括___（6）___。

（6）A．监理工作目标、依据和范围　　　B．项目监理机构及配备人员

　　　C．监理工作计划和各阶段监理工作　　D．监理工作的控制要点及目标

答案及解析

（1）**答案：C**　**解析**　监理大纲的作用如下：

1）使业主单位认可大纲中的监理方案，确信采用本监理单位制定的监理方案能实现项目的投资目标和建设意图，从而帮助监理单位获得监理业务。

2）为监理单位今后开展监理工作制定框架方案。

（2）**答案：A**　**解析**　监理大纲的作用是为监理单位今后开展监理工作制定框架方案。

（3）**答案：D**　**解析**　监理大纲的编制要求如下：

1）监理大纲的编制应针对业主单位对监理工作的要求，明确监理单位所提供的监理及相关服务目标和定位，确定具体的工作范围、服务特点、组织机构与人员职责、服务保障和服务承诺。

2）监理单位编制监理大纲后，应经监理单位技术负责人审核，并由监理单位法定代表人（或授权代表）书面批准。

（4）**答案：B**　**解析**　监理大纲的编制依据如下：

1）业主单位对监理工作的要求（包括监理招标文件）。

2）监理单位的服务质量管理体系。

3）监理及相关服务规范。

4）与工程及相关服务有关的法律法规和标准规范。

（5）**答案：A**　**解析**　监理大纲的编制程序如下：

1）监理单位编制监理大纲后，应经监理单位技术负责人审核。

2）由监理单位法定代表人（或授权代表）书面批准。

（6）**答案：D**　**解析**　监理大纲的主要内容包括：

1）监理工作目标、依据和范围。

2）项目监理机构及配备人员。

3）监理工作计划和各阶段监理工作。

4）监理流程、成果监理服务承诺。

9.3 监理规划

- ___(1)___是对工程项目实施监理的工作计划，也是监理单位为完成工程建设管理全过程的监理工作任务所编制的一种指导性文件。

    (1) A．监理大纲　　　　B．监理合同　　　　C．监理规划　　　　D．监理实施细则

- ___(2)___相当于一个监理项目的"初步设计"，而___(2)___相当于具体的"实施图设计"。

    (2) A．监理实施细则、监理规划　　　　B．监理大纲、监理实施细则
    　　　C．监理规划、监理实施细则　　　　D．监理实施细则、监理大纲

- 监理规划作为监理单位对监理项目的___(3)___，也可以作为业主单位考核监理单位对监理合同实际执行情况的重要依据。

    (3) A．操作指南　　　　B．行动指南　　　　C．规划指南　　　　D．工作联系单

- ___(4)___是业主单位检查监理单位是否能够认真、全面履行信息系统工程监理合同的重要依据。

    (4) A．监理实施细则　　B．监理日志　　　　C．监理大纲　　　　D．监理规划

- 下列关于监理规划作用的描述，错误的是___(5)___。

    (5) A．监理规划是监理项目部职能的具体体现
    　　　B．监理规划是业主单位检查监理单位是否能够认真、全面履行信息系统工程监理合同的重要依据
    　　　C．监理规划是具有合同效力的一种文件
    　　　D．监理规划是指导监理项目部全面开展工作的操作指南

- 监理规划的编制要求不包括___(6)___。

    (6) A．内容应有统一性　　　　B．内容应有针对性
    　　　C．内容应有严肃性　　　　D．内容应有时效性

- ___(7)___不属于监理规划的编制依据。

    (7) A．与本项目建设有关的合同文件及相关服务的其他文件
    　　　B．与本项目有关的标准、设计文件、技术资料等
    　　　C．与信息系统工程建设有关的法律、法规及管理办法
    　　　D．监理招标文件

- 在签订监理合同后，总监理工程师应主持编制监理规划。具体步骤为___(8)___。
    ①规划信息的收集与处理　　　②确定监理工作
    ③项目规划目标的确认　　　　④按照监理工作性质及内容进行工作分解

    (8) A．①③②④　　　　B．①②③④　　　　C．②③④①　　　　D．①④②③

- 监理规划的主要内容不包括___(9)___。

    (9) A．工程及相关服务对象概况　　　　B．监理范围、内容与目标
    　　　C．监理工作流程　　　　　　　　　D．监理工具和设施

61

● 在监理工作实施过程中,如实际情况或条件发生重大变化而需要调整监理规划内容,应由 __(10)__ 组织监理工程师修改,经监理单位技术负责人审批后报业主单位签认。

(10) A. 监理工程师　　　　　　　　B. 监理员
　　　C. 总监理工程师　　　　　　　D. 项目经理

● 监理单位接受业主单位委托后编制的指导监理项目部全面开展工作的纲领性文件是 __(11)__ 。

(11) A. 监理大纲　　　　　　　　　B. 监理规划
　　　C. 监理细则　　　　　　　　　D. 监理计划

答案及解析

(1) **答案：C** **解析** 监理规划是对工程项目实施监理的工作计划,也是监理单位为完成工程建设管理全过程的监理工作任务所编制的一种指导性文件。

(2) **答案：C** **解析** 监理规划相当于一个监理项目的"初步设计",而监理实施细则相当于具体的"实施图设计"。

(3) **答案：B** **解析** 监理规划作为监理单位对监理项目的行动指南,也可以作为业主单位考核监理单位对监理合同实际执行情况的重要依据。

(4) **答案：D** **解析** 监理规划是业主单位检查监理单位是否能够认真、全面履行信息系统工程监理合同的重要依据。

(5) **答案：D** **解析** 监理规划的作用如下:
1) 监理规划是监理项目部职能的具体体现。
2) 监理规划是指导监理项目部全面开展工作的纲领性文件。
3) 监理规划是业主单位检查监理单位是否能够认真、全面履行信息系统工程监理合同的重要依据。
4) 监理规划是具有合同效力的一种文件。

(6) **答案：C** **解析** 监理规划的编制要求如下:
1) 监理规划的内容应有统一性。
2) 监理规划的内容应有针对性。
3) 监理规划的内容应有时效性。

(7) **答案：D** **解析** 监理规划的编制依据如下:
1) 与信息系统工程建设有关的法律、法规及项目审批文件等。
2) 与信息系统工程监理有关的法律、法规及管理办法等。
3) 与本项目有关的标准、设计文件、技术资料等,其中,标准包含相关国际标准、国家或地方标准。
4) 监理合同、监理大纲。
5) 与本项目建设有关的合同文件(承建合同、运维服务合同等)及相关服务的其他文件。

（8）**答案：A** **解析** 在签订监理合同后，总监理工程师应主持编制监理规划。具体步骤如下：

1）规划信息的收集与处理。
2）项目规划目标的确认。
3）确定监理工作。
4）按照监理工作性质及内容进行工作分解。

（9）**答案：C** **解析** 监理规划的主要内容包括：

1）工程及相关服务对象概况。
2）监理范围、内容与目标。
3）监理机构的组织及监理人员的职责。
4）监理依据、工作制度、工作方法及措施。
5）监理工具和设施。

（10）**答案：C** **解析** 在监理工作实施过程中，如实际情况或条件发生重大变化而需要调整监理规划内容，应由总监理工程师组织监理工程师修改，经监理单位技术负责人审批后报业主单位签认。

（11）**答案：B** **解析** 监理规划是指导监理项目部全面开展工作的纲领性文件。

9.4 监理实施细则

- ___（1）___ 是以被监理的信息系统工程建设项目为对象而编制的，用以指导监理单位各项监理活动的技术、经济、组织和管理的综合性文件。

  （1）A．监理大纲　　　B．监理合同　　　C．监理规划　　　D．监理实施细则

- ___（2）___ 是根据监理合同规定范围和业主单位的具体要求，由项目总监理工程师主持，监理工程师参加编制，指导整个监理机构开展监理工作的技术管理性文件。

  （2）A．监理周报　　　B．监理大纲　　　C．监理实施细则　　D．监理规划

- 关于监理实施细则作用的描述，不正确的是___（3）___。

  （3）A．对业主单位起着工作联系单或监理通知单的作用
  　　B．对承建单位起着提醒与警示作用
  　　C．有利于获得业主单位对监理的信任与支持
  　　D．指导监理工作开展的文件与备忘录

- ___（4）___ 不属于监理实施细则的编制要求。

  （4）A．要符合项目本身的专业特点
  　　B．严格执行国家、地方的规范及标准并考虑项目自身的特点
  　　C．应针对业主单位对监理工作的要求，确定具体的工作范围、服务特点
  　　D．尽可能地对专业方面的技术指标量化、细化，使其更具有可操作性

- 监理实施细则可以按照通信工程、网络工程、软件开发等领域的编制,这属于___(5)___编制方式。

  (5) A. 按专业分工编制　　　　　　B. 按阶段编制

  　　C. 按内容编制　　　　　　　　D. 按方向编制

- 监理实施细则的编制依据不包括___(6)___。

  (6) A. 已经批准的监理规划

  　　B. 监理及相关服务规范

  　　C. 相关合同文件

  　　D. 工程实施方案及相关服务方案等与工程相关的文件

- 监理实施细则的主要内容不包括___(7)___。

  (7) A. 工程及相关服务的特点　　　B. 监理工作流程

  　　C. 监理工作的控制要点及目标　D. 监理工具和设施

答案及解析

(1) 答案:D　解析　监理实施细则是以被监理的信息系统工程建设项目为对象而编制的,用以指导监理单位各项监理活动的技术、经济、组织和管理的综合性文件。

(2) 答案:C　解析　监理实施细则是根据监理合同规定范围和业主单位的具体要求,由项目总监理工程师主持,监理工程师参加编制,指导整个监理机构开展监理工作的<u>技术管理性文件</u>。

(3) 答案:A　解析　监理实施细则的作用如下。

1) 对<u>监理机构</u>的作用如下:

①增加对本工程项目的认识程度,使他们更加熟悉工程的一些技术细节。

②指导监理工作开展的文件与备忘录。

2) 对<u>承建单位</u>的作用如下:

①工作联系单或监理通知单的作用。

②提醒与警示作用。

3) 对<u>业主单位</u>的作用如下:

①有利于业主单位对工程的管理和控制。

②有利于获得业主单位对监理的信任与支持。

(4) 答案:C　解析　监理实施细则的编制要求如下:

1) 要符合项目本身的专业特点。

2) 严格执行国家、地方的规范及标准并考虑项目自身的特点。

3) 尽可能地对专业方面的技术指标量化、细化,使其更具有可操作性。

(5) 答案:A　解析　监理实施细则的编制方式如下:

1) 按信息系统工程中专业分工编制。专业领域可能有通信工程、网络工程、软件开发、信息安全、经济核算、设备选型等，每种专业都有自己的监理手段和技术。

2）按信息系统工程中阶段编制。可划分为招标阶段、设计阶段、实施阶段、验收阶段和缺陷责任期，每一阶段的监理方法和措施各有特点。

3）按监理的工作内容编制。监理的工作内容可分为质量控制、进度控制、投资控制、合同管理和信息管理。

（6）**答案：B　解析**　监理实施细则的编制依据包括：

1）已经批准的监理规划。
2）与信息系统工程相关的国家、地方政策、法规和技术标准。
3）与信息系统工程相关的设计文件和技术资料。
4）工程实施方案及相关服务方案等与工程相关的文件。
5）相关合同文件。

（7）**答案：D　解析**　监理实施细则的主要内容如下：

1）工程及相关服务的特点。
2）监理工作流程。
3）监理工作的控制要点及目标。
4）监理方法及措施。

9.5　监理大纲、监理规划、监理实施细则的异同

● 监理大纲、监理规划、监理实施细则的编制内容侧重点各有不同，其中监理实施细则的编制内容重点是解决___（1）___的问题。

（1）A．"为什么"　　　B．"做什么"　　　C．"谁来做"　　　D．"如何做"

● 监理大纲、监理规划、监理实施细则的编制目的各有不同，其中监理规划的编制目的是___（2）___。

（2）A．供业主单位审查监理能力　　　　B．项目监理的工作纲领
　　　C．专业监理实施的操作指南　　　　D．帮助监理单位获得监理业务

● 以下关于监理大纲、监理规划和监理实施细则的叙述，不正确的是___（3）___。

（3）A．监理实施细则的编制作用对监理自身工作的指导、考核
　　　B．监理大纲的编制目是供业主单位审查监理能力
　　　C．监理实施细则的编制时间是监理机构建立、责任明确后
　　　D．监理规划的编制时间是在监理合同签订后

● 以下关于监理大纲、监理规划和监理实施细则的叙述，正确的是___（4）___。

（4）A．监理单位参与投标时，投标书中需含监理规划
　　　B．监理大纲是指导监理项目部全面开展工作的纲领性文件
　　　C．监理实施细则明确规定了监理工作目标、依据和范围

D．监理规划的主要内容包含监理依据、工作制度、工作方法及措施
- 从监理大纲、监理规划和监理实施细则内容的关联性来看，监理规划的作用是＿＿（5）＿＿。

（5）A．监理规划是监理项目部职能的具体体现

B．指导监理工作开展的文件与备忘录

C．为监理单位今后开展监理工作制定框架方案

D．对承建单位起到工作联系单或监理通知单的作用

- 编制监理大纲的主要负责人为＿＿（6）＿＿。

（6）A．总监理工程师　　B．监理工程师　　　C．技术负责人　　D．公司总监

- 监理大纲、监理规划、监理实施细则的编制时间各有不同，下列叙述正确的是＿＿（7）＿＿。

（7）A．监理大纲在监理项目部成立后编制

B．监理实施细则在监理招标阶段编制

C．监理大纲监理机构建立、责任明确后编制

D．监理规划在监理合同签订后编制

答案及解析

（1）**答案：D**　解析　监理大纲、监理规划和监理实施细则三者的主要区别见下表。

名称	编制对象	负责人	编制时间	编制目的	编制作用	编制内容 为什么	编制内容 做什么	编制内容 如何做
监理大纲	项目整体	公司总监	监理招标阶段	供业主单位审查监理能力	增强监理项目中标的可能性	重点	一般	无
监理规划	项目整体	总监理工程师	监理合同签订后	项目监理的工作纲领	对监理自身工作的指导、考核	一般	重点	重点
监理实施细则	某项专业监理工作	监理工程师	监理机构建立、责任明确后	专业监理实施的操作指南	规定专业监理程序、标准，使监理工作规范化	无	一般	重点

（2）**答案：B**　解析　监理规划的编制目的是项目监理的工作纲领。

（3）**答案：A**　解析　监理规划的编制作用是对监理自身工作的指导、考核。见第（1）题解析。

（4）**答案：D**　解析　监理大纲是监理单位参与投标时，投标书内容的重要组成部分。
监理规划是指导监理项目部全面开展工作的纲领性文件。
监理大纲明确规定了监理工作目标、依据和范围。

（5）**答案：A**　解析　监理规划的作用如下：

1）监理规划是监理项目部职能的具体体现。
2）监理规划是指导监理项目部全面开展工作的纲领性文件。
3）监理规划是业主单位检查监理单位是否能够认真、全面履行信息系统工程监理合同的重要依据。
4）监理规划是具有合同效力的一种文件。

（6）**答案：D** **解析** 编制监理大纲的主要负责人为公司总监，见第（1）题解析。

（7）**答案：D** **解析** 详见第（1）题解析。

第10章 质量控制

10.1 质量控制基础

- 质量控制是为满足质量要求所开展的作业技术和活动,以下关于质量控制的特点和意义说法错误的是___(1)___。
  - (1) A. 监理单位与承建单位、软硬件供应商等都是质量体系的共同体
    - B. 监理单位的质量控制可以促进建设单位的质量控制活动
    - C. 监理的过程性质量监督是对质量监督制度重大的改进和提高
    - D. 监理单位受业主单位的委托,对工程质量形成的全过程进行控制
- 关于信息系统工程建设项目质量控制原则的描述,不正确的是___(2)___。
  - (2) A. 质量控制要与业主单位对工程质量的监督紧密结合
    - B. 质量控制要实施全过程控制
    - C. 本工序质量不合格,必须获得业主同意才能进行下一道工序建设
    - D. 质量控制要实施全面控制
- 信息系统工程质量控制的特点不包括___(3)___。
  - (3) A. 可视性差,质量缺陷比较隐蔽 B. 质量纠纷认定的难度大
    - C. 改正错误的代价往往不大 D. 故障定位比较困难
- 监理单位的质量控制不包括___(4)___。
  - (4) A. 项目结算的质量控制 B. 实施过程的质量控制
    - C. 项目实施结果与服务的质量控制 D. 运行维护阶段的质量控制

答案及解析

（1）**答案：B** **解析** 信息系统工程监理质量控制的特点和意义如下：

1）监理单位受业主单位的委托，对工程质量形成的全过程进行控制，将对工程质量的保证和提高起到重要作用。

2）监理单位的质量控制可以促进承建单位的质量控制活动。

3）监理单位与承建单位、软硬件供应商、分包单位、外协单位等都是质量体系的共同体，没有这些单位的质量保证，承建单位的质量保证就不可能健全。

4）监理的过程性质量监督是对质量监督制度重大的改进和提高。

5）信息系统工程建设项目实体、功能和使用价值的各方面都应当列入项目的质量目标范围。

（2）**答案：C** **解析** 质量控制的原则如下：

1）质量控制要与业主单位对工程质量的监督紧密结合。

2）质量控制要实施全过程控制。

3）质量控制要实施全面控制，包括事前控制、事中控制和事后控制。要坚持本工序质量不合格或未进行验收签认的下一道工序不得进行建设，以防止质量隐患积累。

（3）**答案：C** **解析** 质量控制的特点如下：

1）信息系统工程的建设过程是人的智力劳动过程。

2）随着信息化项目建设的规范，项目变更的情况相对可控，但项目变更客观存在。

3）信息系统工程比较复杂，故障定位比较困难。

4）信息系统工程的可视性差，质量缺陷比较隐蔽，无法直接通过人的感官直观地判断信息系统质量的优劣，而且信息系统的质量问题往往在特定条件下才会出现。

5）质量缺陷发现后，改正错误的代价往往较大，并且可能引发其他的质量问题。

6）质量纠纷认定的难度大。

7）信息系统工程建设项目是一个系统工程，要注意质量控制和进度控制都要在一个适合的范围之内，应协调进行。

8）优秀的承建单位是质量控制的关键因素。

（4）**答案：A** **解析** 监理单位的质量控制主要包括：项目预研和规划的质量控制、实施过程的质量控制、项目实施结果与服务的质量控制、运行维护阶段的质量控制。

10.2 对质量影响因素的控制

- 人是信息系统工程建设项目的实施者，对人的行为的质量控制描述错误的是＿＿（1）＿＿。

　　（1）A．人的素质、管理水平、技术能力将最终影响工程实体质量的优劣

　　　　B．工程质量是在各类组织者、指挥者、操作者的共同努力下建立起来的

C．监理人员在质量控制环节的事前控制中，应要求承建单位专业作业人员都通过专业技术培训，持证上岗，管理人员和操作人员可放宽条件

D．承建单位应有健全的岗位责任制，针对不同情况分别采取不同的控制手段

- 下列选项中对材料、配件、设备和系统的质量控制的描述，不正确的是　__(2)__　。

  (2) A．采购订货前，审查有关性能、数据等是否与本工程要求相符

  B．对主要材料、配件、设备、系统应一次性按规定取样检验和复检

  C．对进口材料、设备应配合商检部门做好开箱检查

  D．材料、配件、设备、系统等应按规定的条件保管

- 在对实施方案与方法的质量控制中，下列选项描述错误的是　__(3)__　。

  (3) A．监理人员在工程实施中应熟悉设计文件及规范要求

  B．对于信息应用系统工程建设项目，要对开发方法和设计方案进行质量控制

  C．监理人员在重要或关键部位实施前及早协助和督促承建单位做好实施方案

  D．在审查时，监理人员确保实施方案技术可行，符合国家有关工程实施规范和质量检验评定标准

答案及解析

(1) **答案：C** 解析 对人的行为的质量控制包括：

1）人是信息系统工程建设项目的实施者，工程质量是在各类组织者、指挥者、操作者的共同努力下建立起来的。

2）人的素质、管理水平、技术能力将最终影响工程实体质量的优劣。

3）监理人员在质量控制环节的事前控制中，应要求承建单位管理人员和操作人员，尤其是专业作业人员都通过专业技术培训，取得培训合格证或上岗证以后，持证上岗。

4）承建单位应有健全的岗位责任制，针对不同情况分别采取不同的控制手段。

(2) **答案：B** 解析 对材料、配件、设备和系统的质量控制包括：

1）采购订货前，审查有关性能、数据等是否与本工程要求相符。

2）进场前，核验产品出厂合格证及检测报告，对主要材料、配件、设备、系统应分批量按规定取样检验和复检。

3）对进口材料、设备应配合商检部门做好开箱检查。

4）材料、配件、设备、系统等应按规定的条件保管，并在规定的条件和期限内使用；对保管不善或使用期限超过规定的，应再按规定取样测试，经检验合格后，才能使用。

5）对自研的初次使用的设备和系统，应先提出试用要求，经试验合格后，才能使用。

6）材料、配件、设备、系统的抽样和检验方法，应符合国家有关标准和专业技术标准的规定。

(3) **答案：A** 解析 对实施方案与方法的质量控制包括：

1）对于信息应用系统工程建设项目，要对开发方法和设计方案进行质量控制。

2）监理人员在工程实施前应熟悉设计文件及规范要求，在重要或关键部位实施前及早协助和督促承建单位做好实施方案，并对其申报的实施方案进行审查。

3）在审查时，监理人员应结合工程实际情况，从技术、组织、管理、经济等方面进行分析，综合考虑，确保实施方案技术可行，符合国家有关工程实施规范和质量检验评定标准，从而保证工程质量。

10.3 质量控制体系建设

- 三方协同的质量控制体系是信息工程项目成功的重要因素，___(1)___的质量管理体系能否有效运行是整个项目质量保证的关键。

  (1) A．业主单位　　　B．监理单位　　　C．承建单位　　　D．设计单位

- 三方协同的质量控制中，关于工程项目的质量管理体系描述错误的是___(2)___。

  (2) A．承建单位的参与人员是质保部门的质量管理人员

  　　B．业主单位的参与人员是为本项目配备的质量管理人员

  　　C．监理单位的参与人员主要是质量监理工程师、监理工程师和专家

  　　D．业主单位是投资方和用户方，建立较完整的管理体系是项目成功的关键因素之一

- 信息系统工程项目是由建设单位、承建单位和监理单位三方共同完成，以下相关描述不正确的是___(3)___。

  (3) A．监理单位应按照业主单位的质量控制体系从事监理活动

  　　B．承建单位是实施方，是质量保证的关键

  　　C．业主单位的工程项目管理体系是项目成功的关键要素之一

  　　D．监理单位监督协调方，要对建设单位的工程管理体系进行监督和指导

- 工程项目的质量控制体系，以___(4)___的质量管理体系为主体，在项目开始实施之前由___(4)___建立，___(4)___对组织结构、工序管理、质量目标、自测制度等要素进行检查。

  (4) A．业主单位　承建单位　监理单位　　B．承建单位　承建单位　监理单位

  　　C．承建单位　监理单位　建设单位　　D．监理单位　承建单位　建设单位

- 质量保证计划是在___(5)___的质量管理计划的基础上建立起来的。

  (5) A．业主单位　　　B．承建单位　　　C．设计单位　　　D．监理单位

- 在信息系统工程建设过程中，针对不同的项目，承建单位在不同阶段的管理模式会有所不同，质量管理体系的内容也应该具有___(6)___。

  (6) A．时效性　　　　B．灵活性　　　　C．统一性　　　　D．针对性

- 关于承建单位质量管理体系的主要内容，描述错误的是___(7)___。

  (7) A．制订明确的质量计划

  　　B．建立和健全专职质量管理机构

  　　C．实现管理业务程序化，管理流程标准化

D．建立一套灵敏的质量信息反馈系统

答案及解析

（1）答案：C　解析　承建单位是工程建设的实施方，因此承建单位的质量管理体系能否有效运行是整个项目质量保证的关键。

（2）答案：C　解析　工程项目的质量管理体系见下表。

三方	项目中的角色和地位	质量人员分配
承建单位	实施方，质量保证的关键	承建单位的质保部门的质量管理人员
业主单位	投资方和用户方，建立较完整的管理体系是项目成功的关键因素之一	为本项目配备的质量管理人员
监理单位	监督协调方，既要按照自己的质量控制体系从事监理活动，还要对承建单位的质量控制体系以及建设单位的工程管理体系进行监督和指导	质量监理工程师、总监理工程师和专家

（3）答案：A　解析　详见第（2）题解析表格。

（4）答案：B　解析　工程项目的质量控制体系，以承建单位的质量管理体系为主体，在项目开始实施之前由承建单位建立，监理单位对组织结构、工序管理、质量目标、自测制度等要素进行检查。

（5）答案：B　解析　质量保证计划是在承建单位的质量管理计划的基础上建立起来的。

（6）答案：D　解析　在信息系统工程建设过程中，针对不同的项目，承建单位在不同阶段的管理模式会有所不同，质量管理体系的内容也应该具有针对性。

（7）答案：C　解析　承建单位质量管理体系的主要内容包括：

1）制订明确的质量计划。
2）建立和健全专职质量管理机构。
3）实现管理业务标准化，管理流程程序化。
4）配备必要的资源条件。
5）建立一套灵敏的质量信息反馈系统。

10.4　质量控制手段

● 在信息系统项目实施过程中，项目监理对承建单位的总体技术方案通常采取　（1）　手段控制质量。

（1）A．评审　　　　　B．测试　　　　　C．旁站　　　　　D．抽查

● 某大型信息系统工程项目一次到货 300 台不同型号的服务器，需要尽快部署，在设备验收时适

宜采用___(2)___。

(2) A. 评审　　　　　B. 测试　　　　　C. 旁站　　　　　D. 抽查

● 在重要的里程碑阶段或验收阶段，往往要聘请专业的第三方测试机构对项目进行全面或专项测试。在此期间，关于监理单位的主要工作说法错误的是___(3)___。

(3) A. 协助承建单位选择权威的第三方测试机构

B. 监理单位对第三方测试机构提交的测试计划进行确认

C. 协调承建单位、业主单位以及第三方测试机构的工作关系

D. 对测试问题和测试结果进行评估

● 现场旁站要求现场监理工程师要具有扎实的专业知识和项目管理知识，能够纵观全局，对项目阶段或者全过程有深刻的理解，关于旁站记录的内容描述错误的是___(4)___。

(4) A. 记录内容要真实、准确、及时

B. 记录表内容填写要完整，未经业主单位签字不得进入下道工序

C. 完成的工程量应写清准确的数值，以便为投资控制提供依据

D. 若工程因意外情况发生停工，应写清停工原因及承建单位所做的处理

答案及解析

(1) 答案：A　解析　一般来说，信息系统工程建设过程中需要进行评审的内容有：

1) 业主单位的用户需求和招标文件。
2) 承建单位的质量控制体系和质量保证计划。
3) 承建单位的总体技术方案。
4) 承建单位的工程实施方案。
5) 承建单位的系统集成方案。
6) 承建单位有关应用软件开发的重要过程文档。
7) 工程验收方案。
8) 承建单位的培训方案与计划。
9) 承建单位的售后保障方案。
10) 其他需要评审的重要方案与计划。

(2) 答案：D　解析　到货验收的抽查主要针对大量设备到货情况。例如，一次进来上百台不同型号的设备，这时就需要对不同型号的产品进行抽查。

(3) 答案：A　解析　第三方测试的监理的主要工作内容如下：

1) 协助业主单位选择权威的第三方测试机构，一般应审查第三方测试机构的资质、测试经验以及承担该项目的测试工程师情况。
2) 对第三方测试机构提交的测试计划进行确认。
3) 协调承建单位、业主单位以及第三方测试机构的工作关系，并为第三方测试机构的工作提

供必要的帮助。

4）对测试问题和测试结果进行评估。

（4）**答案：B** **解析** 旁站记录的内容如下：

1）记录内容要真实、准确、及时。

2）对旁站的关键部位或关键工序，应按照时间或工序形成完整的记录。

3）记录表内容填写要完整，未经旁站人员和实施单位质检人员签字不得进入下道工序。

4）记录表内实施过程情况指所旁站的关键部位和关键工序实施情况。

5）完成的工程量应写清准确的数值，以便为投资控制提供依据。

6）监理情况主要记录旁站人员、时间、旁站监理内容、实施质量检查情况、评述意见等，将发现的问题做好记录，并提出处理意见。

7）质量管理体系运行情况主要描述旁站过程中承建单位质量管理体系的管理人员是否到位，是否按事先的要求对关键部位或关键工序进行检查，是否对不符合操作要求的实施人员进行督促，是否对出现的问题进行纠正。

8）若工程因意外情况发生停工，应写清停工原因及承建单位所做的处理。

10.5 质量控制点

- 为了加强某信息系统工程项目质量，监理工程师小王设置了质量控制点，他应遵循＿＿（1）＿＿的原则。

  ①选择的质量控制点应该突出重点。

  ②选择的质量控制点应该易于纠偏。

  ③质量控制点设置要有利于业主单位从事工程质量的控制活动。

  ④保持质量控制点设置的灵活性和动态性。

  （1）A. ②③④　　　　B. ①②④　　　　C. ①③④　　　　D. ①②③

- 下列关于质量控制点设置的目的及意义描述，错误的是＿＿（2）＿＿。

  （2）A. 通过对控制点的设置，可以将工程质量总目标分解为各控制点的分目标

  　　B. 在工程项目进行的不同阶段，依据项目的具体情况，可设置不同的质量控制点

  　　C. 有利于监理工程师和业主单位的控制管理人员检测分项控制目标

  　　D. 有利于实施纠偏措施和控制对策

- 监理工程师小王在综合布线系统施工时为了能在工程中及时发现问题，及时纠正，把隐蔽工程的实施过程作为一个控制点。这体现了设置质量控制点应遵循＿＿（3）＿＿原则。

  （3）A. 选择的质量控制点应该突出重点

  　　B. 选择的质量控制点应该易于纠偏

  　　C. 质量控制点设置要有利于参与工程建设的三方共同从事工程质量的控制活动

  　　D. 保持质量控制点设置的灵活性和动态性

答案及解析

（1）**答案：B**　**解析**　质量控制的设置原则如下：

1）选择的质量控制点应该突出重点。
2）选择的质量控制点应该易于纠偏。
3）质量控制点设置要有利于参与工程建设的三方共同从事工程质量的控制活动。
4）保持质量控制点设置的灵活性和动态性。

（2）**答案：C**　**解析**　设置质量控制点的目的如下：

1）质量控制点是指对信息系统工程建设项目的重点控制对象或重点建设进程实施有效的质量控制而设置的一种管理模式。
2）在工程项目进行的不同阶段，依据项目的具体情况，可设置不同的质量控制点。

设置质量控制点的意义如下：

1）分解。便于对工程质量总目标的分解，可以将复杂的工程质量总目标分解为一系列简单分项的目标控制。
2）分析。有利于监理工程师和承建单位的控制管理人员及时分析和掌握控制点所处的环境因素，易于分析各种干扰条件对有关分项目标产生的影响及其影响程度的测定。
3）监测。有利于监理工程师和承建单位的控制管理人员检测分项控制目标，计算分项控制目标值与实际目标值的偏差。
4）纠偏。有利于监理工程师和承建单位的控制管理人员制订、实施纠偏措施和控制对策。
5）保证。可以保证上层级质量控制点分项控制目标的实现，直到工程质量总目标的最终实现。

（3）**答案：B**　**解析**　选择的质量控制点应该易于纠偏。质量控制点应设置在工程质量目标偏差易于测定的关键活动或关键时刻处，有利于监理工程师及时发现质量偏差，同时有利于承建单位控制管理人员及时制订纠偏措施。例如，对于综合布线来说，可以把隐蔽工程的实施过程作为一个控制点，如果发现问题，可以及时纠正。这一部分如果出现质量问题，事后解决的成本就会非常大。

10.6　监理质量控制工作

● 信息系统工程建设项目的监理质量控制工作可以按照工程建设阶段划分，___（1）___ 不属于招标阶段监理质量控制要点。

（1）A．协助业主单位提出工程需求方案，确定工程的整体质量目标
　　　B．协助招标公司和业主单位制定投标文件的质量评定标准
　　　C．协助业主单位制定项目质量目标规划
　　　D．对招标文件进行审核，对其中涉及的质量内容进行确认

- ___（2）___不属于监理单位在设计阶段的质量控制要点。

  （2）A．协助业主单位制定项目质量目标规划

  B．对各种设计文件提出设计质量标准

  C．组织设计文件及设计方案交底会

  D．组织业主单位、承建单位召开工程实施准备会议

- 监理单位在实施阶段的质量控制要点说法，不正确的是___（3）___。

  （3）A．项目实施前，组织审核业主单位的质量管理计划，签署监理审核意见

  B．有分包单位时，应组织审核分包单位的工程实施资质

  C．项目实施前，组织业主单位、承建单位召开工程实施准备会议

  D．出现质量事故时，及时按照质量事故处理程序进行处置

- 在信息系统工程建设项目验收阶段的质量控制工作及要点说法，不正确的是___（4）___。

  （4）A．审核初验/终验计划及方案　　　　B．审核初验/终验条件

  C．处理初验/终验中发现的投资问题　　D．确认初验/终验

答案及解析

（1）**答案：C**　**解析**　招标阶段的监理质量控制要点如下：

1）协助业主单位提出工程需求方案，确定工程的整体质量目标。

2）参与招标文件的编制，并对工程的技术和质量、验收准则、投标单位资格等可能对工程质量有影响的因素明确提出要求。

3）协助招标公司和业主单位制定投标文件的质量评定标准。

4）对招标文件进行审核，对其中涉及的质量内容进行确认。

5）协助业主单位评标时，应审查投标文件中的质量控制计划。

6）协助业主单位审核承建单位及其人员的能力。

7）对招标过程进行监督，例如，招标过程中是否存在不公正的现象等。

8）协助业主单位与中标单位洽商并签订承建合同。

（2）**答案：D**　**解析**　设计阶段的质量控制要点如下：

1）充分了解业主单位的项目需求，协助业主单位制定项目质量目标规划。

2）对各种设计文件提出设计质量标准。

3）进行设计过程跟踪，审查阶段性设计成果，及时发现质量问题。

4）审查承建单位提交的设计方案。

5）审查承建单位对关键部位的测试方案。

6）审查承建单位的质量管理体系，包括是否具备完善的质量检测技术和手段等。

7）组织设计文件及设计方案交底会，帮助承建单位熟悉项目设计、开发及实施过程。

8）设计方案经监理工程师审定后，由总监理工程师审定签发。

9）设计方案未经批准，不得进行部署实施。

（3）**答案：A** **解析** 实施阶段的质量控制要点如下：

1）项目实施前，组织审核承建单位提交的质量管理计划，签署监理审核意见。

2）项目实施前，组织业主单位、承建单位召开工程实施准备会议。

3）依据签认的质量管理计划、实施方案、实施计划等文件，制定切合实际的监理实施细则，并根据质量控制点的设置原则合理设置质量控制点，并选用合适的质量控制手段，主要的质量控制手段包括评审、测试、旁站和抽查。

4）组织对承建单位提供的产品及服务进行验收，对验收结果做验收记录，并对验收记录办理三方签认手续。

5）项目实施过程中，按计划检查承建单位的项目实施状况、人员与实施方案的一致性。

6）执行已确定的阶段性质量监督、控制措施及方法，并做监理日志，出现质量问题时，可以要求承建单位整改，并跟踪落实。

7）及时处理承建单位提交的关键环节的施工申请，审核其合理性后签认，报业主单位批准。

8）必要时，检查承建单位重要工程步骤的衔接工作，做监理日志。未经监理单位检查认可，承建单位不能进行与之相关的下一步骤的实施。

9）及时处理工程变更申请，审核变更的合理性，按变更控制程序处理，保证项目总体质量不受影响。

10）有分包单位时，应组织审核分包单位的工程实施资质。

11）出现质量事故时，及时按照质量事故处理程序进行处置。

12）若发现工程实施过程存在重大质量隐患，应及时向承建单位签发停工令，并报业主单位，监督承建单位进行整改。整改完毕后，及时处理承建单位的复工申请。

（4）**答案：C** **解析** 验收阶段的监理质量控制要点如下：

1）审核初验/终验计划及方案。

2）审核初验/终验条件。

3）处理初验/终验中发现的质量问题。

4）确认初验/终验。

第11章 进度控制

11.1 进度与进度控制

- 根据进度控制的步骤，PDCA循环中的"D"是指___(1)___。
  - (1) A. 计划　　　　　B. 行动　　　　　C. 检查　　　　　D. 执行
- 信息系统工程进度控制过程是一个周期性的循环过程，四个阶段的先后顺序是___(2)___。
  ①检查计划　②编制计划　③总结计划　④实施计划
  - (2) A. ①②③④　　　B. ②④①③　　　C. ②③①④　　　D. ①②④③
- 关于进度计划编制的主要目的，下列叙述错误的是___(3)___。
  - (3) A. 保证按时完成项目目标
    - B. 使资源被需要时可以利用
    - C. 保证项目进度正常进行
    - D. 预测在不同时间所需的进度资源的级别
- 关于进度计划编制的基本要求，下列叙述错误的是___(4)___。
  - (4) A. 实施进度安排应满足一致性和侧重性的要求
    - B. 应选择适当的计划图形，满足使用进度计划的要求
    - C. 应遵循编制程序，提高进度计划的编制质量
    - D. 保证项目在合同规定的时间内完成，实现项目的目标要求
- 关于进度计划编制的原则，下列叙述错误的是___(5)___。
  - (5) A. 应该对主要里程碑及其期限要求进行说明
    - B. 确切的工作程序能够得到详细说明
    - C. 进度应该与工作分解结构（WBS）保持一致

D．全部进度必须体现时间的紧迫性
- 关于进度计划编制的依据，下列叙述错误的是___（6）___。
  （6）A．项目承包合同及招标投标文件
  B．项目全部设计施工图纸及变更洽商
  C．项目需要的所有资源
  D．项目拟采用的主要实施方案及措施、实施顺序、阶段划分等
- 关于进度计划的内容，下列叙述错误的是___（7）___。
  （7）A．项目综合进度计划
  B．设备（材料）采购工作投资进度计划
  C．项目实施（开发）进度计划
  D．项目验收和投入使用进度计划
- 关于进度控制的意义，下列叙述错误的是___（8）___。
  （8）A．有利于尽快发挥投资效益
  B．有利于维持良好的管理秩序
  C．有利于提高企业经济效益
  D．有利于降低信息系统工程项目的进度风险

答案及解析

（1）**答案：D** 解析 进度控制的四个步骤（PDCA）是：计划（Plan）、执行（Do）、检查（Check）、行动（Action）。

（2）**答案：B** 解析 信息系统工程进度控制过程是一个周期性的循环过程，四个阶段的先后顺序是：编制计划、实施计划、检查计划、总结计划。

（3）**答案：D** 解析 进度计划编制的主要目的如下：
1) 保证按时完成项目目标。
2) 协调资源。
3) 使资源被需要时可以利用。
4) 预测在不同时间所需的资金和资源的级别，以便赋予项目以不同的优先级。
5) 保证项目进度正常进行。

（4）**答案：A** 解析 进度计划编制的基本要求如下：
1) 保证项目在合同规定的时间内完成，实现项目的目标要求。
2) 实施进度安排应满足连续性和均衡性的要求。
3) 实施顺序的安排应进行优化，以便提高经济效益。
4) 应选择适当的计划图形，满足使用进度计划的要求。
5) 应遵循编制程序，提高进度计划的编制质量。

(5) **答案：A 解析** 进度计划编制的原则如下：

1) 应该对所有里程碑及其期限要求进行说明。
2) 确切的工作程序能够得到详细说明。
3) 进度应该与工作分解结构（WBS）保持一致，并明确表明全部任务开始和结束的时间节点。
4) 全部进度必须体现时间的紧迫性，可能的话需要详细说明每件大事需要配置的资源。
5) 项目越复杂，专业分工就越多，就更需要全面综合管理，需要有一个主体的协调的工作进度计划，以便支持对整个项目的建设进度进行控制。

(6) **答案：C 解析** 进度计划编制的依据如下：

1) 项目承包合同及招标投标文件。
2) 项目全部设计施工图纸及变更洽商。
3) 项目所在地区位置的自然条件和技术经济条件。
4) 项目设计概算和预算资料、任务定额等。
5) 项目拟采用的主要实施方案及措施、实施顺序、阶段划分等。
6) 项目需要的主要资源。

(7) **答案：B 解析** 进度计划的内容如下：

1) 项目综合进度计划。
2) 设备（材料）采购工作进度计划。
3) 项目实施（开发）进度计划。
4) 项目验收和投入使用进度计划。

(8) **答案：D 解析** 进度控制的意义如下：

1) 有利于尽快发挥投资效益。
2) 有利于维持良好的管理秩序。
3) 有利于提高企业经济效益。
4) 有利于降低信息系统工程项目的投资风险。

11.2 进度控制的目标与范围

- 信息系统工程的进度受多方面因素的影响，___(1)___ 是进度的最大影响因素。

　　(1) A．工程质量　　　　B．设计变更　　　　C．资源投入　　　D．承建单位管理水平

- 在信息系统工程建设过程中，由于承建单位某关键设备不能按时供应，影响信息系统工程的进度，这属于 ___(2)___ 的影响。

　　(2) A．相关单位　　　　B．工程质量　　　　C．资源投入　　　D．承建单位管理水平

- 在信息系统工程建设过程中由于承建单位的实施方案不恰当、计划不周详影响了项目的实施进度，这属于 ___(3)___ 的影响。

　　(3) A．工程质量　　　　　　　　　　　　　B．设计变更

C．承建单位管理水平　　　　　　D．可见的或不可见的各种风险因素
- 在某信息系统工程的软件开发过程中由于承建单位遭遇技术难题，影响了项目的实施进度，这属于___(4)___的影响。

　　(4) A．相关单位　　　　　　　　B．资源投入
　　　　C．承建单位管理水平　　　　　D．可见的或不可见的各种风险因素

答案及解析

　　(1) **答案：A**　**解析**　影响进度控制的因素如下：
1）工程质量的影响。
2）设计变更的影响。
3）资源投入的影响。
4）资金的影响。
5）相关单位的影响。
6）可见或不可见的各种风险因素的影响。
7）承建单位管理水平的影响。

　　(2) **答案：C**　**解析**　资源投入的影响是指人力、部件和设备不能按时、按质、按量供应，也会影响信息系统工程的进度。

　　(3) **答案：C**　**解析**　承建单位管理水平的影响是指实施现场的情况千变万化，若承建单位的实施方案不恰当、计划不周详、管理不完善、解决问题不及时等，都会影响项目的实施进度。应及时总结分析教训，及时改进并接受监理的各项改进建议。

　　(4) **答案：D**　**解析**　可见的或不可见的各种风险因素的影响。风险因素包括：政治上的，例如劳资纠纷、拒付债务、制裁等；经济上的，例如延迟付款、通货膨胀、分包商违约等；技术上的，例如软件开发过程或软件系统、硬件设备的调试、配置过程遭遇技术难题、测试或试验失败、标准变化等。监理单位要加强风险管理，对发生的风险事件给予恰当处理，及时采取相应措施控制风险、减少风险损失，减缓其他可能对进度产生影响的风险。

11.3　进度控制技术

- 在进度控制的图表控制法中，___(1)___是一种比较简单的直观进度控制图。

　　(1) A．进度曲线图　　　　　　　B．双代号网络图
　　　　C．甘特图　　　　　　　　　D．单代号网络图

- 某工程包括A、B、C、D、E、F、G七项工作，各工作的紧前工作、所需时间见下表。

工作	A	B	C	D	E	F
紧前工作	—	A	A	B	C、D	E
所需时间（天）	5	4	5	3	2	1

该工程的工期应为___(2)___天。活动 C 的总浮动时间为___(2)___天，活动 D 的自由浮动时间为___(2)___天。

(2) A. 15　　　　B. 16　　　　C. 17　　　　D. 18
　　A. 3　　　　 B. 2　　　　 C. 1　　　　 D. 0
　　A. 3　　　　 B. 2　　　　 C. 1　　　　 D. 0

● 某工程建设项目中各工序历时见下表，则本项目最快完成时间为___(3)___周。

工序名称	紧前工序	持续时间（周）
A	—	1
B	A	2
C	A	3
D	B	2
E	B	2
F	C、D	4
G	E	4
H	B	5
I	G、H	4
J	F	3

(3) A. 12　　　　B. 13　　　　C. 14　　　　D. 15

● 某工程建设项目中各工序历时见下表，则本项目的总工期是___(4)___，C 的总时差是___(4)___，E 的总时差是___(4)___。

工序名称	紧前工序	工期
A	—	5
B	A	6
C	A	3
D	B,C	2
E	C	2
F	D,E	3

(4) A. 13　　　　B. 14　　　　C. 15　　　　D. 16

A．1　　　　　　B．2　　　　　　C．3　　　　　　D．4
A．3　　　　　　B．4　　　　　　C．5　　　　　　D．6

● 以下网络图属于___(5)___。

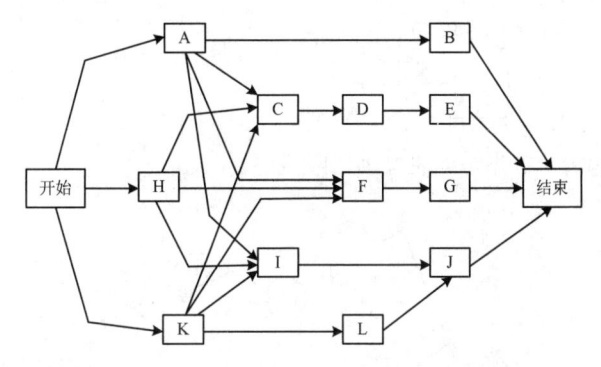

（5）A．单代号网络图　B．双代号网络图　C．时标网络图　D．箭线图

● 以下活动图属于___(6)___类型。

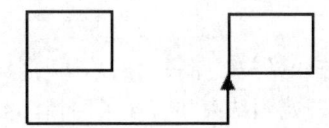

（6）A．结束-开始的关系（F-S 型）　　　B．结束-结束的关系（F-F 型）
　　 C．开始-开始的关系（S-S 型）　　　D．开始-结束的关系（S-F 型）

● 以下活动图属于___(7)___类型。

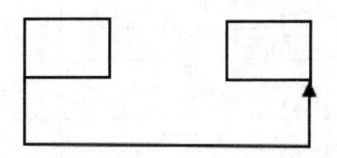

（7）A．结束-开始的关系（F-S 型）　　　B．结束-结束的关系（F-F 型）
　　 C．开始-开始的关系（S-S 型）　　　D．开始-结束的关系（S-F 型）

答案及解析

（1）答案：C　解析　甘特图是一种比较简单的直观进度控制图。

（2）答案：A B D　解析

绘制如下网络图，通过计算，关键路径为 A→B→D→E→F，总工期为 15 天。活动 C 的总浮动时间为 2 天，因活动 D 在关键路径上，故活动 D 的自由浮动时间为 0 天。

				5	4	9			9	3	12								

(表格图示：A(0,5,5/0,0,5) → B(5,4,9/5,0,9) → D(9,3,12/9,0,12) → E(12,2,14/12,0,14) → F(14,1,15/14,0,15)；C(5,5,10/7,2,12)))

(3) **答案：B** **解析** 首先根据表格画出网络图。

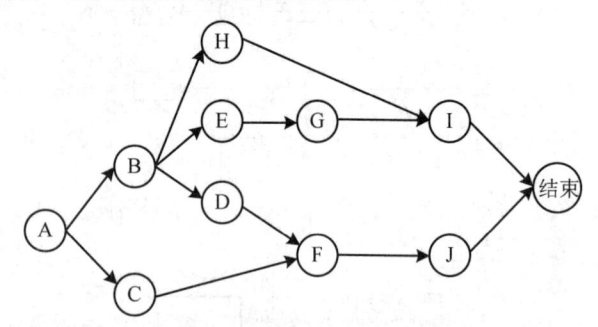

(网络图：A→B→{H, E→G→I, D→F→J}→C→F；E→G→I→结束，D→F→J→结束)

找出关键路径（最长路径），并计算关键路径上的总历时，即可算出本项目最快完成时间。

通过网络图可直观地看出，从开始到结束共有 4 条路径，ABEGI 为最长路径，历时为 13 周。

(4) **答案：D C A** **解析** 根据表格的紧前关系，并根据顺推选最大，逆推选最小，得到下图。

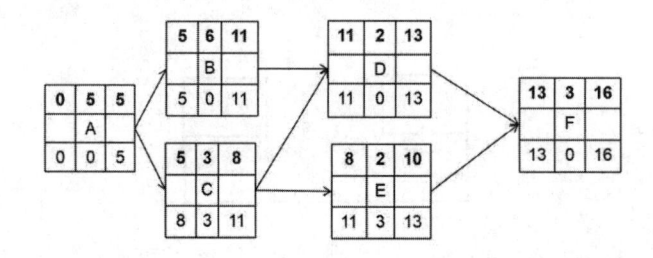

(表格图示：A(0,5,5/0,0,5) → B(5,6,11/5,0,11) → D(11,2,13/11,0,13) → F(13,3,16/13,0,16)；C(5,3,8/8,3,11) → E(8,2,10/11,3,13))

因此该项目的总工期是 A+B+D+F=5+6+2+3=16，关键路径是 ABDF。
C 的总时差是 3，E 的总时差是 3。

(5) **答案：A** **解析** 该网络图属于单代号网络图。
(6) **答案：C** **解析** 开始-开始的关系（S-S 型），即前序活动开始后，后续活动才能开始。
(7) **答案：D** **解析** 开始-结束的关系（S-F 型），即前序活动开始后，后续活动才能结束。

11.4 监理进度控制工作

● 下列进度控制的基本程序中，顺序正确的是＿＿（1）＿＿。

①承建单位编制单项工程或阶段进度计划并报审
②承建单位编制工程总体进度计划
③承建单位按进度计划组织实施
④监理工程师对实施情况进行跟踪检查、分析
（1）A．①②③④　　　　B．②①③④　　　　C．①③②④　　　　D．②①④③
- 监理单位在进度控制工作中应审查承建单位的进度计划，下列选项中说法错误的是___(2)___。
（2）A．监理工程师应审查进度计划的关键路径，并进行分析
　　B．有重要的修改意见应要求承建单位重新申报
　　C．监理工程师应根据本项目的具体条件，全面分析承建单位编制的进度计划的合理性、可行性
　　D．进度计划由监理工程师签署意见批准后实施，并报送业主单位
- 监理工程师应对各阶段进度计划的执行情况进行跟踪检查，发现进度偏差及时分析原因，以便为进度计划的调整提供必要的依据，下列选项中说法错误的是___(3)___。
（3）A．监理工程师应根据检查结果对项目的进度进行分析和评价
　　B．督促承建单位定期报告项目实际进展情况
　　C．如果发现偏离，应及时报告，由监理工程师签发监理通知单
　　D．在实施计划过程中，监理工程师应对承建单位实际进度情况进行跟踪监督，并对实际情况进行记录
- 当信息系统工程出现偏差时，根据进度计划调整过程，下列选项中顺序正确的是___(4)___。
①确定影响后续工作和工期的限制条件　　②分析偏差原因
③实施调整后进度计划　　　　　　　　　④分析偏差对后续工作和工期的影响
⑤采取进度调整措施　　　　　　　　　　⑥持续监控进度计划
⑦调整进度计划
（4）A．②①④⑤⑦⑥③　　　　　　　　B．②④①⑤⑦③⑥
　　C．④②⑦①⑥⑤③　　　　　　　　D．④②⑤①⑦⑥③
- 在监控进度计划时，如果发现偏离，应及时报告___(5)___，并由___(5)___签发监理通知单，要求承建单位及时采取措施，实现计划进度的安排。
（5）A．总监理工程师　总监理工程师　　B．总监理工程师　监理工程师
　　C．监理工程师　总监理工程师　　　D．监理工程师　总监理工程师
- 当承建单位认为必须延期项目时，向监理单位提交项目延期申请，监理单位综合考虑延期的原因等，做出处理，监理单位在承建单位申请项目延期时的处理程序描述错误的是___(6)___。
（6）A．监理单位应根据项目情况确认其合理性，并与业主单位、承建单位协商确认后，由总监理工程师对项目延期申请予以签认
　　B．项目延期影响总体进度计划时，监理单位应要求承建单位修改总体进度计划，经双方签认后，编写项目进度备忘录

85

C. 监理单位应组织审查进度纠偏措施的合理性及可行性，如果发现问题，出具监理意见并跟踪整改
   D. 当发生由于延期造成的索赔时，总监理工程师应综合考虑项目延期和费用索赔的关系，做出费用索赔和项目延期的建议
- 下列关于监理进度控制方法的描述，不正确的是___(7)___。
   (7) A. 坚持采用静态管理和综合预控的方法进行控制
   B. 采用实际值与计划值进行比较的方法进行检查和评价
   C. 充分运用行政的方法进行进度控制
   D. 发挥经济杠杆的作用，采用经济手段对项目进度加以影响和制约
- 审核项目进度计划，审核项目进度计划，确定合理定额，进行进度预测分析和进度统计，属于进度控制的___(8)___措施。
   (8) A. 组织措施　　　B. 技术措施　　　C. 经济措施　　　D. 合同措施
- 监理工程师在实施进度控制中，会采取多种措施来进行检查，下列关于监理工程师应采用的基本措施的描述，不正确的是___(9)___。
   (9) A. 落实监理单位进度控制的人员组成、具体控制任务和管理职责分工
      B. 严格控制合同变更
      C. 对工程延误收取误期损失赔偿金
      D. 确定合理的最短工期，进行进度预测分析和进度统计
- 监理工程师在控制信息系统工程进度时的组织措施是___(10)___。
   (10) A. 采用进度控制技术及其他科学适用的进度控制方法
       B. 及时办理工程预付款及工程进度款支付手续
       C. 建立进度报告制度及进度信息沟通协调机制
       D. 对工程延误收取误期损失赔偿金
- 项目成本控制的基本措施不包括___(11)___。
   (11) A. 技术措施　　　　　　　　B. 管理措施
       C. 经济措施　　　　　　　　D. 组织措施
- 当监理机构在项目进行中发现进度严重偏离计划时，总监理工程师应及时签发___(12)___，并组织监理工程师分析原因、研究措施。
   (12) A. 工程延期申请表　　　　　B. 监理通知单
       C. 变更申请　　　　　　　　D. 单项工程进度计划
- 监理工程师在为期 10 个月的信息系统建设项目中，发现计划工期为 3 个月的监控覆盖系统 1 个月就完成了，此时监理工程师应首先进行的工作是___(13)___。
   (13) A. 采取进度调整措施　　　　　　　B. 持续监控进度计划
       C. 分析偏差对后续工作和工期的影响　D. 对承建单位的工期提前给予奖励

答案及解析

（1）**答案：B** **解析** 监理进度控制程序如下图所示。

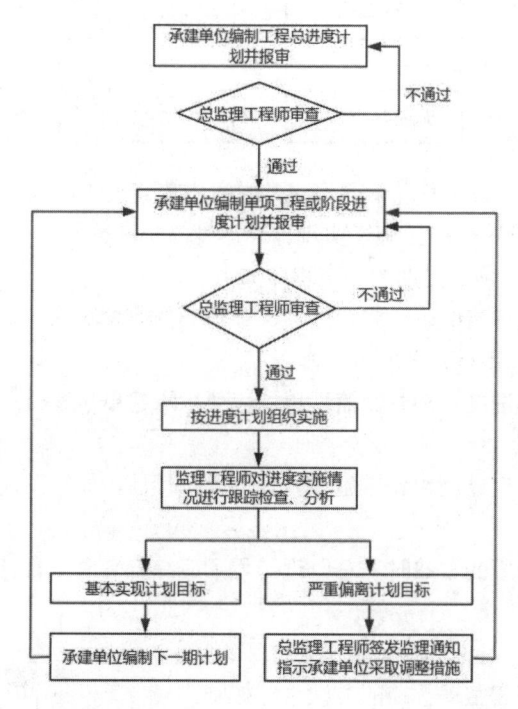

[流程图：承建单位编制工程总进度计划并报审 → 总监理工程师审查（不通过则返回）→ 通过 → 承建单位编制单项工程或阶段进度计划并报审 → 总监理工程师审查（不通过则返回）→ 通过 → 按进度计划组织实施 → 监理工程师对进度实施情况进行跟踪检查、分析 → 基本实现计划目标（承建单位编制下一期计划）/ 严重偏离计划目标（总监理工程师签发监理通知指示承建单位采取调整措施）]

（2）**答案：D** **解析** 审查进度计划。

1）承建单位应根据承建合同的约定，按时编制项目总体进度计划、单项工程进度计划或阶段进度计划，并报监理单位审查。

2）监理工程师应根据本项目的具体条件，全面分析承建单位编制的进度计划的合理性、可行性。

3）监理工程师应审查进度计划的关键路径，并进行分析。

4）对单项工程或阶段进度计划，应分析承建单位在主要项目人员能力等方面的配套安排。

5）有重要的修改意见应要求承建单位重新申报。

6）进度计划由总监理工程师签署意见批准后实施，并报送业主单位。

（3）**答案：C** **解析** 监控进度计划。

1）在实施计划过程中，监理工程师应对承建单位实际进度情况进行跟踪监督，并对实际情况进行记录。

2）监理工程师应根据检查结果对项目的进度进行分析和评价。

3）如果发现偏离，应及时报告总监理工程师，并由总监理工程师签发监理通知单，要求承建单位及时采取措施,实现计划进度的安排。

4)督促承建单位定期报告项目实际进展情况。

(4)**答案:B 解析** 进度计划调整过程如下图所示。

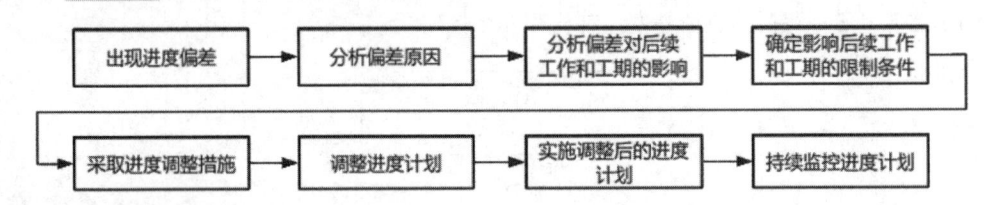

出现进度偏差 → 分析偏差原因 → 分析偏差对后续工作和工期的影响 → 确定影响后续工作和工期的限制条件

采取进度调整措施 → 调整进度计划 → 实施调整后的进度计划 → 持续监控进度计划

(5)**答案:A 解析** 如果发现偏离,应及时报告总监理工程师,并由总监理工程师签发监理通知单,要求承建单位及时采取措施,实现计划进度的安排。

(6)**答案:B 解析** 项目延期的处理程序如下:

1)监理单位应根据项目情况确认其合理性,并与业主单位、承建单位协商确认后,由总监理工程师对项目延期申请予以签认。

2)项目延期影响总体进度计划时,监理单位应要求承建单位修改总体进度计划,经三方签认后,编写项目进度备忘录。

3)监理单位应组织审查进度纠偏措施的合理性及可行性,如果发现问题,出具监理意见并跟踪整改。

4)当发生由于延期造成的索赔时,总监理工程师应综合考虑项目延期和费用索赔的关系,做出费用索赔和项目延期的建议。

(7)**答案:A 解析** 监理进度控制方法如下:

1)坚持采用动态管理和主动预控的方法进行控制。

2)采用实际值与计划值进行比较的方法进行检查和评价。

3)充分运用行政的方法进行进度控制。

4)发挥经济杠杆的作用,采用经济手段对项目进度加以影响和制约。

5)利用管理技术的方法进行控制。

(8)**答案:B 解析** 进度控制的措施如下:

1)组织措施。建立进度控制目标体系;落实监理单位进度控制的人员组成、具体控制任务和管理职责分工;建立进度报告制度及进度信息沟通协调机制;建立进度计划审核制度和进度计划实施中的检查分析制度;建立方案审查、工程变更管理制度。

2)技术措施。审核项目进度计划;编制进度控制工作细则;采用进度控制技术及其他科学适用的进度控制方法;确定合理的工作定额,进行进度预测分析和进度统计。

3)经济措施。及时办理工程预付款及工程进度款支付手续;对必需的应急赶工给予优厚的赶工费用;对合理的工期提前给予奖励;对工程延误收取误期损失赔偿金。

4)合同措施。加强合同管理、风险管理、索赔管理;严格控制合同变更。

(9)**答案:D 解析** 进度控制的措施如下:

1）组织措施。建立进度控制目标体系；落实监理单位进度控制的人员组成、具体控制任务和管理职责分工；建立进度报告制度及进度信息沟通协调机制；建立进度计划审核制度和进度计划实施中的检查分析制度；建立方案审查、工程变更管理制度。

2）技术措施。审核项目进度计划；编制进度控制工作细则；采用进度控制技术及其他科学适用的进度控制方法；确定合理的工作定额，进行进度预测分析和进度统计。

3）经济措施。及时办理工程预付款及工程进度款支付手续；对必需的应急赶工给予优厚的赶工费用；对合理的工期提前给予奖励；对工程延误收取误期损失赔偿金。

4）合同措施。加强合同管理、风险管理、索赔管理；严格控制合同变更。

（10）**答案：C 解析** 组织措施。建立进度控制目标体系；落实监理单位进度控制的人员组成、具体控制任务和管理职责分工；建立进度报告制度及进度信息沟通协调机制；建立进度计划审核制度和进度计划实施中的检查分析制度；建立方案审查、工程变更管理制度。

（11）**答案：B 解析** 进度控制的措施包括：组织措施、技术措施、经济措施、合同措施。

（12）**答案：B 解析** 发现进度严重偏离计划时，总监理工程师应及时签发监理通知单，并组织监理工程师分析原因、研究措施。

（13）**答案：C 解析** 进度计划调整过程如下图所示。

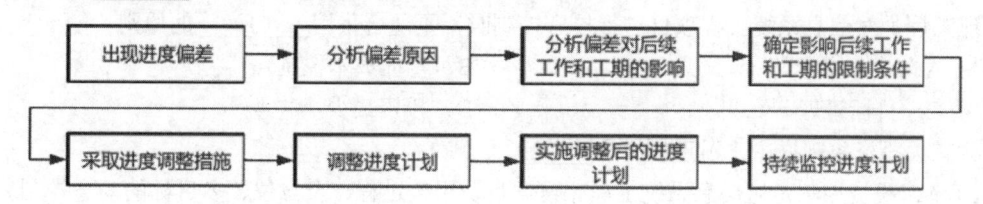

出现进度偏差 → 分析偏差原因 → 分析偏差对后续工作和工期的影响 → 确定影响后续工作和工期的限制条件 → 采取进度调整措施 → 调整进度计划 → 实施调整后的进度计划 → 持续监控进度计划

第12章 投资控制

12.1 管理基础

- 监理工程师对信息系统工程项目进行投资控制时，不适合采用___(1)___的原则。

  (1) A．动态控制　　　　　　　　　B．全面成本控制
  　　C．目标管理　　　　　　　　　D．投资最少

- 下列有关投资控制描述，不正确的是___(2)___。

  (2) A．投资控制是对信息系统工程建设项目费用全过程、全方位、多目标的动态控制
  　　B．投资控制是在批准的预算条件下确保项目保质按期完成
  　　C．投资控制的目的在于降低项目成本，提高经济效益
  　　D．在实现投资控制的同时需要兼顾质量最终目标和进度目标

答案及解析

(1) **答案：D** **解析** 投资控制的原则有：系统原则、投资最优化原则、全面成本控制原则、动态控制原则、目标管理原则、责、权、利相结合的原则、微观控制原则、设计监理原则。

(2) **答案：A** **解析** 投资控制是对信息系统工程建设项目费用全过程、全方位、多目标的静态控制。

12.2 投资控制过程

- 在项目建设阶段，投资控制过程体现为成本控制过程，其中不包括___(1)___。

  (1) A．规划成本管理　B．成本估算　　　C．成本更新　　　D．成本预算

- 规划成本管理是确定如何估算、预算、管理、监督和控制项目成本的过程，并形成成本管理计划，在整个项目期间为管理项目成本提供___(2)___。

  (2) A．支持和帮助　　B．指南和方向　　C．控制和监督　　D．监督和管理
- 规划成本管理依据不包括___(3)___。

  (3) A．项目章程　　B．进度管理计划　　C．风险管理计划　　D．范围基准
- 成本管理计划的内容不包括___(4)___。

  (4) A．项目资金需求　　B．准确度　　C．控制临界值　　D．报告格式
- 成本估算的依据不包括___(5)___。

  (5) A．成本管理计划　　　　　　B．质量管理计划
  　　C．项目进度计划　　　　　　D．绩效测量规则
- 在成本估算时，使用以往类似项目的实际数据作为估计现在项目的基础，这种方法是___(6)___。

  (6) A．类比估算　　　　　　　　B．参数估算
  　　C．自下而上估算　　　　　　D．三点估算法
- 在成本估算时，利用历史数据之间的统计关系和其他变量，把项目的一些特征作为参数，通过建立一个数学模型来进行项目工作的成本估算，这种方法是___(7)___。

  (7) A．类比估算　　　　　　　　B．参数估算
  　　C．自下而上估算　　　　　　D．三点估算法
- 项目经理小王估算电子商务平台开发成本，预期的项目成本是18万元，最有可能情况下成本为15万元，最好情况下成本为10万元，那么最坏情况下成本为___(8)___万元。

  (8) A．29　　B．38　　C．47　　D．83
- 项目经理小张在对信息系统开发项目做成本估算时，先考虑了最不利的情况，估算出成本为120万元，又考虑了最有利的情况，成本为60万元，最后考虑一般情况下的项目成本可能为75万元，则该项目的预期成本为___(9)___万元。

  (9) A．100　　B．90　　C．80　　D．75
- 项目经理小赵根据项目的工作分解结构图对项目成本进行估算，见下表。根据自下而上成本估算法，能够得出A的估算值为___(10)___万元。

项目	子项目	工作包	估算成本/万元
B	B1	B1.1	10
		B1.2	4
	B2	B2.1	25
		B2.2	46

(10) A．85　　B．14　　C．71　　D．35
- 在成本预算的类型中，___(11)___提供了信息系统工程建设成本控制的一个粗略概念。在信息

系统工程建设早期甚至建设之前使用。

（11）A．量级预算　　　B．预算估算　　　C．最终预算　　　D．成本估算

● 关于制定成本预算的描述，不正确的是___（12）___。

（12）A．管理储备不包括在成本基准中，也不属于项目总预算和资金需求
　　　B．应急储备是用来应对那些会影响项目的"已知-未知"风险
　　　C．成本基准不包括任何管理储备，只有通过正式的变更控制程序才能变更
　　　D．项目预算等于成本基准和管理储备之和

● 预算审核的方法不包括___（13）___。

（13）A．全面审核法　　B．重点审核法　　C．经验审核法　　D．估算审核法

● 关于项目的成本控制的描述，错误的是___（14）___。

（14）A．对造成成本基准变更的因素施加影响
　　　B．监督成本绩效，找出并分析与成本基准间的偏差
　　　C．向相关方报告所有经批准的变更及其相关进度
　　　D．设法把预期的成本超支控制在可接受的范围内

● 完成某项工作单元的时间，乐观时间估计需 8 天，悲观时间估计需 38 天，最可能估计需 20 天，按照 PERT 方法进行估算，项目的工期应该为___（15）___天，在 26 天以后完成的概率大致为___（16）___。

（15）A．20　　　　　　B．21　　　　　　C．22　　　　　　D．23
（16）A．8.9%　　　　　B．15.9%　　　　　C．22.2%　　　　　D．28.6%

● 某项目利用三点估算法估算活动持续时间，最悲观时间为 120 天，基于贝塔分布计算出的期望值为 85 天，标准差为 10 天，那么最乐观时间为___（17）___天，最有可能时间为___（18）___天。

（17）A．50　　　　　　B．60　　　　　　C．70　　　　　　D．80
（18）A．82.5　　　　　B．85　　　　　　C．80　　　　　　D．75

答案及解析

（1）**答案：C** **解析** 投资控制过程体现为成本控制过程，包括规划成本管理、成本估算、成本预算和成本控制。

（2）**答案：B** **解析** 规划成本管理是确定如何估算、预算、管理、监督和控制项目成本的过程，并形成成本管理计划，在整个项目期间为管理项目成本提供指南和方向。

（3）**答案：D** **解析** 规划成本管理依据包括：项目章程；进度管理计划；风险管理计划；组织相关的成本控制程序。

（4）**答案：A** **解析** 成本管理计划的内容有：
1）成本管理过程及其工具与技术。
2）计量单位。

3）准确度。

4）精确度。

5）与工作分解结构（WBS）匹配的成本分配。

6）控制临界值。

7）绩效测量规则。

8）报告格式。

9）其他细节。

（5）**答案：D** **解析** 成本估算的依据。

1）成本管理计划。

2）质量管理计划。

3）范围基准（包括项目范围说明书、WBS 和 WBS 词典）。

4）经验教训登记册。

5）项目进度计划。

6）资源需求。

7）风险登记册。

8）影响成本估算过程的市场条件、发布的商业信息、通货膨胀等。

9）影响估算成本过程的组织内部的成本估算政策、成本估算模板、历史信息和经验教训知识库等。

（6）**答案：A** **解析** 类比估算是使用以往类似项目的实际数据作为估计现在项目的基础。类比估算是专家判断的一种形式，花费较少，但精确性也较差。

（7）**答案：B** **解析** 参数估算是利用历史数据之间的统计关系和其他变量，把项目的一些特征作为参数，通过建立一个数学模型来进行项目工作的成本估算。

（8）**答案：B** **解析** 三点估算公式：预期成本=(乐观成本+4×可能成本+悲观成本)/6。设 X 为最悲观成本，$(10+15\times 4+X)/6=18$，根据公式，推算出 $X=38$。

（9）**答案：C** **解析** 三点估算法通过考虑估算中的不确定性与风险，使用三种估算值来界定活动成本的近似区间，可以提高活动成本估算的准确性：最可能成本、最乐观成本、最悲观成本。三点估算公式：预期成本=(乐观成本+4×可能成本+悲观成本)/6，(120+75×4+60)/6=80。

（10）**答案：A** **解析** 自下而上估算是对工作组成部分进行估算的一种方法，首先估计各个独立工作的费用，对单个工作包或活动的成本进行最具体、细致的估算，然后再汇总，从下往上估计出整个项目的总费用。A 的估算值=10+4+25+46=85（万元）。

（11）**答案：A** **解析** 成本预算的类型如下：

1）量级预算：提供了信息系统工程建设成本控制的一个粗略概念。在信息系统工程建设早期甚至建设之前使用。

2）预算估算：被用来将资金划入一个组织的预算。

3）最终预算：提供精确的项目成本预算。常用于许多项目采购决策的制定。

（12）**答案：A** **解析** 管理储备用来应对项目范围中不可预见的工作，应对会影响项目的"未知-未知"风险。管理储备不包括在成本基准中，但属于项目总预算和资金需求的一部分。

（13）**答案：D** **解析** 预算审核包括：①全面审核法；②重点审核法；③经验审核法；④分解对比审核法。

（14）**答案：C** **解析** 项目的成本控制包括：

1）对造成成本基准变更的因素施加影响。

2）确保所有变更请求都得到及时处理。

3）当变更实际发生时，管理这些变更。

4）确保成本支出不超过批准的资金限额，既不超出按时段、按 WBS 活动分配的限额，也不超出项目总限额。

5）监督成本绩效，找出并分析与成本基准间的偏差。

6）对照资金支出，监督工作绩效。

7）防止在成本或资源使用报告中出现未经批准的变更。

8）向相关方报告所有经批准的变更及其相关成本。

9）设法把预期的成本超支控制在可接受的范围内。

（15）（16）**答案：B B**

根据 PERT 估算公式，估算的工期=(8+4×20+38)/6=21（天）。

历时估算标准差=(38-8)/6=5（天）。

根据正态分布图，估算工期值位于 1 个标准差内的概率为 68.26%；位于两个标准差内的概率为 95.46%；位于 3 个标准差内的概率为 99.73%。这三个比值务必牢记。

由于估算工期为 21 天，标准差为 5 天，26 天与 21 天的差值正好为 5 天，即一个标准差，那么，根据上述正态分布的概率，在工期位于 1 个标准差以内（即工期位于 16~26 天内）的概率为 68.26%，那么，工期为 26 天以上的概率为(1-68.26%)/2=15.87%≈15.9%。直观地解释这个值的含义，就是工期超过 26 天的概率为 15.87%。

（17）（18）**答案：B A** **解析** 设乐观时间为 X，最有可能时间为 Y，标准差=(悲观时间-乐观时间)/6，即 10=(120-X)/6，推算出 X=60。

期望时间（或估计值）=(乐观时间+4×最可能时间+悲观时间)/6，即 85=(60+4×Y+120)/6，推算出 Y=82.5。

12.3 投资构成和投资控制方法

- 信息系统工程项目中软硬件购置费属于___(1)___。

  (1) A．工程建设费用　　B．预备费　　　　C．建设期利息　　D．单项工程（服务）费

- 投资控制中技术经济分析的特点不包括___(2)___。

  (2) A．综合性　　　　　B．系统性　　　　C．实时性　　　　D．数据化

● 在技术经济分析步骤中，当调查研究后应该进行____(3)____。

(3) A．拟定各种可行方案　　　　　　B．方案评价
　　C．计算与求解数学模型　　　　　D．技术方案的综合评价

● 某拟建信息化集成项目财务净现金流见下表，进行该项目财务评价时，可得出____(4)____的结论。

年	1	2	3	4	5	6	7	8	9	10
净现金流量/万元	−2100	−900	300	500	400	700	800	800	800	900

(4) A．净现值大于0，项目不可行　　　B．净现值小于0，项目可行
　　C．净现值大于0，项目可行　　　　D．净现值等于0，项目不可行

● 下列关于挣值分析（EVA）的说法，不正确的是____(5)____。

(5) A．PV 是为计划工作分配的经批准的预算，包括应急储备和管理储备
　　B．EV 是已完成工作的经批准的预算
　　C．AC 是为完成与 EV 相对应的工作而发生的总成本
　　D．项目的总计划价值又称为完工预算（BAC）

● 偏差分析用以解释成本偏差、进度偏差的原因，下列分析错误的是____(6)____。

(6) A．CV>0，成本超支；CV<0，成本节约
　　B．SV>0，进度超前；SV<0，进度滞后
　　C．CV 为负值一般都是不可挽回的
　　D．当项目完工时，全部的计划价值都将实现（即成为挣值），进度偏差最终将等于0

● 项目经理小赵将当前项目的挣值、计划价值和实际成本绘制成了如下所示的一张图，从当前时间看，该项目进度____(7)____，成本____(8)____。

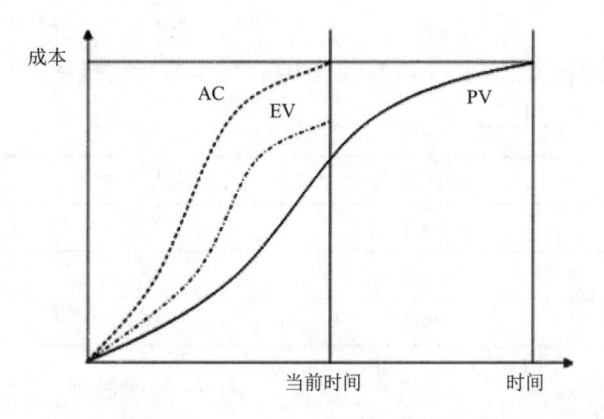

(7) A．正常　　　　B．落后　　　　C．超前　　　　D．无法判断

(8) A. 正常　　　　B. 超支　　　　C. 节约　　　　D. 无法判断

- 某公司年初搭建门户网站，根据瀑布模型可以将工作分为需求调研、系统实施、系统测试、上线试运行、验收五个阶段，各阶段任务的预算和工期见下表。到第 6 周周末时，对项目进行检查，发现需求调研已经结束，总计花费 2 万元。系统实施进行到了一半，已经花费 16 万元，当前项目进度___(9)___，项目成本___(10)___。

阶段任务	预算/万元	工期/周
需求调研	2	2
系统实施	33	8
系统测试	2.4	3
上线试运行	1.7	2
验收	2.7	1

(9) A. 正常　　　　B. 落后　　　　C. 超前　　　　D. 无法判断
(10) A. 正常　　　　B. 超支　　　　C. 节约　　　　D. 无法判断

- 某品牌工厂计划生产一批高端电脑，一共 100 台，工厂每天生产 10 台，10 天内完工，项目预算为 100 万元。项目进行到第 6 天时，负责人来检查发现项目实际执行情况为：前 6 天一共生产了 40 台，实际花费 50 万元。那么截至当前项目的进度绩效和进度情况分别为___(11)___，成本绩效和成本情况分别为___(12)___。剩余电脑还按照原计划进行，不会再发生这种偏差了，项目还需要的预算是___(13)___万元。

(11) A. 0.67，进度滞后　　　　　　B. -20，进度滞后
　　　C. 1，进度正常　　　　　　　D. 1.2，进度超前
(12) A. -10，成本超支　　　　　　B. 0.8，成本超支
　　　C. 1.25，进度超前　　　　　D. 1.2，进度超前
(13) A. 50　　　B. 60　　　C. 100　　　D. 110

- 公司项目组承接 App 研发任务，项目经理小赵向公司领导汇报目前项目进度，从下表可看出，当前项目的进度___(14)___。

活动	计划值/元	完成百分比/%	实际成本/元
基础设计	20000	90	10000
详细设计	50000	90	60000
测试	30000	100	40000

(14) A. 提前计划 7%　　　　　　B. 滞后计划 15%
　　　C. 滞后计划 7%　　　　　　D. 提前计划 15%

- 下表给出了某信息化建设项目到 2019 年 8 月 1 日为止的成本执行（绩效）数据，如果当前的成本偏差是非典型的，则完工估算（EAC）为___（15）___元；如果当前的成本偏差是典型的，则完工估算（EAC）为___（16）___元。

活动编号	活动	预计完成百分比/%	实际完成百分比/%	活动计划值（PV）/元	实际成本（AC）/元
1	A	100	100	2000	2000
2	B	100	100	1600	1800
3	C	100	100	2500	2800
4	D	100	80	1500	1600
5	E	100	75	2000	1800
6	F	100	60	2500	2200
合计：				12100	12200

项目总预算（BAC）：50000 元

报告日期：2019 年 8 月 1 日

(15) A. 59238　　　　B. 51900　　　　C. 50100　　　　D. 48100
(16) A. 42761　　　　B. 51900　　　　C. 59461　　　　D. 48100

- 某信息系统集成项目计划 6 周完成，项目经理就前 4 周的项目进展情况进行分析，具体见下表，项目的成本执行指数（CPI）为___（17）___。

周	计划投入成本值/元	实际投入成本值/元	完成百分比/%
1	1000	1000	100
2	3000	2500	100
3	8000	10000	100
4	13000	15000	90
5	17000		
6	19000		

(17) A. 0.83　　　　B. 0.87　　　　C. 0.88　　　　D. 0.95

- 某系统集成项目包含三个软件模块，现在估算项目成本时，项目经理考虑到其中的模块 A 技术成熟，已在以前类似项目中多次使用并成功支付，所以项目经理忽略了 A 的开发成本，只给 A 预留了 5 万元，以防意外发生。然后估算了 B 的成本为 50 万元，C 的成本为 30 万元，应急储备为 10 万元，三者集成成本为 5 万元，并预留了项目的 10 万元管理储备。如果你是项目组成员，该项目的成本基准是___（18）___万元，项目总预算是___（19）___万元。项目开始执行后，当项目的进度绩效指数（SPI）为 0.6 时，项目实际花费为 70 万元，超出预算 10 万元，如果不加以纠偏，请根据当前项目进展，估算该项目的完工估算值（EAC）为___（20）___万元。

(18) A．90　　　　　B．95　　　　　C．100　　　　　D．110
(19) A．90　　　　　B．95　　　　　C．100　　　　　D．110
(20) A．64　　　　　B．134　　　　　C．194.4　　　　D．124.4

- 某项目的估算成本为 90 万元，在此基础上，公司为项目设置 10 万元的应急储备和 10 万元的管理储备，项目工期为五个月。项目进行到第三个月的时候，项目 SPI 为 0.6，实际花费为 70 万元，EV 为 60 万元。以下描述正确的是___（21）___。

(21) A．项目总预算为 110 万元
　　　B．项目的成本控制到位，进度上略有滞后
　　　C．基于典型偏差计算，到项目完成时，实际花费的成本为 100 万元
　　　D．基于非典型偏差计算，到项目完成时，实际花费的成本为 117 万元

- 某项目进行到 40 天的时候，实际进度为计划的 90%，实际成本为 110 万元，计划成本为 130 万元，则该项目的绩效为___（22）___。

(22) A．成本节约，进度超前　　　　　B．成本超支，进度滞后
　　　C．成本节约，进度滞后　　　　　D．成本超支，进度超前

- 某公司同时进行了四个项目，各项目当前的挣值分析见下表，其中预计最先完工的项目是___（23）___。

项目	总预算/元	EV/元	PV/元	AC/元
①	2000	1500	1200	900
②	2000	1800	1300	1100
③	2000	1400	1200	1000
④	2000	1250	1100	850

(23) A．①　　　　　B．②　　　　　C．③　　　　　D．④

答案及解析

（1）**答案：A**　**解析**　信息系统工程建设总费用由工程建设费用、工程建设其他费用、预备费、建设期利息构成。各项费用的构成如下图所示。

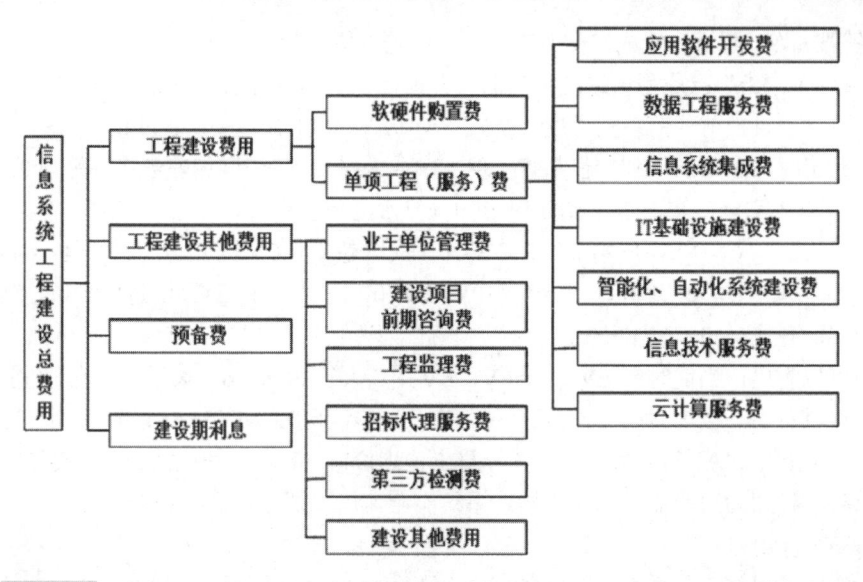

```
信息系统工程建设总费用
├── 工程建设费用
│   ├── 软硬件购置费
│   └── 单项工程（服务）费
│       ├── 应用软件开发费
│       ├── 数据工程服务费
│       ├── 信息系统集成费
│       ├── IT基础设施建设费
│       ├── 智能化、自动化系统建设费
│       ├── 信息技术服务费
│       └── 云计算服务费
├── 工程建设其他费用
│   ├── 业主单位管理费
│   ├── 建设项目前期咨询费
│   ├── 工程监理费
│   ├── 招标代理服务费
│   ├── 第三方检测费
│   └── 建设其他费用
├── 预备费
└── 建设期利息
```

（2）**答案：C** 解析 技术经济分析的特点包括：综合性、系统性、实用性、数据化。

（3）**答案：A** 解析 技术经济分析的步骤如下：

1）确定目标。

2）调查研究。

3）拟定各种可行方案。

4）方案评价。

5）建立各种技术方案的经济指标和各种参数间的函数关系。

6）计算与求解数学模型。

7）技术方案的综合评价。

（4）**答案：C** 解析 净现值（NPV）=−2100−900+300+500+400+700+800+800+800+900=2200。
净现值法是根据方案的净现值大小来评定方案经济效果的一种方法。决策标准如下：
如果 NPV>0，表示技术方案本身的收益不仅可以达到基准收益率的水平，而且还有盈余。
如果 NPV=0，表示方案的收益率正好等于基准收益率。在上述两种情况下，方案均可取。
如果 NPV<0，则表示方案的收益率达不到基准收益率水平，应被舍弃。

（5）**答案：A** 解析 挣值分析（EVA）是将实际进度和成本绩效与绩效测量基准进行比较。

1）计划价值（PV）：是为计划工作分配的经批准的预算，不包括管理储备。PV 的总和称为绩效测量基准（PMB），项目的总计划价值又称为完工预算（BAC）。

2）挣值（EV）：是对已完成工作的测量值，用该工作的批准预算来表示，是已完成工作的经批准的预算。EV 的计算应该与 PMB 相对应，且所得的 EV 值不得大于相应工作的 PV 总预算。

3）实际成本（AC）：是在给定时段内，执行某工作而实际发生的成本，是为完成与 EV 相对应的工作而发生的总成本。

（6）**答案：A** **解析** 造成进度偏差、成本偏差的原因如下：

1）进度偏差（SV）：是测量进度绩效的一种指标，表示为挣值与计划价值之差。它是指在某个给定的时点，项目提前或落后的进度。公式：SV=EV-PV。SV>0，进度超前；SV<0，进度滞后。当项目完工时，全部的计划价值都将实现（即成为挣值），进度偏差最终将等于0。

2）成本偏差（CV）：是在某个给定时点的预算亏空或盈余量，表示为挣值与实际成本之差。公式：CV=EV-AC。CV>0，成本节约；CV<0，成本超支。CV为负值一般都是不可挽回的。

（7）（8）**答案：C B** **解析** SV=EV-PV。SV>0，进度超前；SV<0，进度滞后。CV=EV-AC。CV>0，成本节约；CV<0，成本超支。

从图中可以看出，当前时间 EV 大于 PV，EV-PV 大于 0，即 SV 大于 0，进度超前。

从图中可以看出，当前时间 EV 小于 AC，EV-AC 小于 0，即 CV 小于 0，成本超支。

（9）（10）**答案：A C** **解析** 首先计算出计划价值（PV）、挣值（EV）、实际成本（AC）。到 6 周周末时，计划为完成需求调研 2 周，系统实施 4 周，那么：

PV=2+33×(4/8)=18.5。

实际为需求调研结束，系统实施完成一半，那么：

EV=2+33×50%=18.5。

AC=2+16=18；

SV=EV-PV=18.5-18.5=0，SV=0，进度正常。

CV=EV-AC=18.5-18=0.5，CV>0，成本节约。

（11）（12）（13）**答案：A B B** **解析** 根据题目，得到下表：

指标	概念	计算值
BAC	完工预算（不包含管理储备）	项目完工预算 100 万元
PV	应完成工作计划价值	计划完成 60 台，计划预算 60 万元
EV	已完成工作的计划价值	实际完成 40 台，计划预算 40 万元
AC	已完成工作的实际成本	实际完成 40 台，实际花费 50 万元

进度绩效指数：SPI=EV/PV。SPI>1，进度超前；SPI<1，进度滞后。

成本绩效指数：CPI=EV/AC。CPI>1，成本节约；CPI<1，成本超支。

SPI=EV/PV=40/60=0.67，SPI<1，进度滞后。

CPI=EV/AC=40/50=0.8，CPI<1，成本超支。

非典型偏差：ETC=BAC-EV（知错即改为非典型，接下来的工作按计划进行，即纠偏），ETC=BAC-EV=100-40=60。

（14）**答案：C** **解析** PV=20000+30000+50000=100000。

EV=20000×90%+50000×90%+30000×100%=93000。

SPI=EV/PV=93000/100000=0.93。

SPI<1，所以进度滞后，(1-0.93)×100%=7%。

（15）（16）**答案：B C** **解析** EAC=ETC+AC，分别找出 ETC 和 AC 即可。区分典型偏差与非典型偏差。

非典型偏差：ETC=BAC-EV（知错即改为非典型，接下来的工作按计划进行，即纠偏）。

典型偏差：ETC=(BAC-EV)/CPI（知错不改为典型，继续按原绩效执行，即不纠偏）。

EV=2000×100%+1600×100%+2500×100%+1500×80%+2000×75%+2500×60%=10300。

非典型偏差情况下的 ETC，即

ETC=BAC-EV=50000-10300=39700。

EAC=ETC+AC=39700+12200=51900。

典型偏差情况下的 ETC，即

ETC=(BAC-EV)/CPI=(BAC-EV)/(EV/AC)=(50000-10300)/(10300/12200)=39700/0.84=47261。

EAC=ETC+AC=47261+12200=59461。

（17）**答案：A** **解析** PV=1000+3000+8000+13000=25000。

AC=1000+2500+10000+15000=28500。

EV=1000×100%+3000×100%+8000×100%+13000×90%=23700。

CPI=EV/AC=23700/28500=0.83。

（18）（19）（20）**答案：C D C** **解析** 成本基准（BAC）=5+50+30+5+10=100（成本基准不算管理储备），项目总预算=成本基准+管理储备=100+10=110。

SPI=0.6，AC=70，PV=70-10=60，BAC=100（管理储备不计入挣值计算），所以 EV=SPI×PV=0.6×60=36。不进行纠偏按典型公式计算，EAC=BAC/CPI=100/(36/70)=194.4。

（21）**答案：A** **解析** 项目总预算=110 万元，BAC=90+10=100。AC=70，EV=60，SPI=0.6，CPI=EV/AC=0.86，由此可知，项目进度滞后，成本超支。

非典型偏差：EAC=BAC+AC–EV=100+70-60=110。

典型偏差：EAC=BAC/CPI=100/0.86=116.27。

（22）**答案：C** **解析** SV=EV-PV。SV>0，进度超前；SV<0，进度滞后。

CV=EV-AC。CV>0，成本节约；CV<0，成本超支。

AC=110。

EV=130×90%=117。

PV=130。

SV=EV-PV=117-130=-13，SV<0，进度滞后。

CV=EV-AC=117-110=7，CV>0，成本节约。

（23）**答案：B** **解析** 进度偏差（SV）：是测量进度绩效的一种指标，表示为挣值与计划价值之差，它是指在某个给定的时点，项目提前或落后的进度。公式：SV=EV-PV。SV>0，进度超前；SV<0，进度滞后。当项目完工时，全部的计划价值都将实现（即成为挣值），进度偏差最终将等于 0。

项目①的 SV=EV-PV=1500-1200=300。
项目②的 SV=EV-PV=1800-1300=500。
项目③的 SV=EV-PV=1400-1200=200。
项目④的 SV=EV-PV=1250-1100=150。
500>300>200>150，经过比较，项目②的提前量最多，最有可能最早完工。

12.4 监理投资控制工作

- ___(1)___ 属于监理投资控制的任务。

  (1) A．计算、审核各项索赔金额

  B．确认招投标文件和合同文件中有关投资的条款

  C．确认工程成本估算、预算、标底等

  D．确认阶段性工作报告和付款申请

- 项目投资控制的基本措施不包括___(2)___。

  (2) A．组织措施　　　B．技术措施　　　C．纠偏措施　　　D．经济措施

- 项目投资控制的基本措施中，在项目监理机构中落实投资控制人员、任务分工和职能责任，属于___(3)___措施。

  (3) A．组织措施　　　B．合同措施　　　C．技术措施　　　D．经济措施

- 项目投资控制的基本措施中，审核承建单位编制的实施组织设计，对主要实施方案进行技术经济分析，属于___(4)___措施。

  (4) A．组织措施　　　B．合同措施　　　C．技术措施　　　D．经济措施

- 在项目投资控制中，严把质量关，可以减少返工现象、缩短验收时间、节省费用开支，属于采取了___(5)___基本措施。

  (5) A．组织措施　　　B．合同措施　　　C．技术措施　　　D．经济措施

- 某单位建设项目中，监理工程师采取了___(6)___措施，对承建单位制定了奖惩制度，促使承建单位合理堆置现场设备，避免和减少二次搬运。

  (6) A．组织措施　　　B．合同措施　　　C．技术措施　　　D．经济措施

- 信息工程价款的结算及付款控制的常用方法不包括___(7)___。

  (7) A．按工程标志性任务完成结算

  B．按旬（或月）预支，按旬结算

  C．按月（或分次）预支，完工后一次结算

  D．按工程进度预支，完工后一次结算

- ___(8)___不属于信息系统工程竣工结算的意义。

  (8) A．可以正确分析工程建设效果

B. 可以分析工程建设计划和设计预算实际执行情况

C. 可以分析总结项目成本使用中的经验和教训

D. 为修订预算定额提供依据资料

● 审核分析工程竣工结算是监理工程师对项目成本控制工作的一项重要内容，___(9)___ 不属于竣工结算重点审核的内容。

(9) A. 审核项目成本计划的执行情况　　B. 审核项目的各项费用支出是否合理

C. 审核报废损失和核销损失的真实性　　D. 审核项目的各项费用是否超出项目预算

答案及解析

(1) **答案：A** **解析** 监理投资控制的任务如下：

1）参与项目总投资目标的分析、论证、审核（在可行性研究的基础上，再做详细的分析、论证）。

2）对项目总投资切块、分解规划结果进行审核、确认、监督和提出实施建议。

3）审核承建单位编制的项目实施各阶段、各季度、各年等阶段性资金使用计划，并控制其执行，必要时对上述计划提出调整建议。

4）审核工程成本估算、预算、标底等。

5）在项目实施过程中，按阶段（例如月、季）进行投资计划值与实际值的比较，经常或定期向业主单位提交投资控制及其存在问题的报告。

6）对设计、实施、开发方法、器材和设备等多个方面进行必要的技术经济比较，提出有效的建议，从而挖掘节约投资、提高项目经济效益的潜力。

7）定期比较投资计划值与实际值，当实际值偏离计划值时，分析偏差原因，采取纠偏措施。

8）审核招投标文件和合同文件中有关投资的条款。

9）审核阶段性工作报告和付款申请。

10）计算、审核各项索赔金额。

(2) **答案：C** **解析** 监理投资控制措施有：组织措施、技术措施、经济措施、合同措施。

(3) **答案：A** **解析** 组织措施包括如下内容：

1）在项目监理机构中落实投资控制人员、任务分工和职能责任。

2）编制各阶段投资控制计划和详细的工作流程。

(4) **答案：C** **解析** 技术措施包括如下内容：

1）监督承建单位制定先进的、经济合理的技术实施方案，以达到缩短工期、提高质量、降低成本的目的。

2）对设计变更进行技术经济比较，严格控制设计变更。

3）持续寻找通过设计挖潜节约投资的可能性。

4）审核承建单位编制的实施组织设计，对主要实施方案进行技术经济分析。

5）严把质量关，可以减少返工现象、缩短验收时间、节省费用开支。

（5）**答案：C 解析** 技术措施包括如下内容：

1）监督承建单位制定先进的、经济合理的技术实施方案，以达到缩短工期、提高质量、降低成本的目的。

2）对设计变更进行技术经济比较，严格控制设计变更。

3）持续寻找通过设计挖潜节约投资的可能性。

4）审核承建单位编制的实施组织设计，对主要实施方案进行技术经济分析。

5）严把质量关，可以减少返工现象、缩短验收时间、节省费用开支。

（6）**答案：D 解析** 经济措施包括如下内容：

1）人工费控制。主要是建议承建单位改善劳动组织，减少窝工浪费；实行合理的奖惩制度；加强技术教育和培训工作；加强劳动纪律，严格控制非项目人员比例。

2）设备、软件及开发、实施费控制管理。主要是改进设备、软件的采购、运输、收发、保管、安装调试及软件开发等方面的工作，减少各个环节的损耗，节约采购费用；合理堆置现场设备，避免和减少二次搬运；严格设备进场验收和限额领料制度；制定并贯彻节约设备的技术措施，合理使用设备，综合利用一切资源。

3）间接费及其他直接费控制。主要是精简不必要的人员和过程，合理配备承建单位的项目人员组成，节约技术实施管理费等。

（7）**答案：B 解析** 信息工程价款的结算及付款控制的常用方法如下：

1）按工程标志性任务完成结算。

2）按旬（或半月）预支，按月结算。

3）按月（或分次）预支，完工后一次结算。

4）按工程进度预支。

（8）**答案：A 解析** 竣工结算的意义如下：

1）可以正确分析成本效果。

2）可以分析工程建设计划和设计预算实际执行情况。

3）可以分析总结项目成本使用中的经验和教训。

4）为修订预算定额提供依据资料。

（9）**答案：D 解析** 重点审核分析以下内容：

1）审核项目成本计划的执行情况。

2）审核项目的各项费用支出是否合理。

3）审核报废损失和核销损失的真实性。

4）审核各项账目、统计资料是否准确完整。

5）审核项目竣工说明书是否全面系统。

第13章 合同管理

13.1 信息系统工程合同的内容及分类

- 关于分包合同的描述，不正确的是___(1)___。
    (1) A. 分包单位需要具备相应资质条件
        B. 信息系统工程主体结构的实施必须由承建单位自行完成
        C. 承建单位不得将其承包的全部建设项目转包给第三人
        D. 分包单位可以在分包项目的允许范围内再分包一次

- ___(2)___适用于项目工作量不大且能精确计算、工期较短、技术不太复杂、风险不大的项目。
    (2) A. 总价合同   B. 单价合同
        C. 成本加酬金合同   D. 分包合同

- ___(3)___适用范围比较广，其风险可以得到合理的分摊，并且能鼓励承建单位通过提高工效等手段从成本节约中提高利润。
    (3) A. 总价合同   B. 单价合同
        C. 成本加酬金合同   D. 分包合同

- ___(4)___适用于需要立即开展工作的工程项目、新型的工程项目，或风险很大的工程项目。
    (4) A. 总价合同   B. 单价合同
        C. 成本加酬金合同   D. 分包合同

- 某信息系统工程，业主单位将咨询、论证、分析、信息系统网络建设、信息系统软件建设等项目建设的全部任务一并发包给一个承建单位，由该承建单位负责项目的全部实施工作，此时业主单位应该与承建单位签订___(5)___。
    (5) A. 单项项目承包合同   B. 分包合同

C．总承包合同　　　　　　　　　　D．单价合同
● ＿＿（6）＿＿有利于吸引较多的承包商参与投标竞争，使业主单位有更大的选择余地，也有利于业主单位对信息系统工程的各个环节、各个阶段实施直接的监督管理。
　　（6）A．单项项目承包合同　　　　　B．分包合同
　　　C．总承包合同　　　　　　　　　　D．单价合同
● 合同确定的信息系统工程目标不包括＿＿（7）＿＿。
　　（7）A．工期　　　B．风险　　　C．质量　　　D．价格
● 信息系统工程合同的具体作用不包括＿＿（8）＿＿。
　　（8）A．确定工程主要目标和活动依据　　B．规定签约双方权利和义务
　　　C．确立合同类型　　　　　　　　　　D．确立监理工作依据
● 以下关于信息系统工程的特点，不正确的是＿＿（9）＿＿。
　　（9）A．投资额度较大、工期较长
　　　B．属于智力、知识密集型产业
　　　C．用户需求易随形势发展而急速变化
　　　D．技术应用不可预见成分多，风险管控难度较大
● 信息系统工程的特点决定了信息系统工程合同的内容较多，涉及工程设计、产品采购、实施等多个方面，关于信息系统工程合同内容的表述，不正确的是＿＿（10）＿＿。
　　（10）A．业主单位提交有关基础资料的期限
　　　B．项目费用和项目款的交付方式
　　　C．监理单位提交各阶段项目成果的期限
　　　D．甲乙双方的权利义务是合同的基本内容
● 如果合同当事人双方在信息系统工程建设过程中一旦出现争议问题，需要进行处理时应优先选择＿＿（11）＿＿方式。
　　（11）A．诉讼　　　B．仲裁　　　C．协商　　　D．调解

答案及解析

（1）**答案：D** 解析 分包的禁止性规定如下：
1）禁止转包。
2）禁止承包人将工程分包给不具备相应资质条件的单位。
3）禁止将项目分包给不具备相应资质条件的单位。
4）禁止再分包。
5）禁止分包主体结构。

（2）**答案：A** 解析 总价合同适用于项目工作量不大且能精确计算、工期较短、技术不太复杂、风险不大的项目。

（3）**答案：B　解析**　单价合同适用范围比较广，其风险可以得到合理的分摊，并且能鼓励承建单位通过提高工效等手段从成本节约中提高利润。

（4）**答案：C　解析**　成本加酬金合同适用于需要立即开展工作的工程项目、新型的工程项目，或风险很大的工程项目。

（5）**答案：C　解析**　总承包合同是指业主单位以总承包的方式与承建单位签订的合同。所谓信息系统工程的总承包，是指承建信息系统工程任务的总承包，即业主单位将信息系统工程的咨询、论证、分析、信息系统硬件建设、信息系统网络建设、信息系统软件建设等项目建设的全部任务一并发包给一个具备相应的总承包资质条件的承建单位，由该承建单位负责项目的全部实施工作，直至项目竣工，向业主单位交付经验收合格符合业主单位要求的信息系统工程的承包方式。

（6）**答案：A　解析**　单项承包合同指合同业主单位将信息系统工程中的咨询、论证、分析、信息系统硬件建设、信息系统网络建设和信息系统软件建设等不同的工作任务，分别发包给不同的承建单位，并与其签订相应的信息系统工程咨询合同、信息系统工程论证合同、信息系统工程硬件建设合同、信息系统工程网络建设合同和信息系统工程软件建设合同等。

单项项目承包方式有利于吸引较多的承包商参与投标竞争，使业主单位有更大的选择余地，也有利于业主单位对信息系统工程的各个环节、各个阶段实施直接的监督管理。这种发包方式较适用于那些对项目建设有较强管理能力的业主单位（发包人）。

（7）**答案：B　解析**　合同确定的信息系统工程目标主要包括三个方面：
1）信息系统工程工期。
2）信息系统工程质量、项目规模和范围。
3）信息系统工程价格。

（8）**答案：C　解析**　信息系统工程合同的作用如下：
1）确定工程主要目标和活动依据（目标包括信息系统工程工期、质量、价格）。
2）规定签约双方的权利和义务。
3）确立监理工作依据。

（9）**答案：A　解析**　信息系统工程的特点如下：
1）通常投资额度较大、工期短。
2）技术应用不可预见成分多，风险管控难度较大。
3）技术含量高，属于智力、知识密集型产业。
4）处于发展中的高科技领域，高新技术发展迅速。
5）就技术的继承程度而言，创新成分多，新开发的工作量大。
6）工程类型广泛，涉及国民经济的各行各业。
7）需要多种技术领域的综合与交叉应用。
8）用户需求易随形势发展而急速变化，甚至有许多要求超过新技术的发展。

（10）**答案：C　解析**　信息系统工程合同的内容如下：
1）业主单位与承建单位的权利与义务是合同的基本内容。

2）业主单位提交有关基础资料的期限。

3）项目的质量要求和验收标准。

4）承建单位提交各阶段项目成果的期限。

5）项目费用和项目款的交付方式。

6）知识产权归属。

7）项目变更的约定。

8）双方其他的协作条件。

9）违约责任。

10）争议处理。

（11）**答案：C 解析** 争议处理方式有如下三种：

1）协商。通过双方友好协商，达成相互理解，处理好争议事项。

2）仲裁。根据合同约定提交仲裁机关进行裁决并解决争议。

3）诉讼。在争议出现后协商未解决且未选择仲裁的情况下，当事人任何一方可选择向人民法院提起诉讼，请求人民法院对合同争议依法予以处理。

这三种方式中，应优先选择协商的方式。

13.2 信息系统工程合同管理的内容与基本原则

- 在合同管理时，监理工程师的主要工作内容包括合同签订管理、合同履行管理和____(1)____管理。

    （1）A．合同的变更　　　　　　　　B．合同的档案

    　　　C．合同的索赔　　　　　　　　D．合同的范围

- 在信息系统工程监理工作中，合同管理是监理最主要的任务之一。合同管理的工作内容不包括____(2)____。

    （2）A．及时分析合同的执行情况，并进行跟踪管理

    　　　B．协调业主单位与承建单位有关索赔及合同纠纷的事宜

    　　　C．制定信息系统工程的合同管理制度，并通知业主单位和承建单位

    　　　D．协助业主单位拟定信息系统工程合同的各类条款，参与业主单位和承建单位的谈判活动

- 合同管理中，履行管理的重点是____(3)____。

    （3）A．合同分析　　　　　　　　　B．项目索赔管理

    　　　C．合同档案的管理　　　　　　D．合同控制

- 合同管理中，合同管理的基础是____(4)____。

    （4）A．合同分析　　　　　　　　　B．项目索赔管理

    　　　C．合同档案的管理　　　　　　D．合同控制

- 监理单位在信息系统工程监理过程中针对各类合同的管理需遵循合同管理原则，有关合同管理

合同管理　第 13 章

的原则不包括___(5)___原则。

(5) A．事后总结　　B．实时纠偏　　C．充分协商　　D．公正处理

● 监理工程师在进行合同管理时，应恪守职业道德，本着客观、公正的态度，以事实为依据，以合同为准绳，做出公正的决定。这体现了信息系统工程合同管理的___(6)___原则。

(6) A．充分协商　　B．实时纠偏　　C．事后总结　　D．公正处理

● 信息系统工程合同管理原则中，___(7)___原则目的是进行项目风险预测，并采取相应的防范性对策，尽量减少承建单位提出索赔的可能。

(7) A．充分协商　　B．实时纠偏　　C．事前预控　　D．公正处理

答案及解析

(1) **答案：B**　解析　监理工作在合同管理中的主要内容如下：
1) 合同的签订管理。
2) 合同的档案管理。
3) 合同的履行管理。

(2) **答案：C**　解析　合同管理的工作内容如下：
1) 拟定信息系统工程的合同管理制度，其中应包括合同的拟定、会签、协商、修改、审批、签署、保管等工作制度及流程。
2) 协助业主单位拟定信息系统工程合同的各类条款，参与业主单位和承建单位的谈判活动。
3) 及时分析合同的执行情况，并进行跟踪管理。
4) 协调业主单位与承建单位有关索赔及合同纠纷的事宜。

(3) **答案：B**　解析　合同履行管理的内容如下：
合同履行管理的依据：合同分析。
合同履行管理的方式：合同控制。
合同履行管理的保证：合同监督。
合同履行管理的重点：项目索赔管理。

(4) **答案：C**　解析　合同管理的基础是合同档案的管理。

(5) **答案：A**　解析　合同管理的基本原则如下：
1) 事前预控原则。
2) 实时纠偏原则。
3) 充分协商原则。
4) 公正处理原则。

(6) **答案：D**　解析　公正处理原则：监理工程师在进行合同管理时，应恪守职业道德，本着客观、公正的态度，以事实为依据，以合同为准绳，做出公正的决定。例如，在索赔过程中，合理的索赔应予以批准，不合理的索赔应予以驳回。

（7）**答案：C 解析** 事前预控原则目的是进行项目风险预测，并采取相应的防范性对策，尽量减少承建单位提出索赔的可能。

13.3 合同索赔的处理

- 索赔是指在合同履行过程中，对于并非自己的过错，而是应由对方或双方承担责任的情况造成的实际损失向对方提出经济补偿和（或）时间补偿的要求。下列关于索赔的叙述不正确的是___（1）___。

  （1）A．索赔的性质属于经济惩罚补偿行为

  B．索赔是挽回成本损失的重要手段

  C．索赔有利于业主单位、承建单位双方自身素质和管理水平的提高

  D．索赔是挽回成本损失的重要手段

- 索赔是指在合同履行过程中，对于并非自己的过错，而是应由对方或双方承担责任的情况造成的实际损失向对方提出经济补偿和（或）时间补偿的要求。下列关于索赔的叙述不正确的是___（2）___。

  （2）A．国家、部门和地方有关信息系统工程的标准、规范和文件

  B．实施合同履行过程中与索赔事件有关的凭证

  C．本项目的实施合同文件，包括招投标文件等

  D．反索赔是指承建单位向业主单位提出的索赔

- 监理工程师在处理索赔时，应认真研究索赔报告，充分听取业主单位和承建单位的意见，主动与双方协商，力求取得一致同意的结果，这体现了索赔事件处理的___（3）___原则。

  （3）A．预防为主 B．必须以合同为依据

  C．公平合理 D．协商

- 索赔事件处理的原则不包括___（4）___方法。

  （4）A．授权的原则 B．必须注意资料的积累

  C．科学的原则 D．及时、合理地处理索赔

答案及解析

（1）**答案：A 解析** 索赔的性质属于经济补偿行为，而不是惩罚，索赔属于正确履行合同的正当权利要求。

（2）**答案：D 解析** 反索赔是指业主单位向承建单位提出的索赔。

（3）**答案：D 解析** 协商原则是指监理工程师在处理索赔时，应认真研究索赔报告，充分听取业主单位和承建单位的意见，主动与双方协商，力求取得一致同意的结果。这样做不仅能圆满处理好索赔事件，也有利于顺利履行和完成合同。当然，在协商不成的情况下，监理工程师有权做

出合理决定。

（4）**答案：C** **解析** 索赔事件处理的原则如下：

1）预防为主原则。

2）必须以合同为依据。

3）公平合理原则。

4）协商原则。

5）授权的原则。

6）必须注意资料的积累。

7）及时、合理地处理索赔。

13.4 合同争议的处理

● 下列关于合同争议的叙述，错误的是＿＿（1）＿＿。

（1）A．合同争议的主体只包括自然人

B．合同争议的主体双方须是合同法律关系的主体

C．合同关系的实质是通过设定当事人的权利义务在合同当事人之间进行资源配置

D．丝毫不产生合同争议的市场经济社会是不存在的

● 当业主单位违约导致合同最终解除时，应按合同的规定从应得的款项中确定承建单位应得到的全部款项，其中应得的款项包括＿＿（2）＿＿。

（2）A．合同规定的承建单位应支付的违约金

B．对已完成项目进行检查和验收

C．检查实施现场遗留的可再利用的产品材料

D．按批准的采购计划订购项目材料、设备、产品的款项

● 监理单位接到合同争议调解要求后应进行的工作，描述不正确的是＿＿（3）＿＿。

（3）A．及时了解合同争议的全部情况，包括进行调查和取证

B．及时与合同争议的双方进行磋商

C．在项目监理单位提出调解方案后，由监理工程师进行争议调解

D．争议事宜处理完毕，只要合同未被放弃或终止，监理工程师应要求承建单位继续精心组织实施

答案及解析

（1）**答案：A** **解析** 合同争议的主体双方须是合同法律关系的主体。此类主体既包括自然人，也包括法人和其他组织。

（2）**答案：D** **解析** 当业主单位违约导致合同最终解除时，监理单位应就承建单位按实施

合同规定应得到的款项，与业主单位和承建单位进行协商，并应按合同的规定从下列应得的款项中确定承建单位应得到的全部款项，并书面通知业主单位和承建单位。

1）承建单位已完成的项目工作量表中所列的各项工作所得的款项。
2）按批准的采购计划订购项目材料、设备、产品的款项。
3）承建单位所有人员的合理费用。
4）合理的利润补偿。
5）合同规定的业主单位应支付的违约金。

（3）答案：C 解析 监理单位接到合同争议调解要求后应进行的工作如下：

1）及时了解合同争议的全部情况，包括进行调查和取证。
2）及时与合同争议的双方进行磋商。
3）在项目监理单位提出调解方案后，由总监理工程师进行争议调解。
4）当调解未能达成一致时，总监理工程师应在实施合同规定的期限内提出处理该合同争议的意见，同时对争议做出监理决定，并将监理决定书面通知业主单位和承建单位。
5）争议事宜处理完毕，只要合同未被放弃或终止，监理工程师应要求承建单位继续精心组织实施。

13.5　合同违约的管理

- 监理单位在处理双方违约过程中，应当本着公正、公平与合理的原则，积极协助、配合双方解决违约纠纷。具体工作思路叙述不正确的是___（1）___。
  - （1）A．在监理过程中发现违约事件可能发生时，应及时提醒有关方面，防止或减少违约事件的发生
  - B．受损失方可向项目监理单位提出违约事件的申诉
  - C．对已发生的违约事件，要以事实为根据，以合同约定为准绳，公平处理
  - D．处理违约事件只需认真听取业主单位意见即可
- 由于改变计划或提供的资料不准确而造成设计返工或增加工作量，应按实际工作量增加设计费用，属于业主单位违反信息系统工程合同___（2）___部分的责任。
  - （2）A．设计　　　　B．实施　　　　C．启动　　　　D．验收
- 不可抗力事件持续发生，承建单位通常应每隔___（3）___天向监理单位报告一次受害情况。
  - （3）A．3　　　　B．5　　　　C．7　　　　D．11
- 通常在不可抗力事件结束后___（4）___天内，承建单位须向监理单位提交清理和修复费用的正式报告及有关资料。
  - （4）A．11　　　　B．12　　　　C．13　　　　D．14
- 因不可抗力事件导致的费用及延误的工期，除合同另有约定外，下列方法叙述正确的是___（5）___。
  - （5）A．业主单位、承建单位人员伤亡均由业主单位负责，并承担相应费用

B．承建单位设备损坏及停工损失，由其业主单位承担

　　C．停工期间，承建单位应监理单位要求留在实施场地的必要的管理人员及保卫人员的费用由监理单位承担

　　D．项目所需清理、修复费用，由建设单位承担

答案及解析

　　（1）**答案：D** **解析** 监理单位在处理双方违约过程中具体工作思路如下：

　　1）在监理过程中发现违约事件可能发生时，应及时提醒有关方面，防止或减少违约事件的发生。

　　2）受损失方可向项目监理单位提出违约事件的申诉，监理工程师对违约事件进行调查、分析，提出处理方案。

　　3）对已发生的违约事件，要以事实为根据，以合同约定为准绳，公平处理。

　　4）在与双方协商一致的基础上，评估工期及费用损失的数量，由总监理工程师签发必要的凭证（例如监理通知）。

　　5）处理违约事件应在认真听取各方意见、在与双方充分协商的基础上确定解决方案。

　　6）由违约一方提出要全部或部分终止合同要求时，监理单位应慎重处理。

　　（2）**答案：A** **解析** 违反信息系统工程合同设计部分的责任。具体包括：

　　1）未按合同规定的时间提供有关设计的文件、资料及工作条件等，应承担由此造成承建单位设计停工的损失。

　　2）由于改变计划或提供的资料不准确而造成设计返工或增加工作量，应按实际工作量增加设计费用。

　　（3）**答案：C** **解析** 不可抗力事件持续发生，承建单位通常应每隔7天向监理单位报告一次受害情况。

　　（4）**答案：D** **解析** 通常在不可抗力事件结束后14天内，承建单位须向监理单位提交清理和修复费用的正式报告及有关资料。

　　（5）**答案：D** **解析** 因不可抗力事件导致的费用及延误的工期，通常双方按以下方法分别承担。

　　1）项目本身的损害、因项目损害导致第三方人员伤亡或财产损失以及运至实施场地用于实施的材料和待安装的设备的损害，由业主单位承担。

　　2）业主单位、承建单位人员伤亡由其所在单位负责，并承担相应费用。

　　3）承建单位设备损坏及停工损失，由其承建单位承担。

　　4）停工期间，承建单位应监理单位要求留在实施场地的必要的管理人员及保卫人员的费用由发包人承担。

　　5）项目所需清理、修复费用，由建设单位承担。

　　6）延误的工期相应顺延。

13.6 知识产权保护

- 知识产权指的是专利权、商标权、___(1)___、商业秘密专有权等人们对自己创造性的智力劳动成果所享有的民事权利。

  (1) A. 署名权　　　　B. 计算机文档　　C. 地理标志　　　D. 著作权

- 知识产权保护的意义不包括___(2)___。

  (2) A. 激励创新与发展　　　　　　　　B. 保护合法权益
  　　C. 推动国际交流与合作　　　　　　D. 维护竞争秩序

- 知识产权管理体制不包括___(3)___。

  (3) A. 战略管理体制　　　　　　　　　B. 集中管理体制
  　　C. 分散管理体制　　　　　　　　　D. 分门别类进行知识产权管理

- 关于知识产权保护的监理工作,下列叙述错误的是___(4)___。

  (4) A. 树立为业主单位和承建单位维权的意识
  　　B. 建议业主单位制定知识产权管理制度
  　　C. 监督业主单位实施知识产权管理制度
  　　D. 实施知识产权保护的监理措施

答案及解析

(1) **答案：D　解析**　知识产权指的是专利权、商标权、版权（也称著作权）、商业秘密专有权等人们对自己创造性的智力劳动成果所享有的民事权利。知识产权法就是保护这类民事权利的法律。

(2) **答案：B　解析**　知识产权保护的意义如下：
1）激励创新与发展。
2）维护竞争秩序。
3）推动国际交流与合作。

(3) **答案：A　解析**　知识产权管理体制包括：集中管理体制、分散管理体制、分门别类进行知识产权管理。

(4) **答案：C　解析**　知识产权保护的监理工作内容如下：
1）树立为业主单位和承建单位维权的意识。
2）建议业主单位制定知识产权管理制度。
3）监督承建单位实施知识产权管理制度。
4）实施知识产权保护的监理措施。

第14章 信息管理

14.1 信息系统工程的信息与信息管理

- 信息系统工程中的信息与工程项目的数据及资料等,既相互关联,又有一定的区别。下列关于数据与信息的叙述正确的是___(1)___。
  - (1) A. 信息是无组织和未经提炼的事实
    - B. 信息是一个单独的单位,其中包含不具有任何特定含义的原材料
    - C. 数据依赖于信息
    - D. 仅靠原始数据不足以做出决策

- 数据与信息的关系是:数据是信息的载体,信息是数据的___(2)___;只有当数据经加工处理后,具有确定价值而对决策产生支持时,数据才有可能成为信息。
  - (2) A. 佐证　　　　B. 实体　　　　C. 内涵　　　　D. 事实

- 由于信息系统工程项目及其技术经济的特点,使信息系统工程信息具___(3)___特点。
  ①现实性　②适时性　③复杂性　④价值性　⑤增值性
  - (3) A. ①③④　　　B. ①②③　　　C. ①②③⑤　　　D. ②③④⑤

- 监理单位进行信息管理的目的是促使承建单位通过有效的工程建设信息规划及其组织管理活动,为项目建设全过程或各阶段提供决策所需要的可靠信息,下列叙述错误的是___(4)___。
  - (4) A. 目的是促使承建单位通过有效的工程建设信息规划及其组织管理活动
    - B. 为监理工程师的决策提供依据
    - C. 便于对工程的沟通、变更、范围进行控制
    - D. 确定索赔的内容、金额和反索赔提供确凿的事实依据

● 关于监理信息管理工作的重要性，下列叙述错误的是___(5)___。

(5) A．信息是项目监理不可缺少的资源

B．信息是监理工程师实施控制的基础

C．信息是进行项目决策的依据

D．信息仅是监理工程师协调业主单位和承建单位之间关系的纽带

答案及解析

(1) **答案：D** 解析 数据与信息的区别见下表。

数据	信息
数据是无组织和未经提炼的事实	信息是在有意义的上下文中呈现的经过处理的、有组织的数据
数据是一个单独的单位，其中包含不具有任何特定含义的原材料	信息是一组共同具有逻辑意义的数据
数据不依赖于信息	信息取决于数据
仅靠原始数据不足以做出决策	信息足以做出决策

(2) **答案：C** 解析 数据与信息的关系是：数据是信息的载体，信息是数据的内涵；只有当数据经加工处理后，具有确定价值而对决策产生支持时，数据才有可能成为信息。

(3) **答案：C** 解析 信息系统工程信息具有如下特点：现实性、适时性、复杂性、共用性、增值性。

(4) **答案：C** 解析 监理信息管理工作的作用如下：

1）监理单位进行信息管理的目的是促使承建单位通过有效的工程建设信息规划及其组织管理活动，使项目相关方能及时、准确地获得有关的工程建设信息，以便为项目建设全过程或各阶段提供决策所需要的可靠信息。

2）通过对信息系统工程建设项目监理过程信息的采集、加工和处理，为监理工程师的决策提供依据，以便对工程的投资、进度、质量进行控制，同时也为确定索赔的内容、金额和反索赔提供确凿的事实依据。

(5) **答案：D** 解析 监理信息管理工作的重要性如下：

1）信息是项目监理不可缺少的资源。

2）信息是监理工程师实施控制的基础。

3）信息是进行项目决策的依据。

4）信息是监理工程师协调项目相关方之间关系的纽带。

14.2 信息资料管理方法

- 按信息的载体划分，信息系统工程建设信息包括___(1)___。
  - (1) A．投资控制信息、进度控制信息、质量控制信息、合同管理信息、组织协调信息
    - B．文字信息、语言信息、符号及图表信息、视频信息
    - C．招标及准备阶段的信息、设计阶段的信息、实施阶段的信息、验收阶段的信息
    - D．引导信息、辨识信息、符号及图表信息、视频信息
- 文档管理的注意事项包括___(2)___。
  ①格式应该统一　②版本的管理　③存档标准　④载体的管理
  - (2) A．①②③　　　B．②③④　　　C．①③④　　　D．①②③④
- 归集监理信息资料时的注意事项，下列叙述错误的是___(3)___。
  - (3) A．监理信息资料应及时整理、真实完整、分类有序
    - B．监理信息资料管理应由监理工程师负责，并指定监理员具体实施
    - C．监理信息资料应在各阶段监理工作结束后及时整理归档
    - D．监理信息资料编制及保存应按有关规定执行
- 监理单位应严格要求信息系统工程人员和编制组完成文档编制，并且在策略、标准、规程、资源分配和编制计划方面给予支持，监理单位的主要职责不包括___(4)___。
  - (4) A．按类别及时整理归档，要求真实齐全、纸张统一，编有检索目录，便于查询
    - B．建立编制、登记、出版、分发系统文档和软件文档的各种策略
    - C．把文档计划作为整个开发工作的一个组成部分
    - D．为文档的各个方面确定和准备各种标准和指南

答案及解析

(1) **答案：B**　**解析**　信息系统工程信息资料的划分如下。

按工程建设信息的性质划分：引导信息和辨识信息。

按工程建设信息的用途划分：投资控制信息、进度控制信息、质量控制信息、合同管理信息、组织协调信息及其他用途的信息等。

按工程建设信息的载体划分：文字信息、语言信息、符号及图表信息、视频信息等。

按工程阶段划分：招标及准备阶段的信息、设计阶段的信息、实施阶段的信息、验收阶段的信息、运行维护阶段的信息等。

(2) **答案：A**　**解析**　文档管理的注意事项包括：

1）文档的格式应该统一。

2）文档版本的管理。

3）关于文档的存档标准。

(3) **答案：B** **解析** 归集监理信息资料时的注意事项如下：
1）监理信息资料应及时整理、真实完整、分类有序。
2）监理信息资料的管理应由总监理工程师负责，并指定专人具体实施。
3）监理信息资料应在各阶段监理工作结束后及时整理归档。
4）监理档案的编制及保存应按有关规定执行。

(4) **答案：A** **解析** 监理单位的主要职责如下：
1）建立编制、登记、出版、分发系统文档和软件文档的各种策略。
2）把文档计划作为整个开发工作的一个组成部分。
3）建立确定文档质量、测试质量和评审质量的各种方法的规程。
4）为文档的各个方面确定和准备各种标准和指南。
5）积极支持文档工作以形成在开发工作中自觉编制文档的团队风气。
6）不断检查已建立起来的过程，以保证符合策略和各种规程，并遵守有关标准和指南。

14.3 监理相关信息分类

- 信息系统工程监理相关信息按照工程建设阶段可以划分为招标、设计、实施、验收阶段的信息，下列___(1)___属于设计阶段的信息。
  ①需求规格说明书　②测试计划　③数据库设计说明书
  ④承建合同及附件　⑤设备安装记录
  (1) A. ①②③　　　　B. ②③④　　　　C. ①③④　　　　D. ①②③④

- 信息系统工程监理相关信息按照工程建设阶段可以划分为招标、设计、实施、验收阶段的信息，下列___(2)___不属于实施阶段的信息。
  (2) A. 软件测试记录　　　　　　B. 验收计划
  　　C. 系统错误记录　　　　　　D. 设备到货验收记录

- 信息系统工程监理相关信息按照监理角度可以划分为总控类文档、___(3)___、监理回复（批复）类文档、监理日志及内部文档。
  (3) A. 设计类文档　　　　　　　B. 验收类文档
  　　C. 监理外部文档　　　　　　D. 监理实施类文档

答案及解析

(1) **答案：A** **解析** 项目各建设阶段及信息分类见下表。

项目建设阶段		信息分类
项目准备期	招标阶段/准备阶段	招标文件、投标文件 中标通知书、承建合同及附件 项目计划、其他
项目实施期	设计阶段	需求规格说明书/功能界定书 概要设计说明书 详细设计说明书 数据库设计说明书 测试计划 验收计划 其他
	实施阶段	各单位质量作业记录 设备到货验收记录 设备安装记录 软件开发记录 软件测试记录 系统错误记录 其他
项目竣工期	验收阶段	测试报告、验收报告、工程竣工总结报告、其他

(2) 答案：B 同第（1）题。

(3) 答案：D 解析 信息系统工程监理相关信息按照监理角度可以划分为以下几种：
1）总控类文档。
2）监理实施类文档。
3）监理回复（批复）类文档。
4）监理日志及内部文档。

14.4 监理信息管理工作

- 信息管理是信息系统工程监理的一项重要工作内容，其中___(1)___是总控类文档。
  (1) A．工程监理意见　　　　　　B．监理实施细则
  　　C．监理总结报告　　　　　　D．监理月报
- 在监理信息管理工作中，___(2)___属于实施类文档。
  (2) A．工程质量监理文档　　　　B．采购计划
  　　C．总体监理意见　　　　　　D．项目组织实施方案
- ___(3)___不属于监理回复（批复）类文档。
  (3) A．工程监理意见　　　　　　B．培训监理意见

C．提交资料回复单　　　　　　　D．监理日报

- 在信息应用系统建设工程中，监理应督促承建单位注意文档的编写工作，以确保每一阶段的结果都能得到清楚的描述和审查，＿＿（4）＿＿属于测试阶段的文档。

（4）A．项目开发总结报告　　　　　B．测试计划
　　　C．用户手册　　　　　　　　　　D．接口设计说明

答案及解析

（1）**答案：B** 解析 总控类文档包括：项目相关方的承建合同、设计方案、技术方案、项目组织实施方案、项目进度计划、质量保证计划、采购计划、监理大纲、监理规划及监理实施细则等文档。其他文档逻辑上都是从总控类文档派生出来的。

（2）**答案：A** 解析 监理实施类文档包括：工程变更监理文档、工程进度监理文档、工程质量监理文档、监理报告（监理日报、监理周报、监理月报、专题报告、工程验收监理报告、监理总结报告）等。

（3）**答案：D** 解析 监理回复（批复）类文档包括：总体监理意见、工程监理意见、培训监理意见、专题监理意见、其他监理意见、提交资料回复单等。

（4）**答案：A** 解析 承建单位信息应用系统文档详见下表。

文档	计划	需求分析	设计	实现	测试	运行与维护
可行性分析（研究）报告	■					
软件开发计划	■					
软件配置管理计划	■					
软件质量保证计划	■					
软件需求规格说明		■				
接口需求规格说明		■				
系统/子系统设计说明			■			
软件（结构）设计说明			■			
接口设计说明			■			
数据库（顶层）设计说明			■			
用户手册		■		■		
操作手册				■		
测试计划				■		

续表

文档	计划	需求分析	设计	实现	测试	运行与维护
测试报告					■	
开发进度月报	■■■■■■■■■■■■■■■					
项目开发总结报告					■	
软件产品规格说明				■		
软件版本说明						■

第15章 组织协调

15.1 组织协调的概念与内容

- 系统外部的协调分类中不包括___(1)___。
  - (1) A. 业主单位与供应商协调　　　　B. 与服务部门和传媒协调
  　　　C. 与社会团体主管部门机构　　　D. 业主单位与设计单位协调
- 社会团体是一个人际关系系统，社团关系的协调不包括___(2)___。
  - (2) A. 上下级关系系统　　　　　　　B. 领导者之间的关系系统
  　　　C. 供应商之间的关系系统　　　　D. 同事之间的关系系统
- 社会团体人际关系与其他单位人际关系相比，其特征既有共性方面又有个性方面。主要特征不包括___(3)___。
  - (3) A. 显性交往关系　　　　　　　　B. 权力交往关系
  　　　C. 多重交往关系　　　　　　　　D. 隐秘交往关系

答案及解析

(1) **答案：D**　解析　系统外部的协调分类如下图所示。

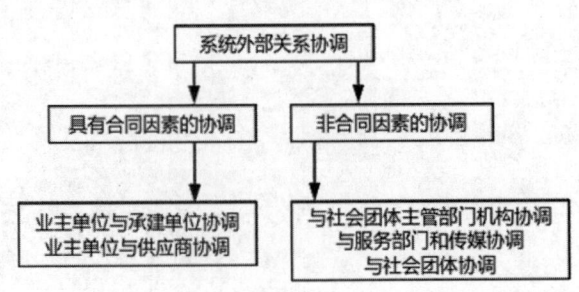

```
                系统外部关系协调
                ／          ＼
      具有合同因素的协调    非合同因素的协调
            ↓                  ↓
      业主单位与承建单位协调   与社会团体主管部门机构协调
      业主单位与供应商协调     与服务部门和传媒协调
                             与社会团体协调
```

(2) **答案：C** **解析** 社团关系的协调包括：

1）上下级关系系统。

2）领导者之间的关系系统。

3）同事之间的关系系统。

(3) **答案：A** **解析** 社会团体人际关系的主要特征包括：

1）权力交往关系。

2）多重交往关系。

3）隐秘交往关系。

15.2 组织协调的基本原则

- 组织协调涉及业主单位、承建单位等多方关系，它贯穿信息系统工程建设的全过程，贯穿监理活动的全过程。____(1)____不属于组织协调过程应坚持的原则。

  (1) A．诚信原则　　　　　　　　　B．守法原则
  　　C．公平、公正、保密原则　　　　D．科学原则

- 监理单位在处理事务时，敢于坚持正确观点，实事求是，不唯上级领导和业主单位的意见是从，有大局观，要全面地分析和思考，保持对问题的综合分析能力，不要被表面现象或局部问题所干扰。这体现了组织协调____(2)____原则。

  (2) A．诚信　　　　　　　　　　　B．公平、公正、独立
  　　C．守法　　　　　　　　　　　D．科学

- 监理只在核定的业务范围内开展相应的监理工作，遵守业主单位的有关行政管理、经济管理、技术管理等方面的规章制度要求。这体现了组织协调____(3)____原则。

  (3) A．诚信　　　　　　　　　　　B．公平、公正、独立
  　　C．守法　　　　　　　　　　　D．科学

- 监理在处理业务一定要有可靠的依据和凭证，判断问题时尽量用数据说服业主单位或承建单位，必要时，一定以书面材料说明立场和观点。这体现了组织协调____(4)____原则。

  (4) A．诚信　　　　　　　　　　　B．公平、公正、独立
  　　C．守法　　　　　　　　　　　D．科学

- 信息系统工程涉及的技术一日千里、变化快，监理工程师在不断提高个人的专业技能并在实践中不断丰富个人的从业经验的同时，也要不断提高对相关知识的综合应用能力，对事务熟练的判断能力和处理能力，更要学会把专业知识和相关的技术规范、法规、法律等运用到监理实践活动中。这体现了组织协调____(5)____原则。

  (5) A．诚信　　　　　　　　　　　B．公平、公正、独立
  　　C．守法　　　　　　　　　　　D．科学

答案及解析

(1) **答案：C** 解析 组织协调的基本原则包括：①诚信原则；②守法原则；③科学原则；④公平、公正、独立原则。

(2) **答案：B** 解析 公平、公正、独立原则的具体内容如下：

1）监理单位应是独立的第三方，不能同时既做信息系统工程的监理，又做系统集成业务。

2）监理单位在处理事务时，敢于坚持正确观点，实事求是，不唯上级领导和业主单位的意见是从。

3）监理单位在处理实际监理事务中，要有大局观，要全面地分析和思考，保持对问题的综合分析能力，不要被表面现象或局部问题所干扰。

4）信息系统工程涉及的技术一日千里、变化快，监理工程师在不断提高个人的专业技能并在实践中不断丰富个人的从业经验的同时，也要不断提高对相关知识的综合应用能力，对事务熟练的判断能力和处理能力，更要学会把专业知识和相关的技术规范、法规、法律等运用到监理实践活动中。

(3) **答案：C** 解析 守法原则的具体内容如下：

1）监理只在核定的业务范围内开展相应的监理工作。

2）与业主单位的监理合同具备法律效力，一旦生效就要严格地遵照执行和践约，不得无故或故意违背承诺，否则可能将是违法行为，要承担相应的责任。

3）自觉遵守业主单位所在地政府颁布的有关信息系统工程建设的法律、法规要求，并主动接受当地有关部门的指导和监督管理。

4）遵守业主单位的有关行政管理、经济管理、技术管理等方面的规章制度要求。

(4) **答案：D** 解析 科学原则的具体内容如下：

1）在监理实践中，要依据科学的方案（例如监理规划），运用科学的手段（例如测试设备或测试工具软件），采取科学的办法（例如收集数据），并在项目结束后，进行科学的总结（例如信息归纳整理）。

2）监理要用科学的思维、科学的方法，对核心问题有预先控制措施上的认识，凡事要有证据，处理业务一定要有可靠的依据和凭证，判断问题时尽量用数据说服业主单位或承建单位，必要时，一定以书面材料（例如专题监理报告）说明立场和观点。

(5) **答案：B** 解析 同第（2）题。

15.3 监理组织协调工作

● 下列关于监理会议的叙述，不正确的是___(1)___。

(1) A. 会议成功的关键原则是确保每个人到场

B. 在会后24小时之内形成会议纪要，适时公布会议成果

C. 会议纪要由总监理工程师根据会议记录整理

D. 会议纪要的内容应真实，简明扼要

- 关于会议过程把握的原则，下列叙述错误的是___(2)___。

    (2) A. 必须由监理工程师详细记录，方便以后查阅

    B. 准确把控会议的目的，执行会议和议程

    C. 会议要达成预期结果或形成会议决议

    D. 尽量不要超过会议原定的计划时间

- 下列关于监理专题会议的叙述，不正确是___(3)___。

    (3) A. 监理单位通常会依据现场工程进度情况，定期或不定期召开不同层级的现场协调会，解决工作过程中的相互配合问题

    B. 对于因突发性变更事件引起的进度问题，监理单位会召开紧急事件协调会

    C. 专题会议通常包括技术讨论会、现场（项目组织）协调会等。

    D. 专题会议是为解决专门问题而召开的会议，只能由总监理工程师主持

- ___(4)___不属于监理实施类文档。

    (4) A. 监理规划　　　　　　　　B. 项目变更控制文档

    C. 监理报告　　　　　　　　D. 项目验收报告

- ___(5)___不属于人际交往条件形成的影响因素。

    (5) A. 外表问题　　　　　　　　B. 性格的类似性

    C. 时空上的接近　　　　　　D. 需求的互补性

- 监理工程师在从事监理工作时，应同建设单位和承建单位建立良好的人际关系，还需要创造人际交往的条件。监理工程师小王采取积极的态度与项目经理加强交往、增加交往频率，这是通过___(6)___创造了良好的人际交往条件。

    (6) A. 外表问题　　　　　　　　B. 态度的类似性

    C. 时空上的接近　　　　　　D. 需求的互补性

答案及解析

(1) 答案：C　解析　会议纪要由监理工程师根据会议记录整理。

(2) 答案：A　解析　会议过程把握的原则如下：

1）准时开始会议。

2）指定记录员详细记录，方便以后查阅。

3）准确把控会议的目的，执行会议和议程。

4）确保会议效率，应保证会议在计划时间内顺利进行。

5）会议要达成预期结果或形成会议决议。

6）尽量不要超过会议原定的计划时间。

7）评价会议进程。

（3）**答案：D** **解析** 专题会议是为解决专门问题而召开的会议，由总监理工程师或授权监理工程师主持。

（4）**答案：A** **解析** 监理实施类文档主要包括：项目变更控制文档、进度控制文档、质量控制文档、监理报告（监理日报、监理月报、专题报告、监理总结报告）、项目验收报告等。

（5）**答案：B** **解析** 人际交往条件形成的影响因素如下：

1）外表问题。

2）态度的类似性。

3）需求的互补性。

4）时空上的接近。

（6）**答案：C** **解析** 时空上的接近往往表现在居住距离的远近和人与人之间相互交往频率这两个方向。

第 16 章 项目管理

16.1 项目及项目管理的重要性

- 关于项目的描述，不正确的是___(1)___。
  - (1) A. 可交付成果只能是有形的
      B. 实现项目目标可能会产生一个或多个可交付成果
      C. 项目的"临时性"是指项目有明确的起点和终点
      D. "临时性"并不一定意味着项目的持续时间短
- ___(2)___不是项目。
  - (2) A. 开发或购买新的信息系统　　　B. 参加信息系统监理师考试
      C. 建一个酒店　　　　　　　　　D. 每天去食堂就餐
- "项目的临时性"的含义是指___(3)___。
  - (3) A. 项目的工期短　　　　　　　　B. 每个项目有明确的起点和终点
      C. 项目可以随时取消　　　　　　D. 项目未来完成时间未定
- 项目可宣告结束的情况不包括___(4)___。
  - (4) A. 不会或不能达到目标　　　　　B. 项目资金耗尽或不再获得资金支持
      C. 资料整理与后期工作安排　　　D. 无法获得所需的进度或成本资源
- 项目成功的标准与目标不包括___(5)___。
  - (5) A. 完成项目效益管理计划
      B. 组织从"当前状态"成功转移到"结束状态"
      C. 达到可行性研究与论证的非财务目标
      D. 将可交付成果整合到组织的运营环境中

答案及解析

（1）**答案：A 解析**
独特的产品、服务或成果。
1）可交付成果是指在某一过程、阶段或项目完成时，形成的独特并可验证的产品、成果或服务。
2）可交付成果可能是有形的，也可能是无形的。
3）实现项目目标可能会产生一个或多个可交付成果。
临时性工作。
1）项目的"临时性"是指项目有明确的起点和终点。
2）"临时性"并不一定意味着项目的持续时间短。

（2）**答案：D 解析** 项目有完整的生命周期，有开始，有结束，具有一次性、临时性的特点。

（3）**答案：B 解析** 临时性工作。
1）项目的"临时性"是指项目有明确的起点和终点。
2）"临时性"并不一定意味着项目的持续时间短。

（4）**答案：C 解析** 项目可宣告结束的情况包括如下内容：
1）达成项目目标。
2）不会或不能达到目标。
3）项目资金耗尽或不再获得资金支持。
4）对项目的需求不复存在。
5）无法获得所需的人力或物力资源。
6）出于法律或其他原因终止项目等。

（5）**答案：B 解析** 项目成功的标准与目标。
1）完成项目效益管理计划。
2）达到可行性研究与论证中记录的已商定的财务测量指标，可能包括：净现值（NPV）、投资回报率（ROI）、内部报酬率（IRR）、回收期（PBP）和效益成本比率（BCR）。
3）达到可行性研究与论证的非财务目标。
4）组织从"当前状态"成功转移到"将来状态"。
5）履行合同条款和条件。
6）达到组织战略、目的和目标，使干系人满意。
7）使干系人满意。
8）可接受的客户/最终用户的采纳度。
9）将可交付成果整合到组织的运营环境中。
10）满足商定的交付质量。
11）遵循治理规则。
12）满足商定的其他成功标准或准则（例如过程产出率）等。

16.2 项目环境

- 在___(1)___组织结构中,项目经理为兼职,工作角色指定与否不限。
  (1) A. 职能(集中式)　　B. 矩阵-强　　　C. 项目导向　　　D. 混合型
- PMO 有多种类型,其中___(2)___PMO 担当顾问的角色,向项目提供模板、最佳实践、培训,以及来自其他项目的信息和经验教训。
  (2) A. 控制型　　　　　B. 指令型　　　　C. 支持型　　　　D. 战略型
- PMO 的一个主要职能是通过各种方式向项目经理提供支持,这些方式不包括___(3)___。
  (3) A. 对 PMO 所辖部分重要项目的共享资源进行管理
  　　B. 识别和制定项目管理方法、最佳实践和标准
  　　C. 制定和管理项目政策、程序、模板及其他共享的文件
  　　D. 对跨项目的沟通进行协调

答案及解析

(1) **答案:A**　**解析**　组织结构对项目的影响见下表。

组织结构类型	项目特征					
	工作安排人	项目经理批准	项目经理的角色	资源可用性	项目预算管理人	项目管理人员
系统型或简单型	灵活;人员并肩工作	极少或无	兼职;工作角色(如协调员)指定与否不限	极少或无	负责人或操作员	极少或无
职能(集中式)	正在进行的工作(例如,设计、制造)	极少或无	兼职;工作角色(如协调员)指定与否不限	极少或无	职能经理	兼职
多部门(职能可复制,各部门几乎不会集中)	其中之一:产品、生产过程、项目组合、项目集、地理区域、客户类型	极少或无	兼职;工作角色(如协调员)指定与否不限	极少或无	职能经理	兼职
矩阵-强	按工作职能,项目经理作为一个职能	中到高	全职;指定工作角色	中到高	项目经理	全职
矩阵-弱	工作职能	低	兼职:作为另一项工作的组成部分,并非指定工作角色,如协调员	低	职能经理	兼职
矩阵-均衡	工作职能	低到中	兼职:作为一种技能的嵌入职能,不可以是指定工作角色(如协调员)	低到中	混合	兼职

129

续表

组织结构类型	项目特征					
	工作安排人	项目经理批准	项目经理的角色	资源可用性	项目预算管理人	项目管理人员
项目导向（复合、混合）	项目	高到几乎全部	全职指定角色	高到几乎全部	项目经理	全职
虚拟	网络架构，带有与他人联系的节点	低到中	全职或兼职	低到中	混合	全职或兼职
混合型	其他类型的混合	混合	混合	混合	混合	混合
PMO	其他类型的混合	高到几乎全部	全职指定工作	高到几乎全部	项目经理	全职

（2）**答案：C** 解析 PMO 有如下几种类型。

1）支持型：PMO 担当顾问的角色，向项目提供模板、最佳实践、培训，以及来自其他项目的信息和经验教训。这种类型的 PMO 其实就是一个项目资源库，对项目的控制程度很低。

2）控制型：PMO 不仅给项目提供支持，而且通过各种手段要求项目服从，这种类型的 PMO 对项目的控制程度属于中等。

3）指令型：PMO 直接管理和控制项目。项目经理由 PMO 指定并向其报告。这种类型的 PMO 对项目的控制程度很高。

（3）**答案：A** 解析 PMO 的一个主要职能是通过各种方式向项目经理提供支持，这些方式包括如下内容：

1）对 PMO 所辖全部项目的共享资源进行管理。

2）识别和制定项目管理方法、最佳实践和标准。

3）指导、辅导、培训和监督。

4）通过项目审计，监督项目对项目管理标准、政策、程序和模板的合规性。

5）制定和管理项目政策、程序、模板及其他共享的文件（组织过程资产）。

6）对跨项目的沟通进行协调等。

16.3 PMBOK 项目管理知识体系

- 通用的生命周期结构具有的特征描述错误的是＿＿（1）＿＿。

   （1）A．成本与人力投入在开始时较低，在工作执行期间达到最高

   　　B．风险与不确定性在项目开始时最大

   　　C．做出变更和纠正错误的成本，随着项目越来越接近完成而显著降低

   　　D．成本与人力投入在工作执行期间达到最高

- 采用___(2)___生命周期的项目范围通常在项目生命周期的早期确定，但时间及成本会随着项目团队对产品理解的不断深入而定期修改。

    (2) A．预测型　　　　B．迭代型　　　　C．增量型　　　　D．适应型

- 采用___(3)___开发方法的生命周期适用于已经充分了解并明确确定需求的项目。在生命周期的早期阶段确定项目范围、时间和成本，对任何范围的变更都要进行严格管理，每个阶段只进行一次，每个阶段都侧重于某一特定类型的工作。

    (3) A．预测型　　　　B．迭代型　　　　C．增量型　　　　D．适应型

- 以下关于各生命周期之间的联系与区别叙述，错误的是___(4)___。

    (4) A．预测型针对最终可交付成果制订交付计划，然后在项目结束时一次交付最终产品
    　　B．适应型频繁交付对客户有价值的各个子集
    　　C．迭代型通过用新信息逐渐细化计划来控制风险和成本
    　　D．适应型通过对基本已知的情况编制详细计划来控制风险和成本

- 项目管理分为五大过程组，___(5)___明确项目范围、优化目标，并为实现目标制订行动计划。

    (5) A．规划过程组　　B．启动过程组　　C．执行过程组　　D．监控过程组

- 在适应型项目的过程组中，___(6)___先基于初始需求制订一套高层级的计划，再逐渐把需求细化到适合特定规划周期所需的详细程度。

    (6) A．规划过程组　　B．启动过程组　　C．执行过程组　　D．监控过程组

- 在项目管理十大知识领域中，___(7)___确保项目信息及时且恰当地规划、收集、生成、发布、存储、检索、管理、控制、监督和最终处置。

    (7) A．项目质量管理　　B．项目风险管理　　C．项目整合管理　　D．项目沟通管理

- 控制范围属于___(8)___过程组。

    (8) A．项目启动　　　B．项目规划　　　C．项目执行　　　D．项目监控

- 公司计划开发一个新的信息系统，该系统需求不明确，不断地发展变化，该系统的生命周期模型宜采用___(9)___生命周期。

    (9) A．增量型　　　　B．瀑布型　　　　C．迭代型　　　　D．适应型

- ___(10)___不属于项目执行过程组的工作内容。

    (10) A．管理质量　　　　　　　　　　　　B．实施风险应对
    　　　C．指导与管理项目工作　　　　　　D．制定预算

答案及解析

(1) **答案：C**　**解析**　通用的生命周期结构具有如下特征：

1）成本与人力投入在开始时较低，在工作执行期间达到最高，并在项目快要结束时迅速回落。

2）风险与不确定性在项目开始时最大，并在项目的整个生命周期中随着决策的制定与可交付成果的验收而逐步降低；做出变更和纠正错误的成本，随着项目越来越接近完成而显著增高。

（2）**答案：B**　**解析**　迭代型生命周期。采用迭代型生命周期的项目范围通常在项目生命周期的早期确定，但时间及成本会随着项目团队对产品理解的不断深入而定期修改。

（3）**答案：A**　**解析**　预测型生命周期。采用预测型开发方法的生命周期适用于已经充分了解并明确确定需求的项目，又称为瀑布型生命周期。在生命周期的早期阶段确定项目范围、时间和成本，对任何范围的变更都要进行严格管理，每个阶段只进行一次，每个阶段都侧重于某一特定类型的工作。

（4）**答案：D**　**解析**　生命周期之间的联系与区别见下表。

预测型	迭代型	增量型	适应型
需求在开发前预先确定	需求在交付期间定期细化		需求在交付期间频繁细化
针对最终可交付成果制订交付计划，然后在项目结束时一次交付最终产品	分次交付整体项目或产品的各个子集		频繁交付对客户有价值的各个子集
尽量限制变更	定期把变更融入项目		在交付期间实时把变更融入项目
关键干系人在特定里程碑点参与	关键干系人定期参与		关键干系人持续参与
通过对基本已知的情况编制详细计划来控制风险和成本	通过用新信息逐渐细化计划来控制风险和成本		随着需求和制约因素的显现而控制风险和成本

（5）**答案：A**　**解析**　项目管理分为如下五大过程组：

1）启动过程组：定义了新项目或现有项目的新阶段，授权一个项目或阶段的开始。

2）规划过程组：明确项目范围、优化目标，并为实现目标制订行动计划。

3）执行过程组：完成项目管理计划中确定的工作，以满足项目要求。

4）监控过程组：跟踪、审查和调整项目进展与绩效，识别变更并启动相应的变更。

5）收尾过程组：正式移交最终产品，完成或结束项目、阶段或合同。

（6）**答案：A**　**解析**　适应型项目中的过程组比较特殊：

1）启动过程组，需要定期开展启动过程，频繁回顾和重新确认项目章程，以确保项目在最新的制约因素内朝最新的目标推进。

2）规划过程组，先基于初始需求制订一套高层级的计划，再逐渐把需求细化到适合特定规划周期所需的详细程度。

3）执行过程组，通过迭代对工作进行指导和管理，每次迭代都是在一个很短的固定时间段内开展工作。

4）监控过程组，通过维护未完项的清单，对进展和绩效进行跟踪、审查和调整。

5）收尾过程组，对工作进行优先级排序，以便首先完成最具业务价值的工作。

（7）**答案：D**　**解析**　项目沟通管理。确保项目信息及时且恰当地规划、收集、生成、发布、存储、检索、管理、控制、监督和最终处置。

（8）**答案：D**　**解析**　项目范围管理过程见下表。

知识领域	启动	规划	执行	监控	收尾
项目范围管理		规划范围管理、收集需求、定义范围、创建 WBS		确认范围、控制范围	

(9) **答案：D 解析** 适应型生命周期。采用适应型开发方法的项目又称为敏捷型或变更驱动型项目，适合于需求不确定，不断发展变化的项目。

(10) **答案：D 解析** 项目管理的五大过程组和十大知识领域见下表。

知识领域	项目管理过程组				
	启动	规划	执行	监控	收尾
整合	制定项目章程	制订项目管理计划	指导与管理项目工作、管理项目知识	监控项目工作、实施整体变更控制	结束项目或阶段
范围		规划范围管理、收集需求、定义范围、创建 WBS		确认范围、控制范围	
进度		规划进度管理、定义活动、排列活动顺序、估算活动持续时间、制订进度计划		控制进度	
成本		规划成本管理、估算成本、制定预算		控制成本	
质量		规划质量管理	管理质量	控制质量	
资源		规划资源管理、估算活动资源	获取资源、建设团队、管理团队	控制资源	
沟通		规划沟通管理	管理沟通	监督沟通	
风险		规划风险管理、风险识别、实施定性风险分析、实施定量风险分析、规划风险应对	实施风险应对	监督风险	
采购		规划采购管理	实施采购	控制采购	
干系人	识别干系人	规划干系人参与	管理干系人参与	监督干系人参与	

16.4 项目管理与监理工作的关系

● 信息系统工程建设项目的实施涉及业主单位、承建单位、监理单位，三方都需要采用__(1)__的方法以完成其在项目实施中所肩负的责任。

(1) A．阶段管理　　　B．进度控制　　　C．项目管理　　　D．协调指挥

- 在项目管理中，业主单位重点参与实施项目的___(2)___工作。

　　(2) A. 立项管理与验收管理　　　　B. 采购管理与合同管理
　　　　C. 合同管理与文档管理　　　　D. 成本管理与进度管理

答案及解析

　　(1) **答案：C**　**解析**　信息系统工程建设项目的实施涉及业主单位、承建单位、监理单位，三方都需要采用项目管理的方法（简称"三方一法"）以完成其在项目实施中所肩负的责任。

　　(2) **答案：A**　**解析**　在项目管理中，业主单位重点参与实施项目的立项管理与验收管理工作。

第17章 变更控制

17.1 工程变更概述

- 信息系统工程技术更新快、需求变化频繁等特点也决定了其在实施过程中难免会遇到各种预料之外的变化，从而需要对项目进行调整和变更，下列___(1)___会造成信息系统工程变更。
  ①法律法规、行业标准及政策变化
  ②承建单位由于机构重组等自身原因造成业务流程变化
  ③项目范围的定义存在错误或遗漏
  ④项目执行过程与项目基准不一致带来的主动调整
  ⑤设计人员提出了新的设计方案
  　(1) A. ①②③④⑤　　　B. ①③⑤　　　C. ②③④⑤　　　D. ②④⑤
- 变更根据性质划分，可以分为重大变更、___(2)___和一般变更。
  　(2) A. 重要变更　　　B. 紧急变更　　　C. 非紧急变更　　　D. 普通变更
- 变更可能会导致工程所需要的原材料、工具或设备等生产要素发生种类、数量、功效上的变化。这属于工程变更带来的___(3)___。
  　(3) A. 影响项目范围
  　　　B. 影响工程进度、成本和质量
  　　　C. 影响工程需要的生产要素的需求和配置
  　　　D. 影响项目干系人
- 工程变更主要带来的影响不包括___(4)___。
  　(4) A. 影响工程的组织和人员　　　B. 影响项目干系人
  　　　C. 影响工程进度、成本和质量　　　D. 影响项目采购

答案及解析

（1）**答案：B**　**解析**　造成信息系统工程变更的原因如下：
1）项目外部环境发生变化，例如法律法规、行业标准及政策变化。
2）发生风险事件，为应对风险采取必要的调整措施。
3）业主单位由于机构重组等自身原因造成业务流程变化，或产生需求变化。
4）承建单位根据业主单位的要求，适当地调整设计方案或实施方案。
5）项目范围的定义存在错误或遗漏。
6）项目需求分析、总体设计不够充分详细，存在错误或遗漏。
7）项目执行过程与项目基准不一致带来的被动调整。
8）使项目增值，例如出现新技术，设计人员提出了新的设计方案或实现手段。

（2）**答案：A**　**解析**　工程变更的分类如下：
1）按变更的性质划分，可以分为重大变更、重要变更和一般变更。
2）按变更的迫切性划分，可以分为紧急变更、非紧急变更。

（3）**答案：C**　**解析**　影响工程需要的生产要素的需求和配置。
变更可能会导致工程所需要的原材料、工具或设备等生产要素发生种类、数量、功效上的变化。

（4）**答案：D**　**解析**　工程变更的影响包括如下内容：
1）影响项目范围。
2）影响工程进度、成本和质量。
3）影响工程需要的生产要素的需求和配置。
4）影响工程的组织和人员。
5）影响项目干系人。

17.2　变更控制原则

- ＿＿（1）＿＿不属于变更控制的基本原则。

　　（1）A．任何变更都要得到三方确认　　　　B．防止变更范围蔓延
　　　　C．三方都有权提出变更　　　　　　　　D．选择成本最小的方案

- 在项目实施过程中，变更处理越早，损失越小；变更处理越迟，难度越大，损失也越大。这体现变更控制＿＿（2）＿＿基本原则。

　　（2）A．快速响应变更申请　　　　　　　　B．明确界定变更目标
　　　　C．防止变更范围蔓延　　　　　　　　D．及时公布变更信息

- 如果变更后的项目目标模糊不清，在实施过程中就难以确定努力的方向，即使完成了项目，也难以确定是否达到了变更的预期效果。这体现变更控制＿＿（3）＿＿基本原则。

（3）A．快速响应变更申请　　　　　　B．明确界定变更目标
　　　C．防止变更范围蔓延　　　　　　D．加强变更评估

- 项目的范围、投资、工期是项目计划的主要因素，做出项目变更时，力求在尽可能小的变动幅度内对这些主要因素进行微调。这体现变更控制＿＿（4）＿＿基本原则。

（4）A．防止变更范围蔓延　　　　　　B．明确界定变更目标
　　　C．及时公布变更信息　　　　　　D．选择冲击最小的方案

答案及解析

（1）**答案：D**　**解析**　变更控制的基本原则如下：
1）快速响应变更申请。
2）任何变更都要得到三方确认。
3）明确界定变更目标。
4）防止变更范围蔓延。
5）三方都有权提出变更。
6）加强变更评估。
7）及时公布变更信息。
8）选择冲击最小的方案。

（2）**答案：A**　**解析**　快速响应变更申请。
在项目实施过程中，变更处理越早，损失越小；变更处理越迟，难度越大，损失也越大。因此监理单位在接到变更申请之后，应快速按照变更控制程序进行处理，并迅速协商确定是否可以变更。

（3）**答案：B**　**解析**　明确界定变更目标。
如果变更后的项目目标模糊不清，在实施过程中就难以确定努力的方向，即使完成了项目，也难以确定是否达到了变更的预期效果。

（4）**答案：D**　**解析**　选择冲击最小的方案。
项目的范围、投资、工期是项目计划的主要因素，做出项目变更时，力求在尽可能小的变动幅度内对这些主要因素进行微调。如果它们发生较大的变动，就意味着项目计划被彻底颠覆或失效，可能使项目陷入瘫痪状态。

17.3　变更控制方法

- 关于变更控制工作程序的描述，正确的是＿＿（1）＿＿。
　①及时了解变化　　②确定变更方法　　③接受变更申请　　④变更分析
　⑤变更效果评估　　⑥监控变更的实施　　⑦变更的初审
　（1）A．①③⑦②④⑤⑥　　　　　　B．①③⑦④②⑥⑤

　　　　C．②①④③⑦⑤⑥　　　　　　　　D．④①③②⑦⑤⑥
● ＿＿（2）＿＿不属于监理机构进行变更初审的目的。
　　（2）A．确认变更申请在承建合同约定的期限内提交
　　　　B．了解变更的实际情况，收集相关资料或信息，证明资料真实、齐全
　　　　C．分析变更对工程项目的整体影响
　　　　D．根据收集的变更信息，对变更申请单位施加影响，确认变更的必要性
● ＿＿（3）＿＿不属于变更分析与评估的内容。
　　（3）A．评估变更的合理性　　　　　　B．评估变更方案的可行性、合理性
　　　　C．评估变更工作量　　　　　　　D．明确界定变更的目标
● 要想控制好变更，必须有一个完备的变更控制系统，用系统化的方法识别、评估和控制变更。变更控制系统包括＿＿（4）＿＿。
　　①变更控制委员会　　　②项目验收小组　　　③变更控制程序
　　④变更信息的沟通过程　⑤项目管理办公室
　　（4）A．①②③④⑤　　B．①③④　　C．②③④　　D．②④⑤
● 在变更控制的数据分析技术中，＿＿（5）＿＿用于评估变更申请，并决定哪些可接受、应否决或需修改。
　　（5）A．备选方案分析　B．成本效益分析　C．专家判断　D．变更控制工具
● 在变更控制的数据分析技术中，投票可以采用的原则不包括＿＿（6）＿＿。
　　（6）A．一致同意　　B．独裁　　C．大多数同意　　D．相对多数同意

答案及解析

（1）**答案：B**　解析　变更控制的工作程序如下：
1）及时了解变化。
2）接受变更申请。
3）变更的初审。
4）变更分析。
5）确定变更方法。
6）监控变更的实施。
7）变更效果评估。

（2）**答案：C**　解析　监理机构变更初审的目的如下：
1）确认变更申请在承建合同约定的期限内提交。
2）了解变更的实际情况，收集相关资料或信息，证明资料真实、齐全。
3）检查工程变更单的格式与完整性，包括申请文件填写齐全、签字、印章手续完备等，确保下一步变更评估所需的信息准备充分。

4）明确界定变更的目标。

5）根据收集的变更信息，对变更申请单位施加影响，确认变更的必要性，对于完全没有必要的变更，可以驳回变更申请并给出监理意见，对于有必要的变更，可以进一步进行变更分析与评估。

（3）**答案：D** **解析** 变更分析与评估的内容如下：

1）分析变更对工程项目的整体影响。

2）评估变更的合理性。

3）评估变更方案的可行性、合理性。

4）评估变更工作量。

5）评估变更费用和工期。

（4）**答案：B** **解析** 变更控制系统包括如下内容：

1）变更控制委员会。

2）变更控制程序。

3）变更信息的沟通过程。

（5）**答案：A** **解析** 可用于变更控制的数据分析技术包括（但不限于）：

1）备选方案分析：用于评估变更申请，并决定哪些可接受、应否决或需修改。

2）成本效益分析：有助于确定变更申请是否值得投入相关成本。

（6）**答案：B** **解析** 投票可以采取一致同意、大多数同意或相对多数同意原则。

17.4 变更控制内容

- 在需求变更的控制措施中，在项目___(1)___阶段，监理工程师应确保按照约定的变更控制程序处理需求变更，需求变更应合规、可控，尤其需要注意对需求变更的确认，需求变更的内容也应及时反映在设计和实施方案中。

（1）A. 投标　　　　B. 招标　　　　C. 实施　　　　D. 验收

- 监理工程师对进度变更的控制措施描述错误的是___(2)___。

（2）A. 判断项目进度的当前状态，识别变更的可能性和必要性

B. 查明进度是否已经改变，及时通知承建单位并做监理日志

C. 对可能造成进度变更的因素施加影响

D. 确保按照约定的变更控制程序和时限要求处理进度变更

- 项目延期影响项目总体进度计划时，应要求承建单位修改项目总体进度计划，经___(3)___签认后，做工程备忘录。

（3）A. 建设单位　　B. 承建单位　　C. 监理单位　　D. 三方

- 总监可以签发暂停令的情形不包括___(4)___。

（4）A. 应承建单位的要求，项目需要暂停实施时

B. 发生必须暂停实施的紧急事件时

C. 由于项目质量问题，必须进行停工处理时

D. 由于项目进度问题，必须进行停工处理时

- 关于项目复工的描述，正确的是___(5)___。

(5) A. 项目暂停是由于业主单位原因时，监理工程师及时签发复工令

B. 项目暂停是由于承建单位原因时，监理工程师及时签发复工报审表

C. 项目暂停是由于承建单位原因时，应填写复工申请表报监理单位审批，由监理工程师签发审批意见

D. 项目暂停是由于业主单位原因时，总监理工程师及时签发监理通知单

- ___(6)___不属于合同变更控制的特性。

(6) A. 合同的双方当事人必须协商一致

B. 对合同变更的内容约定不明确的，推定为未变更

C. 改变合同的内容和条款

D. 合同变更的法律后果是将产生新的债权和债务关系

- ___(7)___不属于合同变更的条件。

(7) A. 只要双方当事人确实自愿协商同意即可

B. 由于不可抗力致使合同的全部义务不能履行

C. 由于另一方在合同约定的期限内没有履行合同，且在被允许的推迟履行期限内仍未履行

D. 合同的变更给另一方当事人造成损失的，除依法可以免责的以外，应由责任方负责赔偿

答案及解析

(1) 答案：C 解析 在项目实施阶段，监理工程师应确保按照约定的变更控制程序处理需求变更，需求变更应合规、可控，尤其需要注意对需求变更的确认，需求变更的内容也应及时反映在设计和实施方案中。

(2) 答案：B 解析 进度变更的控制措施包括如下内容：
1) 判断项目进度的当前状态，识别变更的可能性和必要性。
2) 对可能造成进度变更的因素施加影响。
3) 查明进度是否已经改变，及时报告业主单位并做工程备忘录。
4) 确保按照约定的变更控制程序和时限要求处理进度变更。

(3) 答案：D 解析 项目延期影响项目总体进度计划时，应要求承建单位修改项目总体进度计划，经三方签认后，做工程备忘录。

(4) 答案：D 解析 总监可以签发暂停令的情形如下：
1) 应承建单位的要求，项目需要暂停实施时。
2) 由于项目质量问题，必须进行停工处理时。
3) 发生必须暂停实施的紧急事件时。

（5）**答案：A** **解析** 项目由于业主单位或承建单位的原因暂停后，采用的复工办法如下：

1）如项目暂停是由于业主单位原因，或非承建单位原因时，监理工程师应在暂停原因消失、具备复工条件时，及时签发复工令，指令承建单位复工。

2）如项目暂停是由于承建单位原因，承建单位在具备复工条件时，应填写复工申请表报监理单位审批，由总监理工程师签发审批意见。

3）承建单位在接到同意复工的指令后，才能继续实施。

（6）**答案：C** **解析** 合同变更控制的特性如下：

1）合同的双方当事人必须协商一致。

2）对合同变更的内容约定不明确的，推定为未变更。

3）合同变更的法律后果是将产生新的债权和债务关系。

（7）**答案：A** **解析** 合同变更的条件如下：

1）双方当事人确实自愿协商同意，并且不因此而损害国家利益和社会公共利益的。

2）由于不可抗力致使合同的全部义务不能履行。

3）由于另一方在合同约定的期限内没有履行合同，且在被允许的推迟履行期限内仍未履行。

4）合同的变更给另一方当事人造成损失的，除依法可以免责的以外，应由责任方负责赔偿。

17.5 监理变更控制要点

● 下列关于变更受理控制要点的描述，错误的是___（1）___。

（1）A．所有变更请求都必须以书面形式进行记录

B．监理单位应及时对变更进行响应

C．应由总监理工程师主持审查和处理工程变更

D．监理工程师获得总监理工程师授权后，也可以主持审查和处理工程变更和延期

● 下列关于变更处理控制要点的描述，错误的是___（2）___。

（2）A．变更处理过程应满足承建合同中规定的时限要求

B．监理单位应对工程变更过程及结果做工程备忘录

C．变更处理过程应符合监理合同中约定的工程变更处理程序

D．承建单位未得到由业主单位和监理单位的同意，不允许对工程随意变更

● 下列关于变更实施的控制要点的描述，错误的是___（3）___。

（3）A．监理单位应根据双方签认的工程变更文件监督承建单位实施变更

B．工程发生变更后，承建单位可以提出变更工程价款的申请

C．监理单位的工程总结报告中应包括工程变更情况

D．监理单位应要求承建单位在变更文件签署前不得实施工程变更

● 信息安全项目在招标阶段，应检查___（4）___中对工程变更引发安全问题的处理方法。

（4）A．监理合同　　B．监理通知单　　C．承建合同　　D．变更文件

141

答案及解析

（1）**答案：D** **解析** 变更受理的控制要点如下：
1）招标阶段，监理单位应协助业主单位检查承建合同中的工程变更处理程序。
2）业主单位或承建单位提出的工程变更，应编制变更文件提交总监理工程师。
3）所有变更请求都必须以书面形式进行记录。
4）监理单位应及时对变更进行响应。
5）应由总监理工程师主持审查和处理工程变更，总监理工程师代表获得总监理工程师授权后，也可以主持审查和处理工程变更，但不包括对项目延期的审批。

（2）**答案：C** **解析** 变更处理的控制要点如下：
1）监理单位应了解工程变更的实际情况，收集相关资料或信息。
2）监理单位应根据实际情况，参考变更文件及其他有关资料，按照承建合同的有关条款，组织业主单位和承建单位对变更进行评估。
3）对变更的评估除了包括对工程变更自身的评估外，还应包括对项目计划、质量、进度和投资等产生的影响的评估。
4）变更处理过程应符合承建合同中约定的工程变更处理程序。
5）变更处理过程应满足承建合同中规定的时限要求。
6）监理单位应对工程变更过程及结果（包括变更有关的评估、计划、实施、验证等）做工程备忘录。
7）应严格控制变更，承建单位未得到业主单位和监理单位的同意，不允许对工程随意变更。

（3）**答案：A** **解析** 变更实施的控制要点如下：
1）监理单位应要求承建单位在变更文件签署前不得实施工程变更。
2）监理单位应根据三方签认的工程变更文件监督承建单位实施变更。
3）涉及合同变更的，监理单位应按照合同及法规的要求协助业主单位处理。
4）监理单位处理合同变更申请时，应协助保持合同、协议及其附件内容的时效性和一致性。
5）工程发生变更后，承建单位可以提出变更工程价款的申请，监理单位根据实际情况就工程变更费用与承建单位和业主单位进行协商。
6）如果产生变更费用，不能使用成本容许偏差或风险预留资金支付，可以采用以下办法解决资金的问题：
①使用变更预算（如果准备了该预算且额度够用）。
②请求业主单位增加投资预算。
③适当削减该项目其他部分的范围或预算。

（4）**答案：C** **解析** 信息安全项目在招标阶段，应检查承建合同中对工程变更引发安全问题的处理方法。

第18章 风险管理

18.1 风险管理概述

- 信息系统工程建设项目中常见的风险类型不包括___(1)___。
    (1) A. 技术风险　　　B. 干系人风险　　C. 质量风险　　D. 进度风险
- 在信息系统工程建设项目中常见的风险类型中，项目团队成员的离职、招聘、培训以及合作问题等可能对项目产生影响的风险属于___(2)___。
    (2) A. 管理风险　　　B. 法律和政策风险　C. 成本风险　　D. 人力资源风险
- 下列关于风险管理的描述，错误的是___(3)___。
    (3) A. 项目生命周期中有很多不确定性，一旦发生一定会对项目目标产生负面的影响
       B. 概率与影响是风险的两个核心属性
       C. 风险管理就是指合理地采取各种风险应对措施、管理方法和技术，对风险实行有效的管控
       D. 风险产生的后果，影响可能是消极的，也可能是积极的
- ___(4)___指风险产生的后果，影响可能是消极的，也可能是积极的。
    (4) A. 概率　　　　　B. 满意度　　　　C. 影响　　　　D. 连续性

答案及解析

(1) **答案：B 解析** 信息系统工程建设项目中常见的风险类型有：技术风险、需求变更风险、人力资源风险、管理风险、合同风险、质量风险、成本风险、进度风险、法律和政策风险、外部环境风险。

（2）**答案：D　解析**　信息系统工程建设项目中常见的风险类型如下。

1）技术风险：在项目开发过程中使用的技术和工具可能导致的问题。

2）需求变更风险：客户在项目执行过程中提出修改需求，导致项目进度延期、成本增加和质量下降的风险。

3）人力资源风险：项目团队成员的离职、招聘、培训以及合作问题等可能对项目产生影响的风险。

4）管理风险：项目过程中实施的管理措施和决策可能导致的问题。

5）合同风险：由于合同内容不清晰、条款不明确或未履行合同约定等原因导致项目风险的增加。

6）质量风险：质量不满足预期目标，可能导致客户不满意、返工等问题。

7）成本风险：成本超出预算或资源浪费，导致项目经济效益受损的风险。

8）进度风险：建设过程中，可能出现交付延误、未按计划完成等问题。

9）法律和政策风险：建设过程中，法律法规和政策变更等因素可能给项目带来的风险。

10）外部环境风险：自然灾害、市场竞争、宏观经济环境等因素可能对项目产生影响的风险。

（3）**答案：A　解析**　项目生命周期中有很多不确定性，一旦发生会对项目目标产生某种正面或负面的影响，这些不确定性就是风险。

（4）**答案：C　解析**　概率与影响是风险的两个核心属性。概率又称可能性，指某一事件发生的可能程度。影响，即风险产生的后果，影响可能是消极的，也可能是积极的。

18.2　风险管理过程

- 项目风险管理过程，正确的顺序是＿＿(1)＿＿。
  ①风险规划　②风险识别　③风险分析　④风险应对　⑤风险监控

  (1) A. ①②⑤③④　　B. ②①④③⑤　　C. ①②③④⑤　　D. ②①⑤③④

- 通过评估单个项目风险发生的概率和影响以及特征，对风险进行优先级排序，属于风险管理过程的＿＿(2)＿＿。

  (2) A. 定性分析　　B. 定量分析　　C. 风险识别　　D. 风险监控

- ＿＿(3)＿＿对已识别的项目风险统计可量化数据并建立数学模型进行分析。

  (3) A. 定性分析　　B. 定量分析　　C. 风险识别　　D. 风险监控

- 风险规划应遵循的原则不包括＿＿(4)＿＿。

  (4) A. 全面性原则　　B. 机动性原则　　C. 灵活性原则　　D. 职责的明确性原则

- 下列＿＿(5)＿＿不属于风险规划过程的主要依据。

  (5) A. 项目管理计划　　B. 组织过程资产　　C. 项目干系人　　D. 项目文档

- ＿＿(6)＿＿不属于风险识别的技术与方法。

  (6) A. 风险概率影响矩阵　　　　　　B. 情景分析

　　　　C. 头脑风暴　　　　　　　　D. SWOT分析
● 风险分析是对识别出的风险进行定性和定量的分析，为风险应对提供支持，风险定性分析的技术与方法不包括___(7)___。
　　(7) A. 故障树分析　　　　　　　B. 层次分析对风险紧迫性
　　　　C. 蒙特卡罗模拟　　　　　　D. 风险数据质量分析和评估
● 消极风险的应对策略不包括___(8)___。
　　(8) A. 接受　　　B. 回避　　　C. 增强　　　D. 转移
● 积极风险的应对策略不包括___(9)___。
　　(9) A. 回避　　　B. 开拓　　　C. 接受　　　D. 分享
● 同时适用于积极风险和消极风险的应对策略是___(10)___。
　　(10) A. 回避　　　B. 开拓　　　C. 接受　　　D. 分享
● 因时间紧，任务急，经过评估，某智能监控软件涉及的图像传输速度与精度指标难以满足用户需求，故项目团队欲将该软件开发分包给技术实力很强的企业完成。这种风险应对措施被称为风险___(11)___。
　　(11) A. 增强　　　B. 开拓　　　C. 转移　　　D. 分享

答案及解析

　　(1) **答案：C** 解析 风险管理的流程包括：风险规划、风险识别、风险分析、风险应对、风险监控。
　　(2) **答案：A** 解析 定性分析指通过评估单个项目风险发生的概率和影响以及特征，对风险进行优先级排序。
　　(3) **答案：B** 解析 定量分析指对已识别的项目风险统计可量化数据并建立数学模型进行分析。
　　(4) **答案：B** 解析 风险规划应遵循的原则包括：全面性原则；灵活性原则；职责的明确性原则。
　　(5) **答案：D** 解析 风险规划过程主要内容见下表。

主要依据	技术与方法	产出
项目管理计划 组织过程资产 项目干系人	常用形式：会议	风险管理计划

　　(6) **答案：A** 解析 风险识别的主要内容见下表。

主要依据	技术与方法	产出
项目管理计划 风险管理计划 项目文档 组织过程资产	专家判断及集体智慧（如头脑风暴、德尔菲、情景分析等） 图表分析（如风险核对表、SWOT分析、风险分解结构等）	风险登记册

（7）**答案：C** **解析** 风险定性分析的主要内容见下表。

主要依据	技术与方法	产出
风险管理计划 项目范围说明书 风险登记册 组织过程资产	专家判断 风险概率影响矩阵（定性评估） 故障树分析、层次分析对风险紧迫性、风险数据质量分析和评估	风险登记册更新

（8）**答案：C** **解析** 消极风险应对策略包括接受、回避、转移、减轻。

（9）**答案：A** **解析** 积极风险应对策略包括接受、开拓、分享、增强。

（10）**答案：C** **解析** 风险应对策略如下：

1）积极风险应对策略包括接受、开拓、分享、增强。

2）消极风险应对策略包括接受、回避、转移、减轻。

3）两者通用的应对策略是接受。

（11）**答案：C** **解析** 该风险属于消极风险。消极风险（或威胁）的应对策略包括接受、回避、转移、减轻。

18.3 风险评估技术与方法

- 在风险评估技术与方法中，___(1)___ 指激励一群知识渊博或经验丰富的人员畅所欲言，以发现潜在的项目风险、决策准则、应对办法等。

  （1）A．结构化访谈　　　　　　　　B．德尔菲法

  　　C．头脑风暴法　　　　　　　　D．情景分析

- 在风险评估技术与方法中，___(2)___ 主要用于识别风险或评估现有风险应对措施的效果，是为相关方提供数据来进行风险评估的有效方式，适用于某个过程或项目生命周期的任何阶段。

  （2）A．头脑风暴法　　　　　　　　B．检查表

  　　C．结构化访谈　　　　　　　　D．风险概率影响矩阵

- 访谈者会依据事先准备好的提纲向访谈对象提问，从而获取访谈对象对某个问题的看法，这属于风险评估技术与方法中的___(3)___。

  （3）A．结构化访谈　　B．德尔菲法　　C．头脑风暴法　　D．情景分析

- 在讨论过程中,团队成员之间不得互相讨论,只能与调查人员沟通。通过让团队成员填写问卷,集结意见,整理并共享,周而复始,最终获取共识,这属于风险评估技术与方法中的___(4)___。

  （4）A．半结构化访谈　　　　　　　B．德尔菲法
  　　　C．头脑风暴法　　　　　　　　D．情景分析

- 在风险评估技术与方法中,___(5)___通过假设、预测、模拟等手段,对未来可能发生的各种情景及其可能产生的影响进行分析的方法。

  （5）A．半结构化访谈　　　　　　　B．德尔菲法
  　　　C．头脑风暴法　　　　　　　　D．情景分析

- 在风险评估技术与方法中,___(6)___是一个风险或故障的控制清单,而这些清单通常是凭经验进行编制的。

  （6）A．检查表　　　　　　　　　　B．德尔菲法
  　　　C．故障树分析　　　　　　　　D．风险概率影响矩阵

- 在风险评估技术与方法中,___(7)___是一种逻辑演绎的分析工具,也是一种复杂系统的可靠性分析方法。用描绘事故发生的有向逻辑树分析事故的现象、原因及结果,从而找出预防事故的措施。

  （7）A．检查表　　　　　　　　　　B．德尔菲法
  　　　C．故障树分析　　　　　　　　D．风险概率影响矩阵

- 在风险评估技术与方法中,___(8)___能够帮助风险管理人员精准地确定风险的影响程度,确定敏感性因素和不敏感因素。

  （8）A．敏感性分析　　　　　　　　B．德尔菲法
  　　　C．故障树分析　　　　　　　　D．风险概率影响矩阵

答案及解析

（1）**答案：C**　**解析**　头脑风暴法是指激励一群知识渊博或经验丰富的人员畅所欲言,以发现潜在的项目风险、决策准则、应对办法等。

（2）**答案：A**　**解析**　头脑风暴法主要用于识别风险或评估现有风险应对措施的效果,是为相关方提供数据来进行风险评估的有效方式,适用于某个过程或项目生命周期的任何阶段。

（3）**答案：A**　**解析**　结构化访谈：访谈者会依据事先准备好的提纲向访谈对象提问,从而获取访谈对象对某个问题的看法。

（4）**答案：B**　**解析**　德尔菲法是依据一套系统的程序在一组专家中取得可靠共识的技术。在讨论过程中,团队成员之间不得互相讨论,只能与调查人员沟通。通过让团队成员填写问卷,集结意见,整理并共享,周而复始,最终获取共识。

（5）**答案：D**　**解析**　情景分析是通过假设、预测、模拟等手段,对未来可能发生的各种情景及其可能产生的影响进行分析的方法。情景分析可用来帮助决策并规划未来战略,也可以用来分

析现有的活动，在风险识别、风险分析中都可以发挥作用。

（6）**答案：A** 解析 检查表是一个风险或故障的控制清单，而这些清单通常是凭经验进行编制的。适用于项目生命周期的任何阶段，也可以作为其他风险评估技术的组成部分进行使用。

（7）**答案：C** 解析 故障树分析是一种逻辑演绎的分析工具，也是一种复杂系统的可靠性分析方法。用描绘事故发生的有向逻辑树分析事故的现象、原因及结果，从而找出预防事故的措施。

（8）**答案：A** 解析 敏感性分析也称为灵敏度分析，广泛用于分析各领域模型的变量对模型输出的影响程度，帮助确定重要及不重要的变量。敏感性分析能够帮助风险管理人员精准地确定风险的影响程度，确定敏感性因素和不敏感因素。

第 19 章 监理支撑要素

19.1 法律法规

- 根据《中华人民共和国民法典》合同编，当事人订立合同，可以采用___(1)___进行。
  - (1) A．书面形式 　　　　　　　　　　　B．口头形式
  　　　C．电子邮件形式 　　　　　　　　　D．以上都是
- 以下对《中华人民共和国民法典》合同编的描述，不正确的是___(2)___。
  - (2) A．采用数据电文形式订立合同的，收件人的主营业地为合同成立的地点；没有主营业地的，其住所地为合同成立的地点。当事人另有约定的，按照其约定
  　　　B．对格式条款有两种以上解释的，应当作出不利于提供格式条款一方的解释。格式条款和非格式条款不一致的，应当采用格式条款
  　　　C．无论合同是否成立，不得泄露或者不正当地使用商业机密或者信息
  　　　D．合同不生效、无效、被撤销或者终止的，不影响合同中有关解决争议方法的条款的效力
- 当事人就有关合同内容约定不明确，依据前条规定仍不能确定的，应该适用下列规定：___(3)___。
  - (3) A．质量要求不明确的，按照强制性国家标准履行；没有强制性国家标准的，按照推荐性国家标准履行
  　　　B．价款或者报酬不明确的，按照订立合同时收款方所在地的市场价格履行
  　　　C．履行期限不明确的，债务人可以随时履行，债权人也可以随时请求履行，无须给对方准备时间
  　　　D．履行费用的负担不明确的，由债权人负担
- 下列做法符合《中华人民共和国招标投标法》相关规定的是___(4)___。

（4）A．某项目的招标文件中详细介绍了招标人的名称和地址、招标项目的性质、数量、实施地点和时间、评标委员会组成名单以及获取招标文件的办法等事项

B．投标监督员有权对标书的密封情况进行检查，投标人之间也可以相互检查标书的密封情况

C．某项目在截止时间前仅收到了两份投标文件，招标人直至收到第三份投标文件后才宣布开标

D．某企业在中标之后，将主体工程分为三个部分，并将其中两个部分分别承包给其他单位

- 下列施工项目不属于必须招标范围的是___(5)___。
  （5）A．北京大型机场的信息化基础设施项目
  B．使用世界银行贷款的建设项目
  C．政府投资的信息安全建设项目
  D．施工主要技术采用特定专利的建设项目

- 以下对招标代理机构的描述，不正确的是___(6)___。
  （6）A．招标代理机构应该有从事招标代理业务的营业场所和相应资金
  B．行政机关和其他国家机关通过申请可担任招标代理机构
  C．任何单位和个人不得强制其委托招标代理机构办理招标事宜
  D．招标代理机构应有能够编制招标文件和组织评标的相应专业力量

- 根据《中华人民共和国政府采购法》，以下叙述中不正确的是___(7)___。
  （7）A．政府采购应当采购本国货物、工程和服务。但为在中国境外使用而进行采购的除外
  B．采购人可以委托经国务院有关部门或者省级人民政府有关部门认定资格的采购代理机构，在委托的范围内办理政府采购事宜
  C．只能从唯一供应商处采购的，可以依照本法采用单一来源方式采购
  D．政府采购项目的采购合同自签订之日起五个工作日内，采购人应当将合同副本报同级政府采购监督管理部门和有关部门备案

- 根据《中华人民共和国政府采购法》，___(8)___应作为政府采购的主要方式。
  （8）A．公开招标　　　B．邀请招标　　　C．竞争性谈判　　　D．单一来源采购

- 根据《中华人民共和国政府采购法》，当___(9)___时，采用邀请招标方式采购。
  （9）A．为在中国境外使用而进行采购的
  B．招标后没有供应商投标或者没有合格标的或者重新招标未能成立的
  C．具有特殊性，只能从有限范围的供应商处采购的
  D．采用招标所需时间不能满足用户紧急需要的

- 依据《中华人民共和国政府采购法》，采用竞争性谈判方式采购的，应当遵循下列程序___(10)___。
  ①成立谈判小组　②谈判　③确定成交供应商　④确定邀请参加谈判的供应商名单
  ⑤制定谈判文件

(10) A. ①②③④⑤　　B. ①⑤②④③　　C. ①⑤④②③　　D. ①④⑤②③
- 以下对于专利法的描述，不正确的是___(11)___。
  (11) A. 2020年10月17日第四次修正的《中华人民共和国专利法》通过，并于2021年6月1日正式实施
  　　 B. 执行本单位的任务或者主要是利用本单位的物质技术条件所完成的发明创造为职务发明创造，职务发明创造申请专利的权利属于该单位
  　　 C. 专利权授予最先申请的人
  　　 D. 发明专利权的期限为二十年，实用新型专利权和外观设计专利权的期限为八年，均自申请日起计算
- 以下对于著作权的说法，错误的是___(12)___。
  (12) A. 中国公民、法人或者非法人组织的作品，不论是否发表，依照本法享有著作权
  　　 B. 公民为完成法人或者非法人组织工作任务所创作的作品是职务作品，除本条第二款的规定以外，著作权由作者享有，但法人或者非法人组织有权在其业务范围内优先使用
  　　 C. 受委托创作的作品，著作权的归属由委托人和受托人通过合同约定。合同未作明确约定或者没有订立合同的，著作权属于受托人
  　　 D. 作者的署名权、修改权、保护作品完整权的保护期限为10年
- 根据著作权法相关规定，著作权属于公民时，发表权的保护期为___(13)___。
  (13) A. 10年　　　　　　　　　　　　B. 20年
  　　 C. 50年　　　　　　　　　　　　D. 作者终生及其死亡后的50年
- 《中华人民共和国网络安全法》已由中华人民共和国第十二届全国人民代表大会常务委员会第二十四次会议于2016年11月7日通过，现予公布，自___(14)___起施行。
  (14) A. 2017年6月1日　　　　　　　　B. 2017年7月1日
  　　 C. 2018年3月11日　　　　　　　D. 2018年6月1日
- ___(15)___负责统筹协调网络安全工作和相关监督管理工作。
  (15) A. 国务院电信主管部门　　　　　B. 国家网信部门
  　　 C. 国家安全中心　　　　　　　　D. 国家公安部门
- 建设、运营网络或者通过网络提供服务，应当依照法律、行政法规的规定和国家标准的强制性要求，采取技术措施和其他必要措施，保障网络安全、稳定运行，有效应对网络安全事件，防范网络违法犯罪活动，维护网络数据的___(16)___、保密性、可用性。
  (16) A. 完整性　　　B. 稳定性　　　C. 可控性　　　D. 及时性
- ___(17)___依照《中华人民共和国网络安全法》和有关法律、行政法规的规定，负责统筹协调网络数据安全和相关监管工作。
  (17) A. 工信部　　　B. 公安部　　　C. 国资委　　　D. 网信办
- 老赵和老王两人分别独立开发出相同主题的差速锁，但甲完成在先，乙完成在后。依据专利法

规定，___(18)___。

(18) A. 甲享有专利申请权，乙不享有 B. 甲不享有专利申请权，乙享有
     C. 甲、乙都享有专利申请权   D. 甲、乙都不享有专利申请权

答案及解析

(1) **答案：D** **解析** 根据《中华人民共和国民法典》第四百六十九条 当事人订立合同，可以采用书面形式、口头形式或者其他形式。书面形式是合同书、信件、电报、电传、传真等可以有形地表现所载内容的形式。以电子数据交换、电子邮件等方式能够有形地表现所载内容，并可以随时调取查用的数据电文，视为书面形式。

(2) **答案：B** **解析** 根据《中华人民共和国民法典》第四百九十二条 承诺生效的地点为合同成立的地点。

采用数据电文形式订立合同的，收件人的主营业地为合同成立的地点；没有主营业地的，其住所地为合同成立的地点。当事人另有约定的，按照其约定。

第四百九十八条 对格式条款的理解发生争议的，应当按照通常理解予以解释。对格式条款有两种以上解释的，应当作出不利于提供格式条款一方的解释。格式条款和非格式条款不一致的，应当采用非格式条款。

第五百零一条 当事人在订立合同过程中知悉的商业秘密或者其他应当保密的信息,无论合同是否成立，不得泄露或者不正当地使用；泄露、不正当地使用该商业秘密或者信息，造成对方损失的，应当承担赔偿责任。

第五百零六条 合同中的下列免责条款无效：

（一）造成对方人身损害的；

（二）因故意或者重大过失造成对方财产损失的。

第五百零七条 合同不生效、无效、被撤销或者终止的，不影响合同中有关解决争议方法的条款的效力。

(3) **答案：A** **解析** 根据《中华人民共和国民法典》第五百一十一条 当事人就有关合同内容约定不明确，依据前条规定仍不能确定的，适用下列规定：

（一）质量要求不明确的，按照强制性国家标准履行；没有强制性国家标准的，按照推荐性国家标准履行；没有推荐性国家标准的，按照行业标准履行；没有国家标准、行业标准的，按照通常标准或者符合合同目的的特定标准履行。

（二）价款或者报酬不明确的，按照订立合同时履行地的市场价格履行；依法应当执行政府定价或者政府指导价的，依照规定履行。

（三）履行地点不明确，给付货币的，在接受货币一方所在地履行；交付不动产的，在不动产所在地履行；其他标的，在履行义务一方所在地履行。

（四）履行期限不明确的，债务人可以随时履行，债权人也可以随时请求履行，但是应当给对

方必要的准备时间。

（五）履行方式不明确的，按照有利于实现合同目的的方式履行。

（六）履行费用的负担不明确的，由履行义务一方负担；因债权人原因增加的履行费用，由债权人负担。

（4）**答案：B　解析**　《中华人民共和国招标投标法》中的相关条款如下：第十九条　招标人应当根据招标项目的特点和需要编制招标文件。招标文件应当包括招标项目的技术要求、对投标人资格审查的标准、投标报价要求和评标标准等所有实质性要求和条件以及拟签订合同的主要条款。国家对招标项目的技术、标准有规定的，招标人应当按照其规定在招标文件中提出相应要求。招标项目需要划分标段、确定工期的，招标人应当合理划分标段、确定工期，并在招标文件中载明。

第二十八条　投标人应当在招标文件要求提交投标文件的截止时间前，将投标文件送达投标地点。招标人收到投标文件后，应当签收保存，不得开启。投标人少于三个的，招标人应当依照本法重新招标。在招标文件要求提交投标文件的截止时间后送达的投标文件，招标人应当拒收。

第四十八条　中标人应当按照合同约定履行义务，完成中标项目。中标人不得向他人转让中标项目，也不得将中标项目肢解后分别向他人转让。中标人按照合同约定或者经招标人同意，可以将中标项目的部分非主体、非关键性工作分包给他人完成。接受分包的人应当具备相应的资格条件，并不得再次分包。中标人应当就分包项目向招标人负责，接受分包的人就分包项目承担连带责任。

（5）**答案：D　解析**　根据《中华人民共和国招标投标法》第三条　在中华人民共和国境内进行下列工程建设项目包括项目的勘察、设计、施工、监理以及与工程建设有关的重要设备、材料等的采购，必须进行招标：

（一）大型基础设施、公用事业等关系社会公共利益、公众安全的项目；

（二）全部或者部分使用国有资金投资或者国家融资的项目；

（三）使用国际组织或者外国政府贷款、援助资金的项目。

前款所列项目的具体范围和规模标准，由国务院发展计划部门会同国务院有关部门制订，报国务院批准。

法律或者国务院对必须进行招标的其他项目的范围有规定的，依照其规定。

（6）**答案：B　解析**　招标代理机构应当具备下列条件：

（一）有从事招标代理业务的营业场所和相应资金；

（二）有能够编制招标文件和组织评标的相应专业力量。

（1）《中华人民共和国招标投标法》第十四条　招标代理机构与行政机关和其他国家机关不得存在隶属关系或者其他利益关系。

（2）《中华人民共和国招标投标法》第十二条　招标人有权自行选择招标代理机构，委托其办理招标事宜。任何单位和个人不得以任何方式为招标人指定招标代理机构。

招标人具有编制招标文件和组织评标能力的，可以自行办理招标事宜。任何单位和个人不得强制其委托招标代理机构办理招标事宜。

（7）**答案：D** 解析 《中华人民共和国政府采购法》第十条 政府采购应当采购本国货物、工程和服务。但有下列情形之一的除外：

（一）需要采购的货物、工程或者服务在中国境内无法获取或者无法以合理的商业条件获取的；

（二）为在中国境外使用而进行采购的；

（三）其他法律、行政法规另有规定的。

第十九条 采购人可以委托经国务院有关部门或者省级人民政府有关部门认定资格的采购代理机构，在委托的范围内办理政府采购事宜。

采购人有权自行选择采购代理机构，任何单位和个人不得以任何方式为采购人指定采购代理机构。

第二十六条 政府采购采用以下方式：

（一）公开招标；

（二）邀请招标；

（三）竞争性谈判；

（四）单一来源采购；

（五）询价；

（六）国务院政府采购监督管理部门认定的其他采购方式。

公开招标应作为政府采购的主要采购方式。

第三十一条 符合下列情形之一的货物或者服务，可以依照本法采用单一来源方式采购：

（一）只能从唯一供应商处采购的；

（二）发生了不可预见的紧急情况不能从其他供应商处采购的；

（三）必须保证原有采购项目一致性或者服务配套的要求，需要继续从原供应商处添购，且添购资金总额不超过原合同采购金额百分之十的。

第四十二条 采购人、采购代理机构对政府采购项目每项采购活动的采购文件应当妥善保存，不得伪造、变造、隐匿或者销毁。采购文件的保存期限为从采购结束之日起至少保存十五年。

第四十七条 政府采购项目的采购合同自签订之日起七个工作日内，采购人应当将合同副本报同级政府采购监督管理部门和有关部门备案。

（8）**答案：A** 解析 《中华人民共和国政府采购法》第二十六条。

（9）**答案：C** 解析 《中华人民共和国政府采购法》第二十九条 符合下列情形之一的货物或者服务，可以依照本法采用邀请招标方式采购：

（一）具有特殊性，只能从有限范围的供应商处采购的；

（二）采用公开招标方式的费用占政府采购项目总价值的比例过大的。

（10）**答案：C** 解析 根据《中华人民共和国政府采购法》第三十八条的规定，采用竞争性谈判方式采购的，应当遵循下列程序：①成立谈判小组；②制定谈判文件；③确定邀请参加谈判的供应商名单；④谈判；⑤确定成交供应商。

(11) 答案：D　解析　2020 年 10 月 17 日第四次修正的《中华人民共和国专利法》通过，并于 2021 年 6 月 1 日正式实施。

第二条　本法所称的发明创造是指发明、实用新型和外观设计。发明，是指对产品、方法或者其改进所提出的新的技术方案。实用新型，是指对产品的形状、构造或者其结合所提出的适于实用的新的技术方案。外观设计，是指对产品的整体或者局部的形状、图案或者其结合以及色彩与形状、图案的结合所作出的富有美感并适于工业应用的新设计。

第六条　执行本单位的任务或者主要是利用本单位的物质技术条件所完成的发明创造为职务发明创造。职务发明创造申请专利的权利属于该单位，申请被批准后，该单位为专利权人。该单位可以依法处置其职务发明创造申请专利的权利和专利权，促进相关发明创造的实施和运用。

非职务发明创造，申请专利的权利属于发明人或者设计人；申请被批准后，该发明人或者设计人为专利权人。

两个以上的申请人分别就同样的发明创造申请专利的，专利权授予最先申请的人。

第四十二条　发明专利权的期限为二十年，实用新型专利权的期限为十年，外观设计专利权的期限为十五年，均自申请日起计算。

(12) 答案：D　解析　根据《中华人民共和国著作权法》第二条　中国公民、法人或者非法人组织的作品，不论是否发表，依照本法享有著作权。

第十八条　自然人为完成法人或者非法人组织工作任务所创作的作品是职务作品，除本条第二款的规定以外，著作权由作者享有，但法人或者非法人组织有权在其业务范围内优先使用。作品完成两年内，未经单位同意，作者不得许可第三人以与单位使用的相同方式使用该作品。

有下列情形之一的职务作品，作者享有署名权，著作权的其他权利由法人或者非法人组织享有，法人或者非法人组织可以给予作者奖励：

（一）主要是利用法人或者非法人组织的物质技术条件创作，并由法人或者非法人组织承担责任的工程设计图、产品设计图、地图、示意图、计算机软件等职务作品；

（二）报社、期刊社、通讯社、广播电台、电视台的工作人员创作的职务作品；

（三）法律、行政法规规定或者合同约定著作权由法人或者非法人组织享有的职务作品。

第十九条　受委托创作的作品，著作权的归属由委托人和受托人通过合同约定。合同未作明确约定或者没有订立合同的，著作权属于受托人。

第二十条　作品原件所有权的转移，不改变作品著作权的归属，但美术、摄影作品原件的展览权由原件所有人享有。

作者将未发表的美术、摄影作品的原件所有权转让给他人，受让人展览该原件不构成对作者发表权的侵犯。

第二十二条　作者的署名权、修改权、保护作品完整权的保护期不受限制。

(13) 答案：D　解析　根据《中华人民共和国著作权法》第二十三条　自然人的作品，其发表权、本法第十条第一款第五项至第十七项规定的权利的保护期为作者终生及其死亡后五十年，截止于作者死亡后第五十年的 12 月 31 日；如果是合作作品，截止于最后死亡的作者死亡后第五十年的 12 月 31 日。

法人或者非法人组织的作品、著作权（署名权除外）由法人或者非法人组织享有的职务作品，其发表权的保护期为五十年，截止于作品创作完成后第五十年的 12 月 31 日；本法第十条第一款第五项至第十七项规定的权利的保护期为五十年，截止于作品首次发表后第五十年的 12 月 31 日，但作品自创作完成后五十年内未发表的，本法不再保护。

视听作品，其发表权的保护期为五十年，截止于作品创作完成后第五十年的 12 月 31 日；本法第十条第一款第五项至第十七项规定的权利的保护期为五十年，截止于作品首次发表后第五十年的 12 月 31 日，但作品自创作完成后五十年内未发表的，本法不再保护。

（14）**答案：A** 解析 《中华人民共和国网络安全法》已由中华人民共和国第十二届全国人民代表大会常务委员会第二十四次会议于 2016 年 11 月 7 日通过，现予公布，自 2017 年 6 月 1 日起施行。

（15）**答案：B** 解析 《中华人民共和国网络安全法》第八条 国家网信部门负责统筹协调网络安全工作和相关监督管理工作。国务院电信主管部门、公安部门和其他有关机关依照本法和有关法律、行政法规的规定，在各自职责范围内负责网络安全保护和监督管理工作。

县级以上地方人民政府有关部门的网络安全保护和监督管理职责，按照国家有关规定确定。

（16）**答案：A** 解析 《中华人民共和国网络安全法》第十条 建设、运营网络或者通过网络提供服务，应当依照法律、行政法规的规定和国家标准的强制性要求，采取技术措施和其他必要措施，保障网络安全、稳定运行，有效应对网络安全事件，防范网络违法犯罪活动，维护网络数据的完整性、保密性和可用性。

（17）**答案：D** 解析 《中华人民共和国网络安全法》第六条 各地区、各部门对本地区、本部门工作中收集和产生的数据及数据安全负责。

工业、电信、交通、金融、自然资源、卫生健康、教育、科技等主管部门承担本行业、本领域数据安全监管职责。

公安机关、国家安全机关等依照本法和有关法律、行政法规的规定，在各自职责范围内承担数据安全监管职责。

国家网信部门依照本法和有关法律、行政法规的规定，负责统筹协调网络数据安全和相关监管工作。

（18）**答案：C** 解析 根据《中华人民共和国专利法》第九条，两个以上的申请人分别就同样的发明创造申请专利的，专利权授予最先申请的人。因此，甲乙二人都具有申请权，但是专利权授予二人当中最先申请专利权的人。

19.2 标准规范

- 《信息技术 软件工程术语》（GB/T 11457—2006）中不包括 __(1)__ 。
  (1) A．验收准则　　　　B．验收测试　　　　C．审计　　　　D．验证

- 在《信息技术 软件生存周期过程》（GB/T 8566）中，"评审需求；准备投标；签订合同；制订并实施项目计划；开展评审及评价；交付产品"指的是___(2)___。

  (2) A. 获取过程　　　B. 供应过程　　　C. 开发过程　　　D. 运作过程

- 软件生存周期的组织过程包括___(3)___。

  (3) A. 基础设施过程　　　　　　　B. 人力资源过程
  　　C. 资产管理过程　　　　　　　D. 以上都是

- 在云计算相关标准中，___(4)___规定了平台即服务（PaaS）参考架构的术语定义和缩略语、图例说明、PaaS 参考架构概念、PaaS 用户视图和功能视图。

  (4) A. GB/T 32399　　B. GB/T 35301　　C. GB/T 35293　　D. GB/T 32400

- 在信息技术服务标准中，___(5)___建立了信息技术服务质量模型，规定了信息技术服务质量评价指标、测量方法以及质量评价过程等。

  (5) A. GB/T 33850　　B. GB/T 37696　　C. GB/T 37961　　D. GB/T 39770

答案及解析

(1) **答案：D** 解析　《信息技术 软件工程术语》（GB/T 11457—2006）中包括的内容见下表。

术语	解释
验收准则	软件产品要符合某一测试阶段必须满足的准则，或软件产品满足交货要求的准则
验收测试	确定一系统是否符合其验收准则，使客户能确定是否接收系统
审计	为评估是否符合软件需求、规格说明、基线、标准、过程、指令、代码和标准或其他的合同和特殊要求是否恰当和被遵守，以及其实现是否有效而进行的活动
代码审计	由某人、某小组或借助某种工具对源代码进行的独立的审查，以验证其是否符合软件设计文件和程序设计标准。还可能对正确性和有效性进行估计
配置审计	证明所要求的全部配置项均已产生出来，当前的配置与规定的需求相符。技术文件说明书完而准确地描述了各个配置项，并且曾经提出的所有更动请求均已得到解决的过程
认证	一个系统、部件或计算机程序符合其规定的需求，对操作使用是可接受的一种书面保证
走查	一种静态分析技术或评审过程，在此过程中，设计者或程序员引导开发组的成员通读已书写的设计或编码，其他成员负责提出问题并对有关技术、风格、可能的错误、是否违背开发标准等方面进行评论
鉴定	一个正式的过程，通过这个过程确定系统或部件是否符合它的规格说明，是否可在目标环境中适合于操作使用
桌面检查	对程序执行情况进行人工模拟，用逐步检查源代码中有无逻辑或语法错误的办法来检测故障
评价	决定某产品、项目、活动或服务是否符合它的规定的准则的过程

(2) **答案：B** 解析　软件生存周期过程建立了一个公共框架，供软件工业界使用。该标准

包括了在含有软件的系统、独立软件产品和软件服务的获取期间以及在软件产品的供应、开发、运行和维护期间需应用的过程、活动和任务。此外，该标准还规定了用来定义、控制和改进软件生存周期的过程。主要过程内容见下表。

过程名		主要活动和任务描述
主要过程	获取过程	定义、分析需求或委托供方进行需求分析而后认可；招标准备；合同准备以及验收
	供应过程	评审需求；准备投标；签订合同；制订并实施项目计划；开展评审及评价；交付产品
	开发过程	过程实施；系统需求分析；系统结构设计；软件需求分析；软件结构设计；软件详细设计；软件编码和测试；软件集成；软件合格测试；系统集成；系统合格测试；软件安装及软件验收支持
	运作过程	过程实施（制订并实施运行计划）；运行测试；系统运行；对用户提供帮助和咨询
	维护过程	问题和变更分析；实施变更；维护评审及维护验收；软件移植及软件退役

（3）**答案：D**　**解析**　软件生存周期的组织过程内容见下表。

组织过程	管理过程	制订计划；监控计划的实施；评价计划实施；涉及有关过程的产品管理、项目管理和任务管理
	基础设施过程	为其他过程所需的硬件、软件、工具、技术、标准，以及开发、运行或维护所用的各种基础设施的建立和维护服务
	改进过程	对整个软件生存周期过程进行评估、度量、控制和改进
	人力资源过程	过程实施、定义培训需求、补充合格的员工、评价员工绩效、建立项目团队需求、知识管理
	资产管理过程	过程实施、资产存储和检索定义、资产的管理和控制
	重用大纲管理过程	启动、领域标识、重用评估、策划、执行和控制、评审和评价
	领域工程过程	过程实施、领域分析、领域设计、资产供应、资产维护

（4）**答案：B**　**解析**　云计算相关标准主要有《信息技术 云计算 概览与词汇》（GB/T 32400）、《信息技术 云计算 参考架构》（GB/T 32399）等标准。现行主要云计算相关标准见下表。

标准编号	标准名称	主要内容	适用范围	类别
GB/T 32400	信息技术 云计算 概览与词汇	该标准给出了云计算概览、云计算相关术语及定义。该标准为云计算标准提供了术语基础	该标准适用于各类组织（例如企业、政府机关和非营利性组织）	国家标准
GB/T 32399	信息技术 云计算 参考架构	该标准规定了云计算参考架构（CCRA），包括云计算角色、云计算活动、云计算功能组件以及它们之间的关系	该标准适用于云计算架构参考使用	国家标准

续表

标准编号	标准名称	主要内容	适用范围	类别
GB/T 35301	信息技术 云计算 平台即服务（PaaS）参考架构	该标准规定了平台即服务（PaaS）参考架构的术语定义和缩略语、图例说明、PaaS 参考架构概念、PaaS 用户视图和功能视图	该标准适用于 PaaS 云计算系统的设计、实现、部署和使用	国家标准
GB/T 35293	信息技术 云计算 虚拟机管理通用要求	该标准规定了虚拟机的基本管理与调度、监控与告警、可用性和可靠性、安全性等管理通用技术要求	该标准适用于虚拟机相关产品的设计、开发、测评、使用等	国家标准

（5）**答案：A** **解析** 现行主要信息技术服务通用标准见下表。

标准编号	标准名称	主要内容	适用范围	类别
GB/T 29264	信息技术服务 分类与代码	该标准规定了信息技术服务的分类与代码，是信息技术服务分类、管理和编目的准则，为信息技术服务体系的建立提供了范围基础	该标准适用于信息技术服务的信息管理及信息交换，供科研、规划等工作使用	国家标准
GB/T 33850	信息技术服务 质量评价指标体系	该标准建立了信息技术服务质量模型，规定了信息技术服务质量评价指标、测量方法以及质量评价过程等	该标准适用于对信息技术服务质量进行评价	国家标准
GB/T 37696	信息技术服务 从业人员能力评价要求	该标准规定了信息技术服务从业人员的职业种类、能力要素等级和评价方法	该标准适用于对信息技术服务从业人员的能力评价与培养	国家标准
GB/T 37961	信息技术服务 服务基本要求	该标准规定了信息技术服务中服务过程基本要求、信息技术咨询、设计与开发、信息系统集成实施、运行维护、数据处理和存储、运营等服务的活动内容和成果要求	该标准适用于服务供方和需方确立服务内容及签署合同	国家标准
GB/T 39770	信息技术服务 服务安全要求	该标准提出了信息技术服务安全模型，规定了安全总则、生存周期和能力要素的安全要求	该标准适用于对信息技术服务提供方、服务需求方和第三方	国家标准

19.3 监理合同

● ＿＿＿（1）＿＿＿不属于监理合同内容。

（1）A. 监理业务内容

B. 违约责任及争议的解决方法

C. 建设单位、监理单位、承建单位三方的权利和义务

D. 监理费用的计取和支付方式

- 关于监理合同的特征描述错误的是___(2)___。
  - (2) A. 监理合同的当事人双方应当是具有民事权利能力和民事行为能力
    - B. 监理合同的订立必须符合工程项目建设和运行程序
    - C. 监理合同的目的是服务
    - D. 监理合同的内容必须符合业主单位的实际需求
- 监理合同是监理任务履行过程中当事人双方的行为准则，因此内容应全面、用词应严谨，下列选项中___(3)___不属于监理合同条款的组成结构。
  - (3) A. 监理服务内容和范围　　　　　B. 监理及相关服务费用支付方式
    - C. 承建单位违约责任　　　　　　　D. 争议的解决办法

答案及解析

(1) **答案：C** **解析** 监理合同的内容如下：
1) 监理及相关服务内容。
2) 监理服务周期。
3) 双方的权利和义务。
4) 监理服务费用的计取。
5) 违约责任及争议的解决办法。
6) 双方约定的其他事项。

(2) **答案：D** **解析** 监理合同的特征如下：
1) 监理合同的当事人双方应当是具有民事权利能力和民事行为能力、取得法人资格的企事业单位、其他社会组织，个人在法律允许范围内也可以成为合同当事人。
2) 监理合同的订立必须符合工程项目建设和运行程序。
3) 监理合同的目的是服务，即监理工程师凭借自己的知识、经验、技能，受业主委托，为其签订的合同的履行实施提供监督、管理以及咨询等相关技术服务。

(3) **答案：C** **解析** 监理合同是监理任务履行过程中当事人双方的行为准则，因此内容应全面、用词应严谨。合同条款的组成结构应至少包括以下几个方面：
1) 合同内所涉及的词语定义和遵循的法规。
2) 监理服务内容和范围。
3) 监理服务周期。
4) 监理单位的权利和义务。
5) 委托人的权利和义务。
6) 监理及相关服务费用计取方式。
7) 监理及相关服务费用支付方式。
8) 监理单位违约责任。

9）委托人违约责任。

10）合同生效、变更与终止。

11）争议的解决办法。

12）双方约定的其他事项等。

19.4　监理服务能力

- 监理单位应根据监理及相关服务范围，在人员、技术、资源、流程四个方面，建立和完善服务能力体系，人员主要包括___(1)___。
  ①监理人员　②监理大纲　③外部技术协作体系　④人力资源管理体系　⑤监理规划
  （1）A．①②③④⑤　　　B．①②③④　　　C．③④⑤　　　D．①③④

- 监理的主要技术与管理手段包括___(2)___。
  ①检查　②监督　③旁站　④抽查　⑤软件特性分析
  （2）A．①②③④⑤　　　B．①③④⑤　　　C．①②③④　　　D．①②④⑤

- ISO9000质量管理的八项原则的第一项原则是___(3)___。
  （3）A．领导作用　　　　　　　　　B．全员参与
  　　　C．以顾客为中心　　　　　　　D．持续改进

- 进行知识管理工作时，应开展工作不包括___(4)___。
  （4）A．知识分享　　　　　　　　　B．知识采集
  　　　C．知识应用　　　　　　　　　D．知识评价

- 为提供优质的服务，监理人员在服务过程中应当具备的服务意识不包括___(5)___。
  （5）A．对客户表示热情、尊重和关注　B．迅速响应客户的需求
  　　　C．持续提供优质服务　　　　　　D．提供大众化的服务

答案及解析

（1）**答案：D**　解析　监理单位应根据监理及相关服务范围，在人员、技术、资源、流程四个方面，建立和完善服务能力体系。其中人员主要包括监理人员、外部技术协作体系、人力资源管理体系等。

（2）**答案：B**　解析　监理的主要技术与管理手段包括检查、旁站、抽查、测试、软件特性分析等，使用这些手段对监理要点实施现场验证与确认，加强风险防范。

（3）**答案：C**　解析　ISO 9000管理的八项质量管理原则包括：①以顾客为中心；②领导作用；③全员参与；④过程方法；⑤管理的系统方法；⑥持续改进；⑦基于事实的决策方法；⑧与供方互利的关系。

（4）**答案：A**　解析　进行知识管理工作时，应开展以下工作：①知识体系构建；②知识采

集；③知识检查；④知识应用；⑤知识评价；⑥知识维护。

（5）**答案：D 解析** 为提供优质的服务，监理人员在服务过程中应当具备以下服务意识：

1）提供个性化的服务。

2）对客户表示热情、尊重和关注。

3）帮助客户解决问题。

4）迅速响应客户的需求。

5）始终以客户为中心。

6）持续提供优质服务。

7）设身处地为客户着想。

第20章 信息系统工程监理基础工作

20.1 规划阶段监理基础工作

- 信息系统的规划过程中，___(1)___不属于本阶段文档。
  - (1) A．可行性研究报告　　　　　　B．初步设计报告
  　　　C．投资预算报告　　　　　　　D．监理细则
- 协助业主单位构建信息系统架构的具体思路中，以下选项___(2)___不包括在内。
  - (2) A．从业务入手，基于行业理解开展需求调研工作
  　　　B．根据业务现状和信息化现状制定业务目标和信息化目标
  　　　C．梳理业务架构和信息系统建设需求，引导业主单位提升整体的业务水平
  　　　D．按照最先进前沿的技术方法建立信息资源架构、应用系统架构和技术体系架构
- 在规划阶段的监理活动中，___(3)___不属于监理的职责。
  - (3) A．协助设计单位构建信息系统架构
  　　　B．为业主单位提供项目的规划的相关服务，为业主单位决策提供依据
  　　　C．对项目需求、项目计划和初步设计方案进行审查
  　　　D．协助业主单位策划招标方法，适时提出咨询意见
- ___(4)___不属于规划阶段的监理活动。
  - (4) A．协助业主单位构建信息系统架构
  　　　B．为业主单位提供项目的规划的相关服务
  　　　C．对项目需求、项目计划和初步设计方案进行审查
  　　　D．协助业主单位进行施工现场的质量控制

答案及解析

（1）**答案：D** 解析 信息系统的规划，是指工程/项目完成项目立项报告、可行性研究报告（简称"可研报告"）和初步设计报告（简称"初设报告"）的过程，为工程建设取得立项报告的审批、可研报告及项目概算的批复、初设报告及投资预算的批复开展必要的工作过程。监理单位根据工程建设的实际需要可能参与其中，提出监理咨询意见，发挥监理必要的作用。

（2）**答案：D** 解析 协助业主单位构建信息系统架构，具体思路为：①可以协助业主单位从业务入手，基于行业理解开展需求调研工作；②可以协助业主单位根据业务现状和信息化现状制定业务目标和信息化目标；③可以协助业主单位根据需求调研的结果、业务目标和信息化目标，梳理业务架构和信息系统建设需求，引导业主单位通过信息系统的建设与应用，提升整体的业务水平；④可以协助业主单位采用成熟的规划方法形成信息资源架构、应用系统架构和技术体系架构。

（3）**答案：A** 解析 规划阶段的监理活动有：
1）协助业主单位构建信息系统架构。
2）可以为业主单位提供项目的规划的相关服务，为业主单位决策提供依据。
3）对项目需求、项目计划和初步设计方案进行审查。
4）协助业主单位策划招标方法，适时提出咨询意见。

（4）**答案：D** 解析 同第（3）题。

20.2 招标阶段监理基础工作

- 招标阶段监理要求中，以下___（1）___不是监理工程师的职责。
  - （1）A．协助业主单位明确项目需求，确定项目建设目标和招标要求
    - B．见证招标过程合法、合规
    - C．协助业主单位选择适合的承建单位
    - D．协助业主单位编制投标文件

- 招标阶段监理要求中，以下___（2）___是监理工程师的职责。
  - （2）A．协助施工单位明确项目需求，确定项目建设目标和招标要求
    - B．促使招标文件与用户需求、项目建设目标和范围相符合
    - C．协助业主单位选择适合的招标代理单位
    - D．签订承建合同并明确监理机构的责任

- 招标阶段监理活动中，以下对监理活动描述错误的是___（3）___。
  - （3）A．协助业主单位编制项目的工作计划
    - B．参与招标文件的编制，并对招标文件内容提出监理意见
    - C．审核招标代理机构资质是否符合行业管理要求

D．向业务单位提供招投标评审服务

答案及解析

（1）**答案：D**　**解析**　在招标阶段，监理工程师的职责如下：

1）协助业主单位明确项目需求、确定项目建设目标和招标要求。

2）见证招标过程合法合规。

3）协助业主单位选择适合的承建单位，并在签订的承建合同中明确要求承建单位接受监理机构的监理。

（2）**答案：B**　**解析**　同第（1）题。

（3）**答案：D**　**解析**　招标阶段的监理活动如下：

1）在业主单位授权下，参与业主单位招标前的准备工作，协助业主单位编制项目的工作计划。

2）在业主单位授权下，参与招标文件的编制，并对招标文件内容提出监理意见。

3）在业主单位授权下，协助业主单位进行招标工作，如委托招标，审核招标代理机构资质是否符合行业管理要求。

4）在向业主单位提供招投标咨询服务。

5）在业主单位授权下，参与承建合同的签订过程，并对承建合同的内容提出监理意见。

20.3　设计阶段监理基础工作

- 信息系统工程设计阶段监理的主要要求不包括＿＿（1）＿＿。

    （1）A．推动业主单位、承建单位进行规范化的技术描述

    　　B．保证项目计划和设计方案的可验证性

    　　C．直接负责修正设计文档的所有缺陷

    　　D．协助业主单位组织专业人员评审设计方案

- 在信息系统工程设计阶段监理活动中，＿＿（2）＿＿不属于监理应进行的活动。

    （2）A．审查设计方案　　　　　　　　B．管理变更方案和文档资料

    　　C．直接参与编写测试验收方案　　D．审查计划方案

- 在信息系统工程设计阶段的监理内容中，＿＿（3）＿＿属于监理的主要工作内容。

    （3）A．直接负责编写设计方案　　　　B．对计划方案的审查

    　　C．对项目成本的直接控制　　　　D．对项目进度的直接管理

- 在信息系统工程设计方案的报审流程中，＿＿（4）＿＿步骤是在设计文档完整性审查之后进行的。

    （4）A．提交设计方案评审申请

    　　B．组织人员进行设计方案的详细审查

    　　C．对评审完毕的设计方案进行签认

D．协助业主单位组织人员进行设计文档完整性审查
- 在信息系统工程设计阶段，设计变更控制主要通过___（5）___两个手段来实现。

（5）A．风险评估和成本控制

B．质量监督和进度管理

C．变更流程的控制和变更内容的控制

D．项目监理和用户培训

- 在信息系统工程设计阶段，监理的责任不包括___（6）___。

（6）A．推动业主单位、承建单位进行项目需求和设计的规范化技术描述

B．促使项目计划、设计方案满足项目需求，且符合法律法规和标准

C．直接参与承建单位的内部设计方案制定过程

D．协助业主单位消除设计文档的可预见缺陷

答案及解析

（1）**答案：C** 解析 信息系统工程设计阶段监理的要求主要是围绕优化设计方案、确保设计方案满足需求且符合法规标准、消除设计缺陷，并通过专业人员的评审来提升设计质量。选项A、B、D均为监理的要求，而选项C中提到"直接负责修正设计文档的所有缺陷"，这并不完全准确。监理的角色更多是从监督和协助的角度出发，帮助业主和承建单位发现并指导修正设计文档的缺陷，而不是直接负责修正所有缺陷。

（2）**答案：C** 解析 信息系统工程设计阶段监理活动主要包括设计方案、测试验收方案、计划方案的审查，以及变更方案和文档资料的管理。监理的职责是确保这些方案和文档的准确性、完整性和合规性，通过审查和管理来达到这一目的。而监理直接参与编写测试验收方案并不属于监理应进行的活动，因为监理的角色是监督和审查，而非直接编写或参与编写项目文档。

（3）**答案：B** 解析 信息系统工程设计阶段监理的内容主要包括对设计方案、测试验收方案、计划方案的审查，以及对设计变更、设计文档的管理和设计阶段其他监理内容。监理的角色主要是从第三方的角度对项目的设计方案、计划方案等进行审查，以确保这些方案的合理性、可行性和符合要求性，并对设计过程中的变更和文档进行有效的管理。因此，选项A、C、D都不属于监理的主要工作，监理并不直接负责编写设计方案、直接控制项目成本或直接管理项目进度。相比之下，选项B"对计划方案的审查"准确地反映了监理在设计阶段的一个重要工作内容，即通过审查确保计划方案的合理性和执行的可行性。

（4）**答案：B** 解析 根据信息系统工程设计阶段设计方案的报审流程，流程的顺序是首先承建单位提交设计方案评审申请，然后监理机构协助业主单位组织人员进行设计文档的完整性审查。完成完整性审查之后，监理机构将组织人员进行设计方案的详细审查。最后，三方（承建单位、监理机构、业主单位）对评审完毕的设计方案进行签认。因此，在设计文档完整性审查之后进行的步骤是"组织人员进行设计方案的详细审查"。

（5）**答案：C** **解析** 设计变更控制主要通过两个手段来实现：变更流程的控制和变更内容的控制。

（6）**答案：C** **解析** 选项 C 直接参与承建单位的内部设计方案制定过程并不是监理的职责，监理的角色是监督和审查，而非直接参与设计，以确保客观性和公正性。

20.4 实施阶段监理基础工作

- 在信息系统工程项目中，___（1）___ 阶段通常是监理单位工作量最大的阶段。
    （1）A．需求分析阶段　　　　　　　B．设计阶段
    　　　C．实施阶段　　　　　　　　　D．测试验收阶段
- 在信息系统工程实施阶段，监理单位的 ___（2）___ 不直接涉及项目实施方案的内容审核。
    （2）A．审核项目实施方案的合法性和合理性
    　　　B．促使项目中所使用的产品和服务符合承建合同、法律法规和标准
    　　　C．审核项目实施计划，确保计划调整合理、受控
    　　　D．促使项目实施过程满足承建合同的要求
- 在信息系统工程实施阶段，监理活动不包括 ___（3）___ 。
    （3）A．质量控制　　　B．技术培训　　　C．投资控制　　　D．文档资料管理
- 在信息系统工程实施阶段，___（4）___ 不是监理内容。
    （4）A．对实施方案的审查　　　　　　B．组织实施准备会议
    　　　C．审核分包单位的工程实施资质　D．直接管理分包单位的日常工作
- 审核信息系统工程实施方案时，___（5）___ 是不需要特别考虑的。
    （5）A．实施方案与法律法规和标准的符合性
    　　　B．实施方案的合理性和可行性
    　　　C．实施方案与合同、设计方案和实施计划的符合性
    　　　D．工程实施后的用户满意度
- 在审核信息系统工程实施方案时，___（6）___ 不属于审核要点。
    （6）A．承建单位的项目组织机构和管理制度是否符合项目需求
    　　　B．承建单位是否具有国际质量管理体系认证证书
    　　　C．进度计划中的进度节点是否满足合同要求
    　　　D．施工安全技术措施是否得当
- 在处理信息系统工程中的质量问题时，___（7）___ 不符合一般性原则。
    （7）A．当质量缺陷在萌芽状态时，记录缺陷并定期检查其变化情况
    　　　B．当质量缺陷出现明显症状时，立刻发出暂停施工的指令
    　　　C．当质量缺陷已对下个阶段或分项工程产生质量影响时，要求承建单位进行返工或处理
    　　　D．分析质量缺陷产生的原因，采取果断措施，制止质量缺陷蔓延

- 在信息系统工程项目延期处理程序中，____(8)____是不正确的。

  (8) A．监理机构与业主单位、承建单位协商确认后，由总监理工程师确认项目延期申请

  B．项目延期影响项目总体进度计划时，承建单位需修改项目总体进度计划，无需经三方签认

  C．组织审查进度纠偏措施的合理性、可行性，并出具监理意见跟踪整改

  D．总监理工程师综合考虑项目延期和费用索赔的关系，做出费用索赔和项目延期的建议

- 关于信息系统工程索赔处理程序，以下描述错误的是____(9)____。

  (9) A．索赔申请应在合同规定的期限内提交

  B．索赔审查只由总监理工程师单独完成，不涉及其他监理人员

  C．总监理工程师负责与承建单位和业主单位协商索赔费用

  D．当索赔与项目延期相关时，应考虑费用索赔和项目延期的关系

- 信息系统工程实施阶段监理工作流程中，以下____(10)____不是监理机构应执行的正确步骤。

  (10) A．在项目实施启动后，根据项目实施计划进行现场监理

  B．在项目实施过程中，只需要依据实施方案进行现场监理

  C．在项目实施过程结束后，提交监理报告

  D．在接收到承建单位的项目实施申请后，进行项目启动前的准备工作

- 在信息系统工程合同管理监理工作流程中，以下描述不正确的是____(11)____。

  (11) A．业主单位或承建单位就合同管理相关问题提出申请时，需要对相关问题产生的原因、责任归属、处理方式进行说明

  B．监理机构根据项目实际情况，收集相关信息，并进行相应的审查

  C．如果合同管理问题申请的理由充分、合理，监理机构应立即实施合同变更

  D．三方就申请处理结果达成一致后，及时签署工程备忘录并落实合同变更

答案及解析

（1）**答案：C** **解析** 信息系统工程实施阶段就是信息系统实现的过程，一般来说，也是监理单位工作量最大的工作阶段。

（2）**答案：B** **解析** 信息系统工程实施阶段监理要求包括审核项目实施方案的合法性、合理性，以及其与设计方案的符合性（选项A）；审核项目实施计划，对于计划的调整确保其合理性和受控性（选项C）；以及促使项目实施过程满足承建合同的要求，并与设计方案、项目计划相符（选项D）。这些职责都直接涉及对项目实施方案及实施过程的审核与监督。而促使项目中所使用的产品和服务符合承建合同、法律法规和标准（选项B）虽然是监理的重要职责，但它不直接涉及对项目实施方案内容的审核，而是更偏向于确保项目实施中所采用的产品和服务的合规性。

（3）**答案：B** **解析** 监理活动包括：①质量控制；②进度控制；③投资控制；④合同管理；⑤文档资料管理；⑥沟通协调。

（4）**答案：D　解析**　信息系统工程实施阶段监理内容包括：

1）对质量管理计划的审查。

2）对实施方案的审查。

3）组织实施准备会议。

4）对质量问题的处理。

5）审核分包单位的工程实施资质。

6）实施阶段产品及服务的验收。

7）硬件设备的验收。

8）质量事故处理程序。

9）项目延期处理程序。

10）索赔处理程序。

（5）**答案：D　解析**　实施方案的审核内容如下：

1）实施方案与法律法规和标准的符合性。

2）实施方案的合理性和可行性。

3）实施方案与合同、设计方案和实施计划的符合性。

4）工程实施的组织机构。

（6）**答案：B　解析**　信息系统工程实施方案的审核要点包括：

1）承建单位的项目组织机构、管理制度和技术措施是否能满足项目实施需要。

2）承建单位是否有完善的质量保证体系并能正常运行。

3）所引用的法律法规、标准规范是否是有效的、最新的。

4）进度计划中的进度节点是否满足合同要求。

5）施工安全技术措施是否得当。

这些要点主要涉及项目组织、质量保证、法律法规遵守、进度控制和安全管理等方面。"承建单位是否具有国际质量管理体系认证证书"（选项B）虽然是对承建单位质量管理能力的一种认可，但并非是信息系统工程实施方案审核的常规要点。

（7）**答案：A　解析**　信息系统工程处理质量问题时应遵循一般性原则：

1）当质量缺陷在萌芽状态时，分析质量缺陷产生的原因，采取果断措施，制止质量缺陷蔓延。

2）当质量缺陷出现明显症状时，监理机构应立刻发出暂停施工的指令，直到承建单位采取了补救措施，并对质量缺陷进行了正确的补救后，才书面通知恢复施工。

3）当质量缺陷已对下个阶段或分项工程产生质量影响时，应拒绝签认工程计量，并要求承建单位进行返工或处理，直到质量缺陷解决为止。

（8）**答案：B　解析**　项目延期影响项目总体进度计划时，要求承建单位修改项目总体进度计划，经三方签认后，做工程备忘录。

（9）**答案：B　解析**　信息系统工程索赔处理程序如下：

1）申请方应在合同规定的期限内向监理机构提交索赔申请。

2）总监理工程师指定监理人员收集与索赔有关的资料。

3）总监理工程师进行索赔审查，与承建单位和业主单位协商索赔费用。

4）总监理工程师应在承建合同规定的期限内签发索赔审批意见，或在承建合同规定的期限内发出要求申请方提交详细资料的监理意见。

5）当申请方的索赔要求与项目延期要求相关联时，总监理工程师应综合考虑费用索赔和项目延期的关系，提出费用索赔和项目延期的建议。

（10）**答案：B　解析**　实施阶段监理工作流程如下：

1）承建单位做好项目实施前的各项准备工作后，向监理机构提出项目实施申请。

2）项目实施启动后，监理机构依据签认的项目质量管理计划、实施方案、实施计划和监理实施细则的要求对现场实施监理。

3）项目实施过程结束后，承建单位及时提交项目实施报告，监理机构及时提交监理报告。

（11）**答案：C　解析**　合同管理监理工作流程如下：

1）业主单位或承建单位就合同管理相关问题（例如变更问题、延期问题、索赔问题等）提出申请，申请中应对相关问题产生的原因、责任归属、处理方式做出说明。其后，监理机构根据项目实际情况，收集相关信息，并进行相应的审查。

2）如果合同管理问题申请的理由充分、合理，监理机构应予以批准；三方就申请处理结果达成一致后，及时签署工程备忘录并落实合同变更，否则及时签发监理通知单，告知申请方不同意申请的意见并说明原因。

3）合同变更处理完毕后，项目实施过程根据变更予以一定的修正，监理机构须相应调整监理实施细则，落实合同变更内容。

20.5　验收阶段监理基础工作

- 关于信息系统工程验收阶段监理要求，以下描述不正确的是＿＿（1）＿＿。

  （1）A．监理应确保项目测试验收方案的各项内容符合相关标准和要求

  　　B．监理机构应直接参与项目系统的测试和评估工作

  　　C．监理机构负责协调承建单位配合第三方测试机构进行项目系统测评

  　　D．监理应促进项目的最终功能和性能达到合同和法规的要求

- 在信息系统工程的初步验收条件中，以下＿＿（2）＿＿不满足初步验收的条件。

  （2）A．承建单位未提交自测报告但已提交初验申请

  　　B．所有系统功能如招投标文件及合同文件要求已实现

  　　C．工程建设文档齐备且已经监理机构审核确认

  　　D．验收方案已审核确认

- 关于信息系统工程初步验收前的监理准备工作，以下描述不正确的是＿＿（3）＿＿。

  （3）A．监理需要检查承建单位提交的各类文档是否为最新版本且已经审核通过

B. 监理在准备初验报告时，不需要考虑是否适合三方签字使用

C. 监理负责协调三方人员进行验收测试

D. 监理应听取业主单位对验收的意见并协助其准备验收会议

- ___（4）___ 不属于信息系统工程项目终验条件。

（4）A. 项目建设内容按照合同要求全部完成

B. 各种技术文档和验收资料完备

C. 系统的功能和性能满足设计要求

D. 项目已经获得投资方的财务支持

- ___（5）___ 不属于项目终验的监理基础内容。

（5）A. 协助业主单位审核承建单位提交的终验计划及其方案

B. 及时处理承建单位提交的终验申请

C. 协助业主单位做好终验准备、组织项目终验

D. 跟进运行维护阶段产生的问题，并督促承建单位及时解决

答案及解析

（1）**答案：B** **解析** 信息系统工程验收阶段监理要求强调监理机构的角色是监督和协调，而不是直接参与项目系统的测试和评估工作。根据给出的信息，监理机构的职责包括审核项目测试验收方案的符合性及可行性、协调承建单位配合第三方测试机构进行项目系统测评、促使项目的最终功能和性能符合承建合同、法律法规和标准的要求，以及促使承建单位提供的技术、管理文档符合相关标准。因此，选项 B 中提到的"监理机构应直接参与项目系统的测试和评估工作"是不正确的描述，监理机构的角色是监督和协调，而非直接执行测试和评估工作。其他选项 A、C、D 均正确反映了监理在验收阶段的要求和职责。

（2）**答案：A** **解析** 信息系统工程初步验收条件如下：

1）招投标文件及合同文件（包括合同附件、补充协议、后期出现的变更等）要求的系统功能已实现，未完善工作已通过三方会议达成备忘录。

2）承建单位提交了自测报告及初验申请。

3）工程建设文档齐备，且经监理机构审核确认。

4）验收方案经审核确认。

5）监理机构抽检测试或第三方测试已完成，承建单位对于不合格项进行了整改并复测通过。

（3）**答案：B** **解析** 信息系统工程初步验收前的监理准备工作如下：

1）检查各系统功能状态是否满足合同、招投标等文件的要求。

2）核实未完善的工作及备忘录的有关内容。

3）检查初验要求的各类文档，应是承建单位的最新版本且经监理审核通过。

4）准备监理文档，同时准备好验收会议上的监理总结材料。

5）准备初验报告（适合三方签字使用）。

6）协调三方人员进行验收测试。

7）听取业主单位对验收的意见。

8）协调三方人员讨论具体验收事宜（如验收形式、参会人员、文档准备等）。

9）协助业主单位准备验收会议（例如验收议程等）。

（4）**答案：D 解析** 信息系统工程项目终验条件如下：

1）项目建设内容按照合同要求全部完成。

2）各种技术文档和验收资料完备。

3）系统的功能和性能满足设计要求。

4）系统已通过初验、试运行，用户出具了初验和试运行意见。

5）初验和试运行中出现的问题已经得到解决。

6）试运行时间符合承建合同的要求。

7）完成了约定的培训工作，培训效果符合要求。

8）承建单位提交符合要求的终验方案和计划，并且已通过审核。

9）业主单位同意进行终验。

（5）**答案：D 解析** 项目终验的监理基础内容如下：

1）协助业主单位审核承建单位提交的终验计划及其方案，明确验收目标、各方责任、验收内容、验收标准、验收方式和验收结果等内容，并签署审核意见。

2）及时处理承建单位提交的终验申请。

3）如果符合如下终验条件，在终验申请中予以签认。

4）如果不符合终验条件，向承建单位提出整改意见。

5）协调项目相关方确定终验方案（含承建单位总结报告）及终验形式（三方会议或专家会议）、参与人员、议程等。

6）协助业主单位做好终验准备、组织项目终验；对于大型或重要信息系统工程建设项目，应业主单位要求，可以聘请有关专家参与终验评审，以评估项目完成情况。

7）准备好监理的发言材料（监理总结报告）。

8）根据已定的验收议程召开会议，做好记录，会议纪要和验收报告落实签字。

9）三方签订终验合格报告，要求业主单位和承建单位以终验合格报告作为项目验收结束的依据。

10）项目终验后，审核承建单位的项目结算，可协助业主单位进行项目决算。

11）整理与项目有关的全部监理文档，并提交业主单位。

12）协助业主单位和承建单位完成项目移交工作。

20.6 案例分析题

题目一

阅读下列说明，回答问题 1 至问题 2。

【说明】某地市住建局信息系统工程项目已完成初验和试运行阶段，现进入终验阶段。以下是该项目的情况描述和相关问题：

该项目建设内容按照合同要求全部完成，各种技术文档和验收资料完备。系统的功能和性能满足设计要求，初验和试运行中出现的问题已经得到解决。试运行时间符合承建合同的要求，并完成了约定的培训工作，培训效果符合要求。承建单位提交了符合要求的终验方案和计划，并已通过审核。业主单位同意进行终验。

【问题 1】信息系统工程的终验条件有哪些？（9 分）

【问题 2】作为监理方，你认为终验阶段的监理工作的内容是什么？请至少写出六点。（6 分）

答案及解析

题目一

【问题 1】

项目终验条件如下：

（1）项目建设内容按照合同要求全部完成。
（2）各种技术文档和验收资料完备。
（3）系统的功能和性能满足设计要求。
（4）系统已通过初验、试运行，用户出具了初验和试运行意见。
（5）初验和试运行中出现的问题已经得到解决。
（6）试运行时间符合承建合同的要求。
（7）完成了约定的培训工作，培训效果符合要求。
（8）承建单位提交符合要求的终验方案和计划，并且已通过审核。
（9）业主单位同意进行终验。

【问题 2】

项目终验的监理基础内容如下：

（1）协助业主单位审核承建单位提交的终验计划及其方案，明确验收目标、各方责任、验收内容、验收标准、验收方式和验收结果等内容，并签署审核意见。
（2）及时处理承建单位提交的终验申请。

（3）如果符合终验条件，在终验申请中予以签认。

（4）如果不符合终验条件，向承建单位提出整改意见。

（5）协调项目相关方确定终验方案（含承建单位总结报告）及终验形式（三方会议或专家会议）、参与人员、议程等。

（6）协助业主单位做好终验准备、组织项目终验；对于大型或重要信息系统工程建设项目，应业主单位要求，可以聘请有关专家参与终验评审，以评估项目完成情况。

（7）准备好监理的发言材料（监理总结报告）。

（8）根据已定的验收议程召开会议，做好记录，会议纪要和验收报告落实签字。

（9）三方签订终验合格报告，要求业主单位和承建单位以终验合格报告作为项目验收结束的依据。

（10）项目终验后，审核承建单位的项目结算，可协助业主单位进行项目决算。

（11）整理与项目有关的全部监理文档，并提交业主单位。

（12）协助业主单位和承建单位完成项目移交工作。

第21章 基础设施工程监理

21.1 概述

- 隐蔽工程主要指的是___(1)___。
  - (1) A. 代码编写 　　　　　　　　　　B. 数据库的设计
  　　　C. 施工过程中形成的不可见部分　D. 建筑物的框架结构
- 基础设施工程通常不包含___(2)___系统工程的新建、升级和改造。
  - (2) A. 通用布缆 　　　　　　　　　　B. 计算机网络
  　　　C. 电子设备机房 　　　　　　　　D. 工业自动化控制
- 在通用布缆系统工程监理中，___(3)___不是监理内容的一部分。
  - (3) A. 网络设备的配置检查 　　　　　B. 保护设施的安装和检查
  　　　C. 机柜、机架的安装和检查 　　　D. 线缆敷设和检查
- 下列___(4)___不属于电子设备机房系统工程建设的内容。
  - (4) A. 供配电系统工程 　　　　　　　B. 空调系统工程
  　　　C. 办公自动化系统工程 　　　　　D. 安全防范系统工程

答案及解析

(1) **答案：C** 　解析　隐蔽工程是指基础设施工程施工过程中，施工后形成的不可见的部分。

(2) **答案：D** 　解析　基础设施工程主要包括：通用布缆系统工程、计算机网络系统工程和电子设备机房系统工程，涉及系统的新建、升级和改造。

(3) **答案：A** 　解析　通用布缆系统工程监理内容如下：

1）保护设施的安装和检查。
2）机柜、机架的安装和检查。
3）信息插座的安装和检查。
4）连接硬件的安装和检查。
5）线缆敷设和检查。
6）设备和线缆的标识、记录的检测等。

（4）**答案：C 解析** 电子设备机房系统工程建设的内容包括：
1）供配电系统工程。
2）空调系统工程。
3）消防系统工程。
4）安全防范系统工程。
5）环境系统工程。
6）动力环境监控系统工程。

21.2 招标阶段监理工作

- 在招标阶段的监理活动中，＿＿（1）＿＿不是监理公司的责任。
  （1）A．确定最终的工程预算　　　　　B．梳理工程需求
  　　　C．协助招标文件的编制　　　　　D．协助承建合同的签订
- 在基础设施工程招标阶段的监理活动中，＿＿（2）＿＿不属于监理单位的活动。
  （2）A．协助业主单位明确工程需求
  　　　B．确定工程总投资
  　　　C．提出招标文件的监理意见
  　　　D．妥善保管招标阶段所产生的与监理相关的文档资料

答案及解析

（1）**答案：A 解析** 招标阶段监理内容如下：
1）梳理工程需求。
2）招标文件的监理。
3）承建合同的监理。

（2）**答案：A 解析** 招标阶段监理活动包括：
1）协助业主单位明确工程需求。
2）参与招标前的准备工作，协助业主单位编制基础设施工程的工作计划。
3）了解业主单位估算的工程总投资，了解招投标分包策略。

4）协助业主单位参与招标文件的编制或提出监理意见。

5）协助评标，对投标文件与招标文件的符合性及投标文件的合理性提出监理意见。

6）对本阶段的工作进度提出监理意见。

7）参与承建合同的签订过程，促使合同相关条款符合业主单位招标文件的要求。

8）与业主单位、承建单位以及相关单位建立信息沟通和协调机制。

9）妥善保管招标阶段所产生的与监理相关的文档资料，包括需求说明、招投标文件和监理文档等。

21.3 设计阶段监理工作

- 在基础设施工程设计阶段的监理活动中，___(1)___ 不是监理单位的职责。

  （1）A．审核工程设计方案并提出监理意见

  　　B．确定工程最终的承建单位

  　　C．协助业主单位和承建单位明确工程/项目建设具体需求

  　　D．审核设计变更的合理性，并提出监理意见

- 在基础设施工程设计阶段的监理内容中，___(2)___ 不属于监理公司的职责。

  （2）A．审核工程设计方案以确保其满足项目需求

  　　B．直接进行工程设计工作

  　　C．对设计变更的影响进行评估并提出监理意见

  　　D．协调业主单位和设计单位之间的沟通

答案及解析

（1）**答案：B　解析**　基础设施工程设计阶段的监理活动包括：

1）协助业主单位和承建单位明确工程/项目建设具体需求，规范工程设计过程。

2）确定工程/项目各方往来文档的种类、格式、签批人等事宜。

3）协助业主单位组织、评审承建单位制订的计划、设计方案。

4）监督承建单位系统需求分析过程，促使需求具备正确性、完备性、可测试性和一致性。

5）审核设计需求说明书，对其是否可作为工程设计的依据提出监理意见。

6）协助业主单位组织设计交底工作，记录交底结果。

7）审核设计变更的合理性，并对变更引起的质量、进度和投资变化提出监理意见，协调业主单位和承建单位就设计变更内容达成一致。

8）审核工程设计方案，并提出监理意见等。选项B"确定工程最终的承建单位"不属于监理单位的职责。确定最终的承建单位是招标阶段的活动之一，主要由业主单位根据招投标程序来决定，监理单位在这一过程中可能参与评标和提供专业建议，但不负责最终决定承建单位。

（2）**答案：B** **解析** 设计阶段的监理内容主要从质量控制、投资控制、文档管理、组织协调四个方面进行。B选项"直接进行工程设计工作"不属于监理公司的职责。监理公司的角色是对工程设计和施工过程进行监督和管理，而不是直接参与设计或施工。

21.4 实施阶段监理工作

- 在基础设施工程实施阶段的监理目标中，___（1）___不是监理公司直接负责实现的。
  （1）A．确保工程质量满足设计要求和工程需求
  　　B．控制工程投资不超出预算
  　　C．完成工程的具体施工任务
  　　D．保证施工安全，避免安全事故发生
- 在基础设施工程实施阶段的监理要点中，下列描述错误的是___（2）___。
  （2）A．监督建设单位严格按进度计划组织实施
  　　B．严格现场旁站
  　　C．严把进场原材料、设备质量关
  　　D．做好检验批、分项、分部工程验收工作
- 在基础设施工程实施阶段的质量控制方面，监理的主要内容不包括___（3）___。
  （3）A．施工图设计文件的审查　　B．实施组织设计方案的审查
  　　C．承建单位人员的招聘审查　　D．隐蔽工程的检查

答案及解析

（1）**答案：C** **解析** 基础设施工程实施阶段的监理目标如下：
1）工程质量满足设计要求和工程需求。
2）工程在预定工期内完成。
3）工程投资受控且合理。
4）保证施工安全，避免安全事故发生。选项C"完成工程的具体施工任务"不是监理公司直接负责实现的。监理公司负责监督和管理施工过程，确保施工单位遵循工程设计和合同要求进行施工，但不直接参与具体的施工活动。

（2）**答案：A** **解析** 实施阶段的监理要点如下：
1）严把进场原材料、设备质量关。
2）严把工序关。
3）严格现场旁站。
4）做好隐蔽工程检查签认工作。
5）做好检验批、分项、分部工程验收工作。

6）监督承建单位严格按进度计划组织实施。
（3）**答案：C** **解析** 基础设施工程实施阶段在质量控制方面的主要监理内容包括：
1）施工图设计文件的审查。
2）实施组织设计方案的审查。
3）隐蔽工程的检查。
4）其他质量控制内容。

21.5 验收阶段监理工作

- 在基础设施工程验收阶段的质量控制措施中，___(1)___不是监理单位的直接职责。
  （1）A．审查承建单位提交的竣工总结报告
  B．检查质量验收是否符合规定
  C．审查验收计划、验收方案、验收条件等
  D．直接负责承建单位人员的培训和考核
- 在基础设施工程竣工图纸的审查中，___(2)___不属于重点审查的范畴。
  （2）A．拓扑图 B．设备端子接线图
  C．设备平面布置图 D．工程概预算
- 在基础设施工程竣工验收阶段，承建单位需移交的文档中不包括___(3)___。
  （3）A．网络系统设计文件 B．网络系统实施文件
  C．项目可研报告 D．网络系统验收文件

答案及解析

（1）**答案：D** **解析** 基础设施工程验收阶段的质量控制措施主要包括：
1）审查验收计划、验收方案、验收条件等。承建单位应在满足验收条件的情况下提出验收申请，得到业主单位和监理机构的审批后，由业主单位或监理机构组织验收。
2）初验阶段质量控制。
3）试运行阶段质量控制。
4）终验阶段质量控制。
5）审查竣工文件是否包括了竣工技术文件中的每张表格。
6）重点审查竣工图纸。
7）检查质量验收是否符合规定。
（2）**答案：D** **解析** 基础设施工程竣工图纸应重点审查以下内容：拓扑图；走线架（线槽）安装图；设备平面布置图；设备端子接线图；配线架接线和跳线图。
（3）**答案：C** **解析** 基础设施工程承建单位在竣工验收阶段要移交的文档至少应包括：

1）启动阶段文档。

2）网络系统设计文件。

3）网络系统实施文件。

4）网络系统验收文件。

5）所附电子文件的软件环境说明。

21.6　各子系统工程监理内容

- 在审核通用布缆系统工程设计需求说明书时，下列内容不属于审核范围的是＿＿（1）＿＿。
  - （1）A．通用布缆系统结构
  - 　　B．无线接入用户数、接入速率、信号强度、无线设备位置等
  - 　　C．室内装修风格
  - 　　D．线缆的要求
- 在通用布缆系统工程设计方案的审核过程中，下列活动＿＿（2）＿＿不是必需的。
  - （2）A．审核承建单位技术负责人签认的工程设计方案
  - 　　B．根据工程预算审核设计方案
  - 　　C．审核工程设计方案内容
  - 　　D．审查无线局域网部署技术关键点
- 在审查通用布缆系统工程设计方案中的无线局域网部署技术关键点时，＿＿（3）＿＿不是审查的重点内容。
  - （3）A．设备与天线的选型是否符合环境保护标准
  - 　　B．天线架设位置的合理性及其是否在避雷针的保护范围内
  - 　　C．天线接地电阻是否满足标准要求
  - 　　D．室内设计方案中无线点部署位置的适宜性及无线信号覆盖效果
- 在通用布缆系统工程实施过程中，关于机架、配线箱等设备的安装要求，描述正确的是＿＿（4）＿＿。
  - （4）A．设备的安装位置可以根据现场情况随意调整，不必严格遵守设计文件要求
  - 　　B．垂直偏差度的要求比较宽松，只要不超过 10mm 即可
  - 　　C．设备的规格、容量、位置必须严格符合设计文件要求，垂直偏差度不应大于 3mm
  - 　　D．设备安装完成后，无须进行任何形式的质量检查和确认
- 在通用布缆系统工程中，关于机柜安装的空间要求，描述正确的是＿＿（5）＿＿。
  - （5）A．无论单排还是多排安装，机柜的前面净空均不应小于 800mm
  - 　　B．单排安装时，机柜后面及侧面净空应至少为 1000mm
  - 　　C．多排安装时，列间距应至少为 1200mm，以便于施工、维护人员操作和通行
  - 　　D．相邻机柜之间的距离应尽量增大，以提高通风效果

● 在数据中心的主机房内，关于通道与设备间的距离要求，描述错误的是___(6)___。

(6) A．用于搬运设备的通道净宽应不小于 1.5m
  B．面对面布置的机柜（架）正面之间的距离应不小于 1.0m
  C．背对背布置的机柜（架）背面之间的距离应不小于 0.8m
  D．成行排列的机柜（架）两端应设有通道，且当两个通道之间的距离超过 15m 时，还应增加通道

答案及解析

（1）**答案：C** 解析 通用布缆系统工程设计需求说明书审核的内容如下：
1）通用布缆系统结构。
2）线缆的要求。
3）室内外管线路由。
4）配线间的布局及位置。
5）信息插座的位置。
6）电源的要求。
7）无线接入用户数、接入速率、信号强度、无线设备位置等。

（2）**答案：B** 解析 通用布缆系统工程设计方案的审核内容如下：
1）承建单位应提交经技术负责人审核签认的工程设计方案。
2）审核工程设计方案内容。
3）根据招标文件、投标文件、设计需求说明书等，审核工程设计方案对应内容。
4）审查工程设计方案中无线局域网部署技术关键点。

（3）**答案：A** 解析 通用布缆系统工程审查工程设计方案中无线局域网部署技术关键点如下：
1）设备与天线的选型符合标准规范。
2）每个无线点的天线增益、高度、方位及信道的选择符合设计规范。
3）天线架设位置应合适，接收发射信号方向上应无遮挡物，所有天线位置应在避雷针的保护范围内。
4）架设天线的支架或铁塔应与接地系统良好连接，天线接地电阻满足标准要求。
5）室内设计方案应包括无线点部署位置图，考虑无线电信号覆盖区域接入信号强度、接入容量和接入速率的要求。如有可能，应提供无线信号覆盖场强模拟示意图，应避免同频无线点之间的干扰。

（4）**答案：C** 解析 机架、配线箱等设备的规格、容量、位置应符合设计文件要求，垂直偏差度不应大于 3mm。

（5）**答案：C** 解析 为便于施工和维护人员操作，机柜单排安装时，前面净空不应小于 1000mm，后面及侧面净空不应小于 800mm；多排安装时，列间距不应小于 1200mm。以便人员施

工、维护和通行。相邻机架设备应靠近，同列机架和设备的机面应排列平齐。

（6）**答案：B 解析** 在数据中心的主机房内通道与设备间的距离应满足如下要求：

1）用于搬运设备的通道净宽不应小于 1.5m。

2）面对面布置的机柜（架）正面之间的距离不宜小于 1.2m。

3）背对背布置的机柜（架）背面之间的距离不宜小于 0.8m。

4）当需要在机柜（架）侧面和后面维修测试时，机柜（架）与机柜（架）、机柜（架）与墙之间的距离不宜小于 1.0m。

5）成行排列的机柜（架），其长度超过 6m 时，两端应设有通道；当两个通道之间的距离超过 15m 时，在两个通道之间还应增加通道。通道的宽度不宜小于 1m，局部可为 0.8m。

21.7 案例分析题

题目一

阅读下列说明，回答问题 1 至问题 3。

【说明】某企业准备对其信息系统进行升级改造，决定启动一个基础设施工程项目，包括通用布缆系统、计算机网络系统和电子设备机房的升级。为了确保工程顺利进行，企业决定在招标阶段引入专业监理单位。监理单位在参与招标阶段的活动包括协助业主单位明确工程需求、参与招标文件编制并提出监理意见、协助评标等重要环节。招标成功后，监理公司还参与了承建合同的签订过程，确保合同中包含了适当的条款，符合业主单位的招标要求。

【问题 1】在招标阶段，监理单位参与的哪个活动能最直接确保承建合同的质量？（2分）

【问题 2】根据案例描述，监理单位协助评标过程中，应做好哪些工作？（2分）

【问题 3】如果该基础设施工程项目的合同金额为 1000 万元，按照《建设工程价款结算管理暂行办法》规定，预付款的范围应该是多少？（6分）

题目二

阅读下列说明，回答问题 1 至问题 3。

【说明】某监理单位承接了省政府办公大楼信息网络系统工程项目监理业务，该项目建设内容中包含通用布缆系统工程。在项目实施过程中，监理对以下施工情况进行了检查。

事件一：施工单位在安装机架、配线箱等设备后，监理对其设备安装情况进行了检查，垂直偏差度为 2.2mm。

事件二：单排机柜安装的前面净空为 90cm，后面和侧面净空为 80cm。

事件三：机房中各排机柜安装的列间距均为 1m。

事件四：数据中心主机房的建设中，机柜为面对面布局，机柜正面之间的距离测量为 1.2m。

【问题 1】通用布缆系统施工过程的监理内容包括哪些？（5分）

【问题 2】事件一至事件四中，施工单位是否符合要求，如果不符合要求，请指出正确的要求。（8 分）

【问题 3】通用布缆系统工程设计需求说明书审核的内容有哪些？（7 分）

题目三

阅读下列说明，回答问题 1 至问题 3。

【说明】某省交通管理部门拟扩建全省交警指挥中心机房，随着直属单位和驻地单位办公人员的逐渐增多，原有网络机房已经满足不了行政办公的要求。经前期勘察与调研，省交通管理部门决定再新建一个汇聚机房，并部署安装无线网络设备，敷设一条光纤连接至原有核心机房。通过招投标选定了 A 公司为监理单位，B 公司为施工单位。

事件一：设计阶段，监理单位 A 公司对本次项目的系统需求分析进行了审核。

事件二：在项目实施阶段，监理 A 公司对施工单位 B 公司的计算机网络系统工程实施方案进行了审核。

事件三：监理单位针对本次布缆的设计方案进行了审核。

【问题 1】针对事件一，至少写出 6 条，监理在计算机网络系统工程需求分析审核的内容。（6 分）

【问题 2】针对事件二，请写出监理在计算机网络系统工程实施方案的审核内容。（7 分）

【问题 3】请写出通用布缆系统工程设计需求说明书监理需要审核的内容。（7 分）

答案及解析

题目一

【问题 1】招标阶段监理活动参与承建合同的签订过程，促使合同相关条款符合业主单位招标文件的要求；最直接确保承建合同的质量。

【问题 2】招标阶段监理活动中协助评标，对投标文件与招标文件的符合性及投标文件的合理性提出监理意见。

【问题 3】根据《建设工程价款结算管理暂行办法》的规定，包工包料工程的预付款原则上预付比例宜不低于合同金额的 10%，不高于合同金额的 30%。对于本案例中的 1000 万元合同金额，预付款的范围应该在 100 万元（即合同金额的 10%）到 300 万元（即合同金额的 30%）之间。这个预付款的设定旨在确保承建方有足够的资金开始工程建设，同时也控制了业主单位的风险。

题目二

【问题 1】通用布缆系统施工过程的监理内容如下：

（1）根据监理实施细则确定的检查控制点，对承建单位的施工进行现场检查，并做检查记录。

（2）对承建单位的施工进行阶段性的监理抽检测试，并形成报告。
（3）保护设施安装的检查工作。
（4）机柜、机架安装的检查工作。
（5）信息插座安装的检查工作。
（6）连接硬件安装的检查工作。
（7）线缆敷设的检查工作。
（8）标识、记录的检查工作。
（9）无线施工的检查工作。
（10）实施过程监理关注点。

【问题2】通用布缆系统工程实施过程监理关注点如下：
（1）机架、配线箱等设备的规格、容量、位置应符合设计文件要求，垂直偏差度不应大于3mm。
（2）机架和设备上各种零件不应缺少或碰坏，设备内部不应留有线头等杂物，表面漆面如有损坏或脱落，应进行补漆，其颜色应与原来漆色协调一致，各种标识应统一、完整、清晰、醒目。
（3）机架、配线箱及桥架等设备必须安装牢固可靠。当有抗震要求时，应根据设计规定或施工图中的防震措施要求进行抗震加固。各种螺丝必须拧紧，无松动、缺少、损坏或锈蚀等缺陷，机架更不应有摇晃现象。
（4）为便于施工和维护人员操作，机柜单排安装时，前面净空不应小于1000mm，后面及侧面净空不应小于800mm；多排安装时，列间距不应小于1200mm。以便人员施工、维护和通行。相邻机架设备应靠近，同列机架和设备的机面应排列平齐。
（5）在数据中心的主机房内通道与设备间的距离应满足如下要求：
1）用于搬运设备的通道净宽不应小于1.5m。
2）面对面布置的机柜（架）正面之间的距离不宜小于1.2m。
3）背对背布置的机柜（架）背面之间的距离不宜小于0.8m。
4）当需要在机柜（架）侧面和后面维修测试时，机柜（架）与机柜（架）、机柜（架）与墙之间的距离不宜小于1.0m。
5）成行排列的机柜（架），其长度超过6m时，两端应设有通道；当两个通道之间的距离超过15m时，在两个通道之间还应增加通道。通道的宽度不宜小于1m，局部可为0.8m。
（6）在公共场所安装配线箱时，壁嵌式箱体底面距地不宜小于1.5m，墙挂式箱体底面距地不宜小于1.8m。
（7）各类配线部件的安装应符合相关规定要求，部件应完整，安装就位，标志齐全、清晰；安装螺丝应拧紧，面板应保持在一个平面上。
（8）信息插座模块安装应符合相关规定。
（9）缆线桥架的安装应符合相关规定。安装位置应符合施工图要求，左右偏差不应超过50mm；安装水平度每米偏差不应超过2mm；垂直安装应与地面保持垂直，垂直度偏差不应超过3mm；桥架截断处及拼接处应平滑、无毛刺；吊架和支架安装应保持垂直，整齐牢固，无歪斜现象；金属桥架及金属导管各段之间应保持连接良好，安装牢固；采用垂直槽盒布放缆线时，支撑点宜避开地面沟槽和槽盒位置，支撑应牢固。

【问题3】通用布缆系统工程设计需求说明书审核的内容如下：

（1）通用布缆系统结构。

（2）线缆的要求。

（3）室内外管线路由。

（4）配线间的布局及位置。

（5）信息插座的位置。

（6）电源的要求。

（7）无线接入用户数、接入速率、信号强度、无线设备位置等。

题目三

【问题1】监理在计算机网络系统工程需求分析审核的内容如下：

（1）网络服务和应用的需求，可列出网络服务以及网络系统建成后在其上运行的应用系统的类型、特性、对网络系统的要求等。

（2）网络用户的类型、特征和数量。

（3）网络地址和子网划分的要求。

（4）网络流量分配及数据流向的要求。

（5）网络路由协议的要求。

（6）网络性能要求，例如带宽、响应时间等。

（7）网络服务质量的要求，例如服务质量模型、服务质量参数等。

（8）网络可靠性要求，例如单点失效、故障恢复能力等。

（9）网络可扩展性要求。

（10）如适用，互联网的接入方式、带宽需求。

（11）网络安全性需求。

（12）网络管理的需求。

（13）若存在现有网络系统，应对现有网络系统及其业务进行分析，考虑目标系统与现有网络系统的兼容性和互操作性要求。

（14）网络系统的其他需求。

【问题2】监理在计算机网络系统工程实施方案的审核内容如下：

（1）设备的安装调试，包括各类设备的采购、进场、配置、调试和管理等。

（2）网络系统集成，包括软硬件系统集成、系统连通性验证等。

（3）网络系统拓扑图、网络设备布局图、配线图等。

（4）网络基础设施、网络服务、网络安全和网络管理系统各部分实施方案合理性和可行性，与承建合同、工程设计方案的符合性。

（5）工程实施组织，包括实施人员、实施顺序、实施测量、安全措施、特殊处理措施等。

（6）工程实施计划，包括实施步骤、实施方法、实施进度等。

（7）如适用，项目分包工程实施方案，包括实施组织、实施方法、实施进度，以及有关质量、安全等主要技术和组织措施等。

【问题3】通用布缆系统工程设计需求说明书监理需要审核的内容如下：

（1）通用布缆系统结构。

（2）线缆的要求。

（3）室内外管线路由。

（4）配线间的布局及位置。

（5）信息插座的位置。

（6）电源的要求。

（7）无线接入用户数、接入速率、信号强度、无线设备位置等。

第22章 软件工程监理

22.1 概述

- 软件工程的核心目的是___(1)___。
  - (1) A. 创新计算机科学理论　　　　　　B. 实现软件产品的定义、开发、发布和维护
  - C. 扩大工程管理的应用领域　　　　　D. 探索新的技术开发方法
- 下列选项___(2)___最符合"就绪可用软件产品"的定义。
  - (2) A. 需要用户自己编写代码来实现特定功能的软件
  - B. 只能在特定硬件上运行的定制软件
  - C. 不需要用户进行额外开发即可使用的通用软件
  - D. 需要经过长时间配置才能投入使用的软件
- 在软件工程实施阶段，___(3)___的监理不是实施阶段监理的活动。
  - (3) A. 软件编码　　　　　　　　　　　B. 系统部署
  - C. 需求分析　　　　　　　　　　　D. 软件测试

答案及解析

(1) **答案：B** 解析　软件工程是应用计算机科学理论和技术以及工程管理原则和方法，按预算和进度，实现满足用户要求的软件产品的定义、开发、发布和维护的工程或进行研究的科学。核心目的在于实现软件产品从定义到开发、发布及维护的整个生命周期管理，以满足用户要求。

(2) **答案：C** 解析　就绪可用软件产品指的是那些可供任何用户使用，不需要经过实施开发活动的软件产品。

(3) **答案：C** 解析　需求分析的监理属于设计阶段。软件工程建设过程中，结合软件开发

的一般要求，将软件工程监理过程分布于 4 个阶段，可划分为 13 个活动，详见下表。

阶段	监理活动
招标阶段	招标准备的监理；招标的监理；合同签订的监理
设计阶段	计划制订的监理；需求分析的监理；概要（结构）设计的监理；详细设计的监理
实施阶段	编码及测试的监理；系统部署的监理
验收阶段	项目初验的监理；项目试运行的监理；项目终验的监理；培训的监理

22.2 招标阶段监理工作

- 在软件工程招标阶段的监理活动中，不属于监理责任的是＿＿（1）＿＿。
  - （1）A．协助业主单位开展招标准备工作　　B．选定软件工程的承建单位
  - 　　　C．参与编制招标文件　　　　　　　　D．参与合同谈判并提出监理意见
- 在软件工程招标阶段招标准备的监理内容中，不属于监理责任的是＿＿（2）＿＿。
  - （2）A．了解和掌握软件需求　　　　　　　B．明确监理质量、进度等控制目标
  - 　　　C．编制招标文件　　　　　　　　　　D．参与合同谈判

答案及解析

（1）**答案：B** **解析** 软件工程招标阶段的监理活动主要包括招标前准备、参与招标活动以及合同谈判的监理等方面。监理单位的职责是协助业主单位进行招标准备、审核招标文件、参与招标活动、并在合同谈判过程中提出监理意见。但是，最终选定软件工程的承建单位是业主单位的责任，而非监理单位直接决定的事项。

（2）**答案：D** **解析** 招标准备的监理内容如下：
1）收集软件工程的相关资料，了解和掌握软件需求。
2）梳理软件工程建设需求，明确监理质量、进度等控制目标。
3）参与招标文件的编制，或审核招标文件技术需求、招标实施合规性等。
4）协助审查已有可利用产品的再用价值、可用性等。

22.3 设计阶段监理工作

- 在软件工程设计阶段，以下＿＿（1）＿＿不属于监理内容。
  - （1）A．监理项目的总体进度　　　　　　　B．监理需求分析的准确性
  - 　　　C．监理概要（结构）设计的合理性　　D．直接参与软件编码

- 在进行软件工程概要（结构）设计评价时，___（2）___不是评价时应遵守的准则。

  （2）A．设计的运行和维护的可行性　　　B．设计与业务目标的符合性

  　　　C．设计的技术创新性　　　　　　　D．设计所使用的标准和方法的适宜性

- 在进行软件工程详细设计和测试需求评价时，___（3）___不是评价时应遵守的准则。

  （3）A．测试的可行性、完备性　　　　　B．详细设计的新技术使用率

  　　　C．压力测试对主要指标的验证　　　D．软件各项需求的可追溯性

- 软件工程设计阶段的需求管理主要包括四个过程。以下选项___（4）___不是这四个过程之一。

  （4）A．需求获取　　　B．需求分析　　　C．需求规格编写　　　D．需求实现

- 信息系统监理师需求分析评审时下列___（5）___不属于评审准则。

  （5）A．与监理合同的可追溯性、一致性

  　　　B．与业务目标和系统建设目标的可追溯性、一致性

  　　　C．软件设计的可行性

  　　　D．运行和维护的可行性

答案及解析

（1）**答案：D**　**解析**　软件工程设计阶段监理内容包括：项目计划的监理、需求分析的监理、概要（结构）设计的监理、详细设计的监理、设计阶段的需求管理。

（2）**答案：C**　**解析**　根据软件工程监理在概要（结构）设计评价时应遵守的准则，评价的重点应当放在设计是否满足业务需求、与合同要求的一致性、需求的可追溯性、所采用设计标准和方法的适宜性、设计的可行性、可测试性以及运行和维护的可行性等方面。这些准则的主要目的是确保软件设计能够满足预定的业务目标和系统需求，同时保证设计的可实施性、可维护性和可测试性。

（3）**答案：B**　**解析**　监理在详细设计和测试需求评价时应遵守的准则如下：

1）软件各项需求的可追溯性。

2）与概要（结构）设计的一致性。

3）所采用的设计方法和标准的适宜性。

4）测试的可行性、完备性。

5）软件项满足指定需求的可行性。

6）压力测试对主要指标的验证。

7）回归测试的验证、管控等管理事项。

（4）**答案：D**　**解析**　软件工程设计阶段的需求管理是一个关键步骤，确保了软件项目能够满足最终用户的实际需要。需求管理的主要过程包括需求获取、需求分析、需求规格编写和需求验证。这些步骤一起确保了收集到的需求是完整的、一致的，并且能够被准确地理解和实现。

1）需求获取：是收集软件项目所有相关需求的过程，包括用户需求、系统内部需求和外部接口需求等。

2）需求分析：是对收集到的需求进行整理、分类和优先级排序的过程，确保需求之间没有冲突，明确需求的可行性和必要性。

3）需求规格编写：是将经过分析的需求转换成更加正式的文档的过程，通常包括功能性需求、非功能性需求等详细描述，为软件设计和实现提供依据。

4）需求验证：是确认需求规格中的需求是否完全并正确地反映了用户的需求，通过审查、测试等手段确保需求的正确性和可实现性。

选项 D "需求实现" 不是需求管理阶段的一个过程，而是在需求管理完成之后，软件开发阶段才会进行的活动。

（5）**答案：A　解析**　需求分析信息系统监理师评审时需要考虑的准则如下：

1）与承建合同的可追溯性、一致性。

2）与业务目标和系统建设目标的可追溯性、一致性。

3）软件设计的可行性。

4）运行和维护的可行性。

22.4　实施阶段监理工作

- 根据软件工程的实施阶段监理内容，＿＿（1）＿＿不属于监理内容。
  - （1）A．对编码的监理　　　　　　　B．对测试的监理
  　　　C．对系统部署的监理　　　　　D．对需求分析的监理
- 根据实施阶段的监理活动，＿＿（2）＿＿不属于监理活动。
  - （2）A．参与编码、测试、系统部署活动，参与符合承建合同及项目计划的阶段计划编写，并按计划开展工作
  　　　B．对软件编码、测试的过程和成果进行检查，促使软件编码及测试符合相关技术标准的要求，保证软件产品的质量
  　　　C．监督承建单位的单元测试、集成测试和系统测试情况，验证软件符合系统需求和系统设计的要求
  　　　D．及时对变更进行响应，并做好变更控制工作
- 根据软件工程实施阶段编码及测试的监理内容，＿＿（3）＿＿不属于监理内容。
  - （3）A．要求承建单位为软件编码过程和单元测试过程的实施提交详细的计划，并督促承建单位按照计划的要求开展工作
  　　　B．要求承建单位制定软件编码规范，并督促承建单位实施
  　　　C．要求承建单位开放系统源代码，抽查其是否符合软件编码规范
  　　　D．要求承建单位编制数据迁移方案，分析当前数据结构、编制数据迁移脚本、验证数据备份效果
- 根据软件工程实施阶段系统部署的监理内容，＿＿（4）＿＿不属于监理内容。

（4）A. 要求承建单位提交系统部署计划。该计划应包括用户使用环境和用户业务需求、职责和进度安排
　　　B. 应在系统部署之前，审查软件产品是否具备系统集成实施的条件和环境
　　　C. 督促承建单位按照部署计划的要求开展系统集成活动并提交系统部署文档
　　　D. 应组织对开发过程中的软件进行查验，并做好记录

答案及解析

（1）**答案：D** **解析** 软件工程的实施阶段监理内容包括对编码的监理、对测试的监理、对系统部署的监理。

（2）**答案：A** **解析** 软件工程实施阶段的监理活动包括：
1）督促承建单位开展编码、测试、系统部署活动，提交详细的、符合承建合同及项目计划的阶段计划，并按计划开展工作。
2）对软件编码、测试的过程和成果进行检查，促使软件编码及测试符合相关技术标准的要求，保证软件产品的质量。
3）监督承建单位的单元测试、集成测试和系统测试情况，验证软件符合系统需求和系统设计的要求。
4）及时对变更进行响应，并做好变更控制工作。

（3）**答案：D** **解析** 软件工程的实施阶段编码及测试的监理内容如下：
1）要求承建单位为软件编码过程和单元测试过程的实施提交详细的计划，并督促承建单位按照计划的要求开展工作。
2）要求承建单位制定软件编码规范，并督促承建单位实施。
3）要求承建单位开放系统源代码，抽查其是否符合软件编码规范。
4）督促承建单位是否依据系统需求和设计文档进行开发，保证程序实现和需求相一致。
5）督促承建单位按照规范要求开展测试工作，保证程序提交质量。
6）检查承建单位测试过程中的问题记录，督促承建单位解决软件测试中发现的问题，并检查其改正的记录。
7）在系统测试阶段应督促承建单位跟进业主单位或第三方测评机构的测评情况，并应取得系统测试报告以及回归测试的测试记录。
8）对于就绪可用软件产品，应验证其是否满足承建合同要求、知识产权要求、服务要求等，并要求承建单位提供有效的证明文档。
9）要求承建单位编制数据迁移方案，分析历史数据结构、编制数据迁移脚本、验证数据迁移效果。

（4）**答案：A** **解析** 软件工程实施阶段系统部署的监理内容如下：
1）要求承建单位提交系统部署计划。该计划应包括应用环境和基础设施需求、职责和进度安排。

2）应在系统部署之前，审查软件产品是否具备系统集成实施的条件和环境。

3）督促承建单位按照部署计划的要求开展系统集成活动并提交系统部署文档。

4）宜根据前期工作成果（招投标文件、承建合同、需求规格说明书），审核已部署系统，对功能需求、性能需求、安全需求、保密需求等内容提出监理意见。

5）监督承建单位解决系统部署中发现的问题和不合格项，形成系统问题跟踪的记录。

6）应组织对就绪可用软件产品进行查验，并做好记录。

7）应督促承建单位验证数据迁移结果，保证数据迁移的完整性和准确性，并做好记录，形成数据迁移验证和确认检查表。

22.5 验收阶段监理工作

- 在软件工程验收阶段，监理活动不包括＿＿＿（1）＿＿＿。
  （1）A．监督培训过程，确保培训满足合同要求
  　　　B．协助业主单位进行软件项目的预验收
  　　　C．协调承建单位与第三方测评机构的系统测试
  　　　D．直接修改软件代码以满足功能和性能要求
- 软件工程验收阶段的监理内容细分为＿＿＿（2）＿＿＿阶段。
  （2）A．项目规划、执行、闭环　　　　　B．项目初验、试运行、终验
  　　　C．需求分析、设计、开发　　　　　D．质量控制、风险管理、合同管理
- 在软件工程验收阶段系统试运行的监理内容中，下列活动＿＿＿（3）＿＿＿不属于监理工作。
  （3）A．要求承建单位提交系统试运行计划并督促其实施
  　　　B．自行进行系统试运行而不通知承建单位
  　　　C．督促承建单位做好试运行记录及时解决试运行过程中发现的问题
  　　　D．协调业主单位和/或使用单位提交系统使用意见
- 在软件工程项目终验的监理内容中，下列活动＿＿＿（4）＿＿＿是监理在终验中的首要任务。
  （4）A．督促承建单位解决终验中发现的问题和不合格项
  　　　B．协助承建单位确认是否满足终验条件
  　　　C．要求承建单位提交项目移交申请
  　　　D．参与终验，签署终验报告
- 在软件工程项目终验的监理内容中，＿＿＿（5）＿＿＿是确保验收文档符合相关标准的。
  （5）A．审核承建单位提交的终验方案
  　　　B．督促承建单位解决终验中发现的问题和不合格项
  　　　C．要求承建单位提交项目移交申请
  　　　D．审核承建单位所提供的工程各阶段形成的技术、管理文档的内容和种类

答案及解析

（1）**答案：D** **解析** 软件工程验收阶段监理活动包括：

1）监督培训过程，促使培训达到承建合同要求。

2）协助业主单位进行初验、试运行和终验的工作，促使软件工程项目最终的功能和性能等指标符合承建合同、法律法规和标准的要求。

3）如适用，协调承建单位配合第三方测评机构进行系统测试。

4）协助业主单位、承建单位进行软件工程项目的移交工作，促使软件工程项目顺利完成。

选项 D"直接修改软件代码以满足功能和性能要求"，不属于监理的职责范围。监理的角色是监督和协调，确保项目按照合同要求和标准进行，而不是直接介入项目的实施如编码或修改代码。这项工作通常由承建单位的开发团队负责，监理的工作是确保这些活动符合合同要求和标准，而不是直接参与实施。

（2）**答案：B** **解析** 软件工程验收阶段的监理内容可以细分为项目初验、试运行、终验三个阶段。

（3）**答案：B** **解析** 监理工作的核心是确保软件工程项目的质量和性能满足合同和业主的要求，通过监督和协调来完成。选项 A、选项 C 和选项 D 都是监理在软件工程验收阶段系统试运行中的常见活动。这些活动包括要求承建单位提交试运行计划并监督其实施，督促承建单位记录和解决试运行中的问题，以及协调业主单位和/或使用单位提出使用意见。

选项 B"自行进行系统试运行而不通知承建单位"，显然不属于监理的工作职责。监理的角色是监督和协调，而不是代替承建单位自行进行系统试运行。监理需要确保所有相关工作透明、有序地进行，并且所有相关方都被适当地通知和协调。自行进行试运行而不通知承建单位，违反了监理的基本原则，可能会导致项目管理混乱，影响项目质量和进度。因此，正确答案是 B。

（4）**答案：B** **解析** 软件工程项目终验的监理内容如下：

1）协助业主单位确认是否满足终验条件。

2）审核承建单位提交的终验方案。

3）参与终验，签署终验报告，验收活动和结果应形成文档。

4）督促承建单位解决终验中发现的问题和不合格项。

5）要求承建单位提交项目移交申请，宜包括软件交付清单、相关工程文档和必要的联系信息，并做好交接记录，形成软件工程项目移交清单。

6）审核承建单位所提供的工程各阶段形成的技术、管理文档的内容和种类，确保验收文档符合相关标准。

7）依据承建合同审核承建单位提交的工程结算。

8）完成工程监理总结报告，整理工程有关的全部监理文档，并移交业主单位。

（5）**答案：D** **解析** 在软件工程项目终验的监理内容中提到，审核承建单位所提供的工程各阶段形成的技术、管理文档的内容和种类，确保验收文档符合相关标准。

22.6　软件支持过程的监理工作

- 在软件支持过程的监理工作中，＿＿（1）＿＿过程不是监理的主要职责。
  （1）A．监督文档编制　　　　　　B．监督软件的建模选型
  　　　C．监督配置管理　　　　　　D．监督质量保证
- 在软件工程文档编制过程中，监理机构的正确做法是＿＿（2）＿＿。
  （2）A．独立完成所有软件文档的编制工作
  　　　B．仅负责软件文档的最终审批
  　　　C．与业主单位、承建单位共同制订文档编制、审核及确认计划
  　　　D．仅提供技术咨询服务

答案及解析

（1）答案：B　解析　软件支持过程的监理工作包括文档编制过程的监理、配置管理过程的监理和质量保证过程的监理。

（2）答案：C　解析　软件工程文档编制过程中，监理机构宜与业主单位、承建单位共同制订软件工程所需文档的编制、审核及确认计划，并共同对工程所需文档的内容、设计和开发、编制过程、维护提出明确要求。

22.7　软件工程项目文档清单

- 在软件工程项目中，以下文档＿＿（1）＿＿是承建单位负责编制的。
  （1）A．项目立项文档　　　　　　B．监理规划
  　　　C．需求规格说明书　　　　　D．监理实施细则
- 在软件工程项目中，以下文档＿＿（2）＿＿是专门由监理单位编制，用于记录和反馈监理活动的情况和结果。
  （2）A．用户报告　　　　　　　　B．系统上线保障方案
  　　　C．监理月报　　　　　　　　D．需求规格说明书
- 下列不属于监理文档的是＿＿（3）＿＿。
  （3）A．支付意见书　　　　　　　B．备忘录
  　　　C．开工令、停工令、复工令　D．培训文档

答案及解析

（1）**答案：C**　**解析**　根据提供的信息，承建单位主要负责与软件工程项目的开发和实施相关的文档编制工作。其中，"需求规格说明书"是承建单位在软件开发过程中非常关键的文档之一，它详细描述了软件产品的功能需求和非功能需求，是软件设计、开发和测试的基础。这份文档是承建单位根据业主单位的需求而编制的，用以确保软件产品满足用户的实际需求。

选项A"项目立项文档"，通常由业主单位编制，是项目启动的基础，包括项目建议书、可行性研究报告、项目建设方案等。

选项B"监理规划"和选项D"监理实施细则"，都是监理单位在执行其监理职责过程中需要编制的文档，用于规划和细化监理工作的实施方法和步骤。

（2）**答案：C**　**解析**

选项A"用户报告"通常是业主单位或最终用户在项目完成或某个阶段后对项目成果的评价和反馈，不是由监理单位编制的。

选项B"系统上线保障方案"是由承建单位编制的，旨在确保系统顺利上线及应对可能出现的紧急情况，不是监理单位的职责范围。

选项C"监理月报"是监理单位根据其监理工作的进行，定期编制的报告，用于向项目相关方（如业主单位）报告过去一段时间内的监理活动情况、发现的问题及处理情况等。这正符合监理单位的职责，即对项目执行情况进行监督和管理，以确保项目按照合同要求和规范进行。

选项D"需求规格说明书"是承建单位基于业主单位的需求而编制的文档，用于明确软件产品的功能和非功能需求，不是监理单位的责任范围。

（3）**答案：D**　**解析**　监理文档包括：监理合同、监理规划、监理实施细则、开工令、停工令、复工令、监理意见、监理评审报告、监理月报、支付意见书、监理通知单、监理联系单、会议纪要、备忘录、监理费申请表、监理工作总结报告。

22.8　案例分析题

题目一

阅读下列说明，回答问题1至问题4。

【说明】在当前信息化快速发展的背景下，软件工程项目的管理和监理越来越受到企业和组织的重视。准确有效的软件工程监理不仅能够确保软件项目的质量和进度，还能够最大限度地减少项目成本和风险。

某综合行政执法局计划开发一个城市管理综合服务平台系统，以提高其业务运营效率和精细化管理水平。为此，该综合行政执法局启动了市管理综合服务平台系统软件工程项目，并决定引入专业的信息系统监理单位来负责项目的监理工作，确保项目能够顺利进行并达到预期目标。

事件一：该项目已经完成了招标阶段，现在正处于设计阶段。

事件二：业务单位要求在设计阶段，监理单位严格按照监理内容保质保量推进项目。

事件三：项目的承建单位提交了软件工程概要（结构）设计文档，监理工程师对其进行了审核。

【问题 1】在软件工程设计阶段，监理内容有哪些。（5 分）

【问题 2】根据事件三，监理单位在进行概要（结构）设计时的监理内容有哪些？（6 分）

【问题 3】判断下列题目的对错。（2 分）

（1）监理单位在软件工程项目中的角色是参与协助施工单位软件的编码和测试工作。（　）

（2）软件工程项目中，验收阶段的监理内容包括项目的初验和终验。（　）

【问题 4】在设计阶段的监理工作中，监理单位应当确保承建单位提交的设计文档满足（　）和（　）的要求。（2 分）

答案及解析

题目一

【问题 1】

软件工程的监理内容包括：

（1）项目计划的监理。

（2）需求分析的监理。

（3）概要（结构）设计的监理。

（4）详细设计的监理。

（5）设计阶段的需求管理。

【问题 2】

概要（结构）设计的监理内容如下：

（1）督促承建单位按照计划的要求开展系统概要（结构）设计活动。

（2）宜配合业主单位制定相应的业务指标评价体系，监督承建单位对系统结构开展合理的方案设计。如适用，监理机构宜组织业主单位和承建单位按照计划的要求开展业务流程再造、业务持续改进、信息资源利用的设计活动。

（3）要求承建单位提交系统概要（结构）设计文档，概要（结构）设计文档应符合相关标准要求。

（4）组织业主单位和承建单位对系统概要（结构）设计文档进行检查，形成概要（结构）设计检查表。

（5）协助业主单位以审核、确认、联合评审等方式对系统概要（结构）设计进行评价。

（6）监督承建单位及时解决系统概要（结构）设计中发现的问题和不合格项，并提出监理意见。

【问题 3】

（1）错。根据文档内容，监理单位的角色不是参与软件的编码和测试工作，而是监督承建单位的编码、测试等活动，确保这些活动符合相关技术标准的要求、保证软件产品的质量。监理单位负责监督和管理的，包括但不限于项目计划的监理、需求分析的监理、设计阶段的监理、实施阶段的监理活动以及验收阶段的监理活动等，确保项目按照合同要求和规范进行。

（2）错。根据文档内容，验收阶段的监理内容不仅包括项目初验和终验，还包括试运行的监理工作。这三个阶段（项目初验、试运行、项目终验）都是确保软件工程项目最终的功能和性能等指标符合承建合同、法律法规和标准要求的重要环节。监理单位需要协助业主单位进行这些工作，确保软件工程项目顺利完成，满足所有预定的要求和标准。

【问题 4】

承建合同、有关法规、标准规范、投标文件、招标文件

以上答案均正确。

第23章 数据中心监理

23.1 概述

- 数据中心工程建设中，___(1)___工程不属于主要建设任务。
  (1) A．供配电系统　　B．空调系统　　C．消防系统　　D．应用软件
- 服务级别协议（SLA）不包括___(2)___内容。
  (2) A．服务的具体描述　　　　　　　B．约定的服务级别
  　　C．客户的操作习惯　　　　　　　D．服务质量标准
- 在信息中心建设中，关于设计交底的描述正确的是___(3)___。
  (3) A．承建单位将施工方案向业主单位进行汇报的过程
  　　B．业主单位对数据中心的最终设计进行审批的过程
  　　C．数据中心设计单位向承建单位和监理单位详细说明已通过评审的施工图的技术活动
  　　D．监理单位对承建单位施工质量的日常检查过程

答案及解析

(1) **答案：D** **解析** 数据中心工程主要建设任务如下：
1）供配电系统工程。
2）空调系统工程。
3）消防系统工程。
4）安全防范系统工程。
5）环境系统工程。

6）动力环境监控系统工程。

（2）**答案：C** **解析** 服务级别协议（SLA）是信息技术服务供方与需方之间签署的，描述服务和约定服务级别的协议，协议中不会包含客户的操作习惯。

（3）**答案：C** **解析** 设计交底是由业主单位组织，数据中心设计单位将已通过评审的施工图向承建单位、监理单位进行详细说明的技术活动，帮助承建单位和监理单位正确贯彻设计意图，掌握关键工程部位的质量要求，确保工程质量。

23.2 招标阶段监理工作

- 数据中心工程招标阶段，监理单位的活动主要包括___（1）___。
  - （1）A．直接参与工程施工和日常管理
    - B．对施工图纸进行设计和修改
    - C．参与招标文件的编制过程并提供咨询服务
    - D．按照监理独立原则，独立进行工程项目的投资估算
- 数据中心招标文件审核过程中，___（2）___不属于审核的主要内容。
  - （2）A．审核招标文件中的工程质量和进度要求的合规性
    - B．审核投标单位资质要求的合规性和非歧视性
    - C．审核项目团队成员的个人简历和资历
    - D．审核评标办法和评分标准的合理性

答案及解析

（1）**答案：C** **解析** 数据中心工程招标阶段，监理单位的活动主要包括：

1）在业主单位的授权下，参加招标文件的编制过程，提供咨询服务，针对业主单位的质询，提供监理意见。

2）在业主单位的授权下，参加业主单位与承建单位合同或服务级别协议（SLA）谈判过程，提供咨询服务，针对业主单位的质询，提供监理意见。

选项A、选项B和选项D涉及的活动不是招标阶段监理单位的主要职责。监理单位的核心任务是提供咨询服务，参与招标文件编制和合同谈判过程，而不是直接参与设计修改、施工管理或进行项目投资估算。

（2）**答案：C** **解析** 在数据中心招标文件的审核过程中，主要关注文件的完整性、合规性以及是否符合项目要求。这包括招标方式的符合性、招标内容与工程设计的符合性、投标单位资质的合规性、时间安排的合规性、资格审查的合规性、保证金的合理性、评标办法的合理性、废标条件的合规性、工程质量与进度要求的合规性、费用与计价的合规性、合同约定的合规性等方面的审核。

选项 A、选项 B 和选项 D 都是招标文件审核要点中的重要内容，它们分别对应于工程质量和进度要求的合规性、投标单位资质要求的合规性以及评标办法和评分标准的合理性的审核。

选项 C，即审核项目团队成员的个人简历和资历，通常不属于招标文件审核的范畴。招标文件审核主要关注的是与项目直接相关的技术、质量、时间、成本等方面的要求，而不涉及到具体团队成员的个人资料。项目团队成员的资历和经验可能在投标阶段由投标单位提出，并在资格预审或评标阶段进行评估，但不是招标文件审核的重点内容。

23.3 设计阶段监理工作

- 在数据中心工程设计阶段的监理活动中，___(1)___ 不属于本阶段的监理活动。
  - （1）A．协助业主单位建立规章管理制度体系
  - B．直接参与信息系统的开发工作
  - C．审查和核验开工手续及条件
  - D．监督承建单位的工程计划和深化设计方案
- 在数据中心工程深化设计方案和图纸的审核过程中，___(2)___ 不是主要的审核内容。
  - （2）A．施工方案与合同要求的一致性　　B．工程质量技术保障措施的完备性
  - C．设计团队的技术经验和资质　　　　D．设计变更与技术核定的一致性
- 在数据中心工程监理机构对施工计划的审核中，___(3)___ 不是审核内容的一部分。
  - （3）A．施工计划中建设前期各项工作的衔接和时间控制
  - B．施工计划中项目投资额、工程量和建设条件的落实情况
  - C．施工计划中施工准备工作和进度计划的合理性
  - D．施工队伍的技能培训和安全教育情况
- 在数据中心设计的需求分析审核中，___(4)___ 不是审核的重点要素。
  - （4）A．业务需求的高可用性　　　　　　B．数据处理的高可靠性
  - C．建设方案的高效节约和绿色低排放　D．设计团队的跨领域合作能力
- 根据数据中心设计方案的评审要点，___(5)___ 不是有效的评审标准。
  - （5）A．设计方案是否具有清晰的层次和架构
  - B．设计内容是否是基于图表直观感受为主，而非数据分析
  - C．是否充分利用图表与文字表述结合来展示设计方案
  - D．设计方案是否基于"发现问题→分析问题→解决问题→关闭问题"的思路

答案及解析

（1）**答案：C**　**解析**　信息系统工程设计阶段监理的要求主要是围绕优化设计方案、确保设计方案满足需求且符合法规标准、消除设计缺陷，并通过专业人员的评审来提升设计质量。选项 A、

选项 B、选项 D 均为监理的要求，而选项 C 中提到"直接负责修正设计文档的所有缺陷"，这并不完全准确。监理的角色更多是从监督和协助的角度出发，帮助业主和承建单位发现并指导修正设计文档的缺陷，而不是直接负责修正所有缺陷。

（2）**答案：C** **解析** 深化设计方案和图纸需要审核的内容如下：
1）施工方案和施工组织设计范围与合同要求的一致性。
2）工程质量技术保障措施的完备性、合规性。
3）施工图施工部位技术指标参数与工程量的明确性。
4）统计资料或管理图表和工序要求与施工动态的符合性。
5）设计变更与技术核定的一致性、合规性。

（3）**答案：D** **解析** 监理机构对施工计划审核的内容如下：
1）施工计划中建设前期的各项工作应衔接紧密、前后一致、时间可控。
2）施工计划中的项目确定投资额、工程量、建设条件均能落实。
3）施工计划中的施工准备工作、施工总进度、各子项任务的进度计划具备合理性、可行性。

（4）**答案：D** **解析** 数据中心设计的需求分析审核要点如下：
1）最大化地适应业务需求的高可用性。
2）准确的数据挖掘、整理、再计算的高可靠性。
3）高效节约、绿色低排放的建设方案。
4）最适宜的运营维护策略等。

而设计团队的跨领域合作能力虽然对项目成功至关重要，特别是在处理复杂的技术挑战和创新解决方案时，但它不直接属于需求分析审核的范畴。需求分析的核心是评估设计方案是否满足特定的业务和技术需求，而不是评估团队成员之间的合作能力。

（5）**答案：B** **解析** 数据中心设计方案的评审要点如下：
1）设计方案整体架构要做到层次明了、架构清晰、主次分明、易读易懂。
2）每一项设计内容要做到有分析、有结论，结论要明确，描述要精练。
3）设计思路和设计展示要基于科学、严谨、有依据的数据推导过程和分析，切忌猜测。
4）设计方案应充分展示高度的逻辑思维、判断和推导，语言表述能够被读懂。
5）设计方案一定要基于广泛收集的、可靠的数据，论据完整、可信。
6）设计方案应适当以图表展示，结合必要的文字表述，既简练又达意。
7）设计方案应具备完整性，宜以"发现问题→分析问题→解决问题→关闭问题"的闭环思路进行表述。
8）设计方案既要提出解决方案，也要提出必要的辅助性、支撑性的建议。

23.4 实施阶段监理工作

- 关于数据中心工程实施阶段监理活动，描述不正确的是 ＿＿（1）＿＿ 。

(1) A. 监理单位需监督承建单位按照设计图纸和施工标准施工
    B. 监理单位应督促承建单位在工程后期建立完成工程质量保证体系
    C. 监理单位负责加强施工各阶段的质量、投资、进度、安全控制管理
    D. 监理单位协助业主单位、承建单位落实安全管理制度，保障施工安全

- 在数据中心工程实施阶段监理内容中，___(2)___不属于监理工作的直接职责。
    (2) A. 审核实施方案　　　　　　　　B. 随工检测
        C. 对外宣传和市场推广　　　　　D. 软硬件设备资产的审核

- 在数据中心工程实施阶段，实施方案的审核中，___(3)___是必须要考虑的内容。
    (3) A. 软硬件到货清单是否包含最新市场流行产品
        B. 到货验收环境是否包括高级娱乐设施
        C. 到货验收过程中的安全要求及保障措施是否合理
        D. 是否所有员工都能参与到货验收过程

- 在数据中心工程实施阶段对软硬件设备资产进行审核时，___(4)___措施是正确的。
    (4) A. 定期对人员清单进行检查，以确认软硬件设备调试人员身份鉴定
        B. 确保资产清单台账和配置参数与实际状况完全一致
        C. 在设备资产入库时，仅依赖供应商提供的信息进行记录
        D. 忽略资产的外观标识，仅关注其技术性能

答案及解析

(1) **答案：B** 解析 数据中心工程实施阶段监理活动包括：
1）监督承建单位严格按照设计图纸、施工标准和规范进行施工。
2）督促承建单位建立健全工程质量保证体系，落实现场工程质量自检制度、重要结构部位和隐蔽工程质量预检复检制度、设备材料质量检查制度。
3）加强对施工各阶段的质量、投资、进度、安全控制管理，确保工程质量。
4）协助业主单位严格控制工程变更，及时做好工程结算。
5）协调业主单位、承建单位、材料设备供应商等各方工作，推进施工进度。
6）协助业主单位、承建单位认真落实安全管理制度，保障施工安全。
7）对数据中心工程的信息系统软硬件实施过程进行旁站和检查，实施随工检测，做好监理记录。
8）对数据中心工程的信息资源（数据）实施过程进行审查和组织评审，做好监理记录。
9）对数据中心工程的人员及相关规章制度实施过程进行咨询和协调，做好监理记录。

(2) **答案：C** 解析 监理内容主要围绕确保工程质量、进度、安全等方面进行，包括但不限于实施方案的审核、实施阶段的随工检测、软硬件设备资产的审核、其他监理控制措施、信息资源（数据）监理以及人员及相关规章制度监理等。这些任务旨在确保项目按照既定的质量标准和时间表成功完成，而对外宣传和市场推广通常是业主单位或市场营销部门的职责，与工程监理的直接

任务不符。

（3）**答案：C　解析**　数据中心工程实施阶段实施方案的审核内容如下：

1）到货日程安排是否符合工程实际要求。

2）软硬件到货清单是否符合合同要求，到货批次安排是否合理。

3）到货验收的清点方式、工具、技术要求和指南性文件是否符合设备的技术说明。

4）到货验收环境及必要的资源是否齐备，例如备件、知识库等。

5）到货验收过程中的安全要求及保障措施是否合理。

6）到货验收手续清单及预定结论是否妥当。

7）出现异议及遗留问题的处理原则是否得当、可行等。

（4）**答案：B　解析**　数据中心工程实施阶段监理活动的内容包括：

1）依照承建合同对承建单位是否达到验收条件进行检查，提出监理意见。

2）承建单位完成承建合同约定的任务并经监理机构确认后，向监理机构报送验收申请手续，监理机构对验收申请进行审查，提出监理意见。

3）业主单位批准监理机构提交的可以进行验收的确认意见后，监理机构宜组织对承建单位进行验收。

23.5　验收阶段监理工作

● 在数据中心工程验收阶段的监理活动中，___(1)___ 操作是符合标准程序的。

（1）A．承建单位未经监理机构确认即向业主单位提交验收申请

　　B．监理机构在未检查承建单位是否达到验收条件的情况下，直接批准验收

　　C．业主单位直接审查承建单位的验收申请，不经过监理机构

　　D．承建单位完成承建合同约定的任务并经监理机构确认后，向监理机构报送验收申请手续，监理机构审查并提出监理意见，业主单位批准后，监理机构组织验收

答案及解析

（1）**答案：D　解析**　根据数据中心工程验收阶段的监理活动流程，承建单位在完成所有任务并获得监理机构的确认后，需要向监理机构提交验收申请。监理机构随后会对申请进行审查，并提出监理意见。只有在业主单位批准了监理机构的验收意见后，监理机构才会组织对承建单位进行验收。这一过程确保了工程验收的质量和合同的履行，符合规范操作。

23.6　案例分析题

阅读下列说明，回答问题1至问题3，将答案填入答题纸的对应栏内。

【说明】某高校为解决办学空间紧张的问题,在距本校区 80km 远的位置规划建设新校区数据中心。新校区的面积是老校区的两倍。在国家教育数字化战略和数字化转型的大背景下,学校高度重视新校区数据中心建设工作,决定引入监理单位,全程协助新校区数据中心建设。

数据中心作为信息技术基础设施的核心部分,其安全、高效和稳定的运行至关重要。为学校各种复杂的计算机应用提供安全、可靠的运行环境。在新校区数据中心工程设计、施工阶段,监理单位安排经验丰富的监理工程师老张对重点工作进行专业监理。老张根据不同工作场景选择了最适合的质量控制手段,并对数据中心设计方案进行了评审,为承建单位提出了合理的监理意见。

【问题 1】(5 分)

请根据下列工作场景写出监理工程师老张采用的质量控制手段。

(1)依据学校对服务器的指标,对照设备参数进行选型和采购。

(2)在校区间的综合布线施工中,现场检查管线施工方法及工作质量。

(3)使用网络测试仪检查综合布线网络中部分关键节点的连通性。

(4)在机房施工现场,检查机柜间距是否符合国家相关工程标准。

(5)检查数据中心入户光纤的连通性。

【问题 2】(5 分)

根据案例描述,请回答监理机构在设计阶段评审数据中心设计方案的要点内容。(至少回答 5 点)

【问题 3】(5 分)

在数据中心工程设计阶段,监理机构应协助业主单位组织对承建单位数据中心深化设计方案和图纸进行审核,其审核内容包括哪些?

答案及解析

【问题 1】

(1)评审　(2)旁站　(3)测试　(4)旁站　(5)测试

【问题 2】

监理机构对数据中心设计方案的评审要点包括:

(1)设计方案整体架构要做到层次明了、架构清晰、主次分明、易读易懂。

(2)每一项设计内容要做到有分析、有结论,结论要明确,描述要精练。

(3)设计思路和设计展示要基于科学、严谨、有依据的数据推导过程和分析,切忌猜测。

(4)设计方案应充分展示高度的逻辑思维、判断和推导,语言表述能够被读懂。

(5)设计方案一定要基于广泛收集的、可靠的数据,论据完整、可信。

(6)设计方案应适当以图表展示,结合必要的文字表述,既简练又达意。

(7)设计方案应具备完整性,宜以"发现问题→分析问题→解决问题→关闭问题"的闭环思路进行表述。

(8)设计方案既要提出解决方案,也要提出必要的辅助性、支撑性的建议。

【问题3】
监理机构应协助业主单位组织对承建单位数据中心深化设计方案和图纸的以下内容进行评审：
（1）施工方案和施工组织设计范围与合同要求的一致性。
（2）工程质量技术保障措施的完备性、合规性。
（3）施工图施工部位技术指标参数与工程量的明确性。
（4）统计资料或管理图表和工序要求与施工动态的符合性。
（5）设计变更与技术核定的一致性、合规性。

第24章 信息安全监理

24.1 概述

- 下列关于商用密码的描述正确的是 ___(1)___ 。
  - (1) A．商用密码专门用于保护国家秘密信息
       B．商用密码无需通过特定变换的方法加密信息
       C．国家密码管理部门负责管理全国的商用密码工作
       D．只有中央级别的密码管理部门负责商用密码的管理工作
- 关于信息安全建设的阶段，以下 ___(2)___ 是正确的顺序。
  - (2) A．设计阶段→招标阶段→深化设计阶段→实施阶段→测试评估阶段→验收阶段
       B．招标阶段→设计阶段→实施阶段→深化设计阶段→测试评估阶段→验收阶段
       C．设计阶段→实施阶段→深化设计阶段→招标阶段→测试评估阶段→验收阶段
       D．实施阶段→设计阶段→招标阶段→深化设计阶段→测试评估阶段→验收阶段
- 在信息安全建设的规划设计阶段，信息安全监理的主要任务不包括 ___(3)___ 。
  - (3) A．分析原有系统的脆弱性及面临的安全威胁，形成安全需求
       B．完成网络安全等级保护方案的编制及审核
       C．审核深化设计方案及相关方提出的变更申请
       D．协助业主单位开展方案评估工作并配合完成规划设计资料报审
- 在深化设计阶段信息安全监理的主要任务中， ___(4)___ 不属于监理的职责。
  - (4) A．协助业主单位制定工程建设管理规范及配套管理制度
       B．审核并批准所有工程建设材料的采购
       C．督促承建单位进行现场踏勘和差距分析

D. 审核深化设计方案及相关方提出的变更申请
- 在实施阶段信息安全监理的主要任务中，___(5)___ 不是监理的直接职责。
   (5) A. 核查专用安全设备、商用密码产品的销售证明及测评报告
        B. 协助业主单位开展方案评估工作并配合完成规划设计资料报审
        C. 督促承建单位进行工程的质量、进度、文档和变更管理
        D. 监督承建单位的管理成果

答案及解析

（1）**答案：C** **解析** 商用密码是指采用特定变换的方法对不属于国家秘密的信息进行加密保护、安全认证的技术、产品和服务。国家密码管理部门负责管理全国的商用密码工作。县级以上各级密码管理部门负责管理本行政区域的商用密码工作。

（2）**答案：A** **解析** 信息安全建设有如下几个阶段：
1）规划设计阶段，确定项目的总体需求和方向。
2）招标阶段，通过公开招标等方式选择合适的供应商或者服务商。
3）深化设计阶段，根据具体需求细化设计方案。
4）实施阶段，按照设计方案进行系统的安装、部署和配置。
5）测试评估阶段，对实施的结果进行测试，确保满足安全要求。
6）验收阶段，客户对项目进行验收，确认项目满足约定的要求。

（3）**答案：C** **解析** 规划设计阶段信息安全监理的主要任务如下：
1）配合业主单位和相关供应商进行充分沟通，分析原有系统的脆弱性及面临的安全威胁，形成安全需求。
2）配合业主单位完成网络安全等级保护方案、商用密码应用系统建设方案编制及审核工作，并及时出具监理意见。
3）协助业主单位开展方案评估工作，并配合完成规划设计资料报审。
4）配合业主单位开展关键信息基础设施分析识别工作、安全防护方案编制工作，并及时出具监理意见。

（4）**答案：B** **解析** 深化设计阶段信息安全监理的主要任务如下：
1）协助业主单位梳理并制定工程建设管理规范以及配套管理制度。
2）督促承建单位进场完成现场踏勘，进行差距分析，并对网络安全等级保护、商用密码安全应用等安全方案进行深化设计。
3）审核深化设计方案及相关方提出的变更申请，必要时配合业主单位组织专家评审。

（5）**答案：B** **解析** 实施阶段信息安全监理的主要任务如下：
1）核查专用安全设备、商用密码产品的准予销售证明材料及专业测评机构出具的测评报告。
2）督促承建单位在等级保护对象定级、规划设计、实施过程中，对工程的质量、进度、文档

和变更等方面的工作进行内部控制和科学管理。

3）监理机构对承建单位的管理成果进行监督。

24.2 规划设计阶段监理工作

- 在信息安全规划设计阶段监理的目标中，___(1)___ 不是监理的目标。

  （1）A．对业主单位的财务决策提供咨询

  B．协助业主单位开展风险评估

  C．协助业主单位明确信息系统工程的安全目标

  D．协助业主单位确定信息系统工程的安全需求

- 在信息安全规划设计阶段监理活动中，___(2)___ 不属于本阶段监理的活动。

  （2）A．审核信息安全设计方案的合规性

  B．承揽信息系统工程的编码工作

  C．协助业主单位制定信息安全管理制度

  D．配合业主单位完成立项文件编制及送审工作

答案及解析

（1）**答案：A** **解析** 信息安全规划设计阶段监理的目标如下：

1）建议并协助业主单位在规划设计阶段开展风险评估。

2）协助业主单位明确信息系统工程的安全目标。

3）协助业主单位确定信息系统工程的安全需求。

4）协助业主单位申报信息系统工程安全保护等级手续。

（2）**答案：B** **解析** 信息安全规划设计阶段监理活动包括：

1）促使业主单位充分考虑信息系统工程的信息安全规划和设计。

2）建议业主单位基于业务开展风险评估工作。

3）协助业主单位根据系统的安全风险、法律法规和政策的约束，确定信息系统工程的安全目标和安全需求。

4）检查业主单位提出的安全需求与安全目标是否一致，与国家和地方的信息安全法律、法规、政策、标准是否符合。

5）审核信息安全设计方案中涉及网络安全等级保护、商用密码应用系统建设、关键信息基础设施保护的内容。

6）协助业主单位制定信息安全管理制度，开展或完善安全体系建设。

7）协助业主单位依据国家等级保护相关标准，确定信息安全保护等级，协助业主单位完成信息系统定级及备案工作。

8）协助业主单位按照相关规定完成信息安全方案评估工作，评估结果作为项目规划立项的重要依据和申报资金的必备材料。

9）配合业主单位按相关规定完成立项文件编制及送审工作，并及时获得相关管理部门的批复意见。

24.3 招标阶段监理工作

- 在信息安全招标阶段的监理活动中，___(1)___ 不是监理的直接责任。

　　(1) A. 审查招标文件，确保其中的安全条款符合安全需求

　　　　B. 监督承建合同的执行，确保安全产品和服务的质量

　　　　C. 建议业主单位基于业务开展风险评估工作

　　　　D. 确保承建合同中的安全相关条款在技术和经济上的合理性

- 在信息安全招标阶段监理的工作中，以下活动不属于招标阶段监理内容的是___(2)___。

　　(2) A. 参与制定招标评标标准和方法

　　　　B. 监督招标过程中的安全条款执行情况

　　　　C. 直接进行项目的安全技术实施工作

　　　　D. 审核并确保招标文件符合法律法规及安全标准

答案及解析

(1) **答案：C** **解析** 信息安全招标阶段的监理活动包括：
1）确保招标文件中涉及安全的条款满足安全需求，并符合法律法规、政策文件和标准规范要求。
2）确保承建合同中所提供的安全产品和服务满足招标文件要求。
3）确保承建合同中与安全相关的条款在技术、经济上合理有效。

(2) **答案：C** **解析** 信息安全招标阶段的监理内容包括协助招标准备工作、协助编写或审核招标文件、根据业主单位委托参与评标工作、承建合同的监理内容。

24.4 设计阶段监理工作

- 信息安全设计阶段监理的内容包括___(1)___。

　　(1) A. 对体系结构设计的审核　　　　B. 对可行性的审核

　　　　C. 对实现阶段的审核　　　　　　D. 对测试阶段的审核

- 下列___(2)___不属于信息安全体系结构设计监理审核的内容。

　　(2) A. 安全设计与安全目标和安全需求的一致性

　　　　B. 根据安全技术要求，选择安全模型

C．安全控制措施应覆盖物理、主机、网络、应用、数据和信息安全管理等方面

D．对系统实现阶段的代码安全性进行审查

- ＿＿＿（3）＿＿＿不属于信息安全详细设计审核的内容。

（3）A．详细设计应遵循体系结构设计，确定并明晰系统安全设计要素

B．安全控制措施应考虑计算机设备、设施、通信与网络设备、存储设备等方面

C．选择具体的安全产品和服务，设计安全产品和服务中应具备的安全机制

D．对系统上线后的运行情况进行持续的安全监控

- ＿＿＿（4）＿＿＿不属于信息安全深化设计阶段监理的内容。

（4）A．审核深化设计方案

B．审核项目实施方案

C．确认物理访问控制措施是否满足等级保护要求

D．审核系统上线后的运行维护方案

- ＿＿＿（5）＿＿＿不属于信息安全深化设计方案的监理审核内容。

（5）A．承建单位应踏勘机房场地，了解安全设备部署的物理位置

B．承建单位应检查机房出入口门禁系统，确认物理访问控制措施是否满足等级保护要求

C．承建单位应检查机房防盗报警系统、机柜接地系统及其他防护设施，确认安全物理环境是否满足等级保护要求

D．审核技术措施实现方案与管理措施实现方案

答案及解析

（1）答案：A　解析　信息安全设计阶段监理的内容包括对体系结构设计的审核与详细设计的审核。

（2）答案：D　解析　信息安全体系结构设计监理审核的内容包括：

1）安全设计与安全目标和安全需求的一致性。

2）根据安全技术要求，选择安全模型。

3）安全控制措施应覆盖物理、主机、网络、应用、数据和信息安全管理等方面。

4）项目各阶段的安全风险分析和控制措施的全面性、合理性。

5）安全性检验手段应具有可操作性、有效性。

6）督促承建单位对体系结构设计的合理性、确定性进行论证审定。

（3）答案：C　解析　信息安全详细设计审核的内容包括：

1）详细设计应遵循体系结构设计，确定并明晰系统安全设计要素。

2）安全控制措施应考虑计算机设备、设施（包括机房建筑、供电、空调等）、通信与网络设备、存储设备、身份鉴别、访问控制、安全审计、系统和信息集成、产品和服务获取、配置管理、应急计划、事件响应、安全评估与认证、安全意识和培训等方面，以及针对特定需求的安全控制措施。

3）选择具体的安全产品和服务，设计安全产品和服务中应具备的安全机制（例如配置策略等）。
4）安全产品采购和使用应符合国家有关规定。
5）可预先对产品进行选型测试。
6）工程实施组织设计，相关的操作指南或手册。
7）为系统用户和管理员提供安全运行指南。
8）督促承建单位组织相关部门和有关安全技术专家对详细设计的合理性、正确性进行论证和审定。

（4）**答案：D 解析** 信息安全深化设计阶段监理的内容包括：深化设计方案的审核和项目实施方案的审核。其中选项 C 描述的确认物理访问控制措施是否满足等级保护要求属于设计方案审核的内容。只有选项 D 不是信息安全深化设计阶段监理的内容。

（5）**答案：D 解析** 审核技术措施实现方案与管理措施实现方案属于项目实施方案的审核内容。信息安全深化设计方案的监理审核内容如下：
1）承建单位应踏勘机房场地，了解安全设备部署的物理位置。
2）承建单位应检查机房出入口门禁系统，确认物理访问控制措施是否满足等级保护要求。
3）承建单位应检查机房防盗报警系统、机柜接地系统及其他防护设施，确认安全物理环境是否满足等级保护要求。
4）承建单位应了解安全设备部署环境的线缆敷设要求及网络架构，确保安全设备接入的网络链路顺畅。

24.5 实施阶段监理工作

- ＿＿（1）＿＿不属于信息安全实施阶段的监理内容。
  （1）A．审核工程实施方案　　　　　　B．审核安全控制措施的落实情况
  　　　C．对安全设备进行验收测试　　　　D．编制信息安全管理制度和操作规程

答案及解析

（1）**答案：D 解析** 信息安全实施阶段的监理内容包括：工程实施方案的审核、安全控制措施的审核、安全设备的验收、工程实施中的安全管理。

24.6 测试评估阶段监理工作

- ＿＿（1）＿＿不属于信息系统安全测试评估的主要内容。
  （1）A．网络安全等级保护测评　　　　B．关键信息基础设施保护
  　　　C．商用密码应用安全性评估　　　　D．信息安全管理体系认证

答案及解析

（1）**答案：D** 解析 信息系统安全测试评估主要包括：网络安全等级保护测评、关键信息基础设施保护、商用密码应用安全性评估。

24.7 验收阶段监理工作

- ___(1)___ 不属于信息系统安全工程验收方案的审核内容。
  （1）A．与安全需求、设计方案和实施方案的一致性
  B．能够从技术、管理和工程方面保障信息安全，实现安全目标与安全需求
  C．安全设计要求和指标、实现方法及其检测、验证手段
  D．安全工程实施团队的资质和能力
- 信息安全验收阶段的监理内容下列选项描述正确的是___(2)___。
  （2）A．施工过程的监理、材料质量的监理、施工进度的监理
  B．设计图纸的审核、施工组织设计的审核、施工方案的审核
  C．系统测试的监理、工程验收方案的审核、工程验收过程的监理
  D．施工合同的审核、工程预算的审核、工程结算的审核

答案及解析

（1）**答案：D** 解析 信息系统安全工程验收方案的审核内容如下：
1）与安全需求、设计方案和实施方案的一致性。
2）能够从技术、管理和工程方面保障信息安全，实现安全目标与安全需求。
3）安全设计要求和指标、实现方法及其检测、验证手段。
4）工程交付物清单（安全体系架构图、安全配置策略、工程设计和实施文档等）齐全、完整，且与实际相符。
5）如适用，验收步骤和验收程序可考虑信息安全测评和风险评估环节。

（2）**答案：C** 解析 信息安全验收阶段的监理内容包括：系统测试的监理、工程验收方案的审核、工程验收过程的监理。

24.8 信息安全合规性要求

- 信息系统安全测评监理的主要内容不包括___(1)___。
  （1）A．监督测评机构的测评过程，确保测评工作规范、有序进行

B. 协调信息系统各相关方配合测评机构开展测评工作

C. 复核安全测评报告，对测评结果进行审核和评估

D. 对安全测评中发现的问题进行安全加固、安全优化等整改工作

- ___(2)___不属于信息安全风险评估的合规性要求。

（2）A. 应以保障组织业务使命为导向，开展信息安全风险评估工作

B. 信息安全风险评估应贯穿信息系统的规划、设计、实施、运行维护以及废弃各个阶段

C. 应参照 GB/T 20984《信息安全技术 信息安全风险评估方法》制定风险评估流程

D. 应确保风险评估结果完全符合组织的预期

- 下列选项中对信息安全业务连续性合规性描述错误的是___(3)___。

（3）A. 应以保护组织的核心业务、核心价值，保障组织的业务持续开展为出发点，进行业务影响分析（BIA）

B. 应基于成本评估和业务影响分析结论，制订业务连续性计划和灾难恢复计划

C. 应基于信息系统的不同层面、不同应用、不同资产，分别制定恢复时间目标（RTO）、恢复点目标（RPO）指标

D. 根据业务连续性计划和指标，建立业务连续性保障能力

答案及解析

（1）**答案：D** 解析 信息系统安全测评监理的主要内容包括：

1）应做好与安全测评机构的沟通，在工程验收阶段和系统运行阶段按需开展安全测评。

2）应协调信息系统各相关方配合测评机构开展测评工作。

3）应做好安全测评过程中相关的技术准备、文档准备和人员准备。

4）应对安全测评中发现的问题及时进行安全加固、安全优化等整改工作。

（2）**答案：D** 解析 信息安全风险评估的合规性要求如下：

1）应以保障组织业务使命为导向，开展信息安全风险评估工作，以风险评估作为安全需求的输入。

2）信息安全风险评估应贯穿信息系统的规划、设计、实施、运行维护以及废弃各个阶段。

3）应参照 GB/T 20984《信息安全技术 信息安全风险评估方法》，制定风险评估流程，覆盖风险评估准备、资产识别、威胁识别、脆弱性识别、已有安全措施确认、风险分析、风险处置等环节。

4）应确保并持续改进风险评估模型、方法和工具的合理性和适用性。

（3）**答案：B** 解析 信息安全业务连续性的合规性要求如下：

1）应以保护组织的核心业务、核心价值，保障组织的业务持续开展为出发点，进行业务影响分析（BIA）。

2）应基于风险评估和业务影响分析结论，制订业务连续性计划和灾难恢复计划。

3）应基于信息系统的不同层面、不同应用、不同资产，分别制定恢复时间目标（RTO）、恢复

点目标（RPO）指标。

4）应根据业务连续性计划和指标，建立业务连续性保障能力。

24.9 信息安全关键技术要求

- 关于数据完整性的检测和恢复，以下说法正确的是 ___(1)___ 。
  （1）A．仅需检测系统管理数据和鉴别信息在传输过程中的完整性
  　　B．仅需检测系统管理数据和鉴别信息在存储过程中的完整性
  　　C．对于等级保护第三级以上系统，还应对重要业务数据进行完整性检测，并在检测到错误时采取恢复措施
  　　D．数据完整性检测和恢复措施不是必要的

- ___(2)___ 不属于网络安全关键技术。
  （2）A．访问控制　　　B．安全审计　　　C．物理隔离　　　D．恶意代码防范

答案及解析

（1）答案：C　解析　数据备份与灾难恢复关键技术是数据完整性：
应检测出系统管理数据、鉴别信息在传输及存储过程中完整性是否受到破坏，等级保护第三级以上系统，还应对重要业务数据进行检测，并在检测到完整性错误时采取必要的恢复措施。

（2）答案：C　解析　网络安全关键技术包括：
1）各种服务器及网络核心设备宜放置在专门的电子设备机房。
2）信息网络平台中涉及的防火墙、防病毒系统等网络安全软硬件设备应通过国家相关安全测评认证机构的认证。
3）结构安全。
4）访问控制。
5）网络设备防护。
6）安全审计。
7）边界完整性。
8）入侵防范。
9）恶意代码防范。

24.10 案例分析题

阅读下列说明，回答问题1至问题3，将答案填入答题纸的对应栏内。

【说明】某政府部门建设了一套涉及敏感数据的信息管理系统。该系统通过公开招标确定了A

软件公司作为承建单位，B 监理公司为全过程监理单位。根据保密要求和等级保护条例，该系统被定为三级系统。在系统开发完成后，承建单位向业主单位提交了验收申请。业主单位委托 B 监理公司对该系统验收过程进行监理。

【问题 1】（5 分）

监理单位应如何审核承建单位提供的验收方案？

【问题 2】（5 分）

根据案例描述，请回答 B 监理单位在信息安全实施阶段应做的监理内容。

（至少回答 5 点）

【问题 3】（5 分）

判断下列描述是否正确。

（1）应按照"谁主管谁负责、谁运营谁负责、谁使用谁负责"的要求，落实信息安全责任主体。（　　）

（2）应按照"上级定级、统筹保护"的原则，参照《信息安全技术 网络安全等级保护实施指南》（GB/T 25058），开展等级保护的定级、备案、建设、测评、整改等工作。（　　）

（3）应参照《信息安全技术 网络安全等级保护基本要求》（GB/T 22239）中相应等级的技术和管理要求，选择并落实安全控制措施。（　　）

（4）应定期对信息系统安全状况、安全控制措施的符合情况进行互查，并按要求开展软件测评工作。（　　）

（5）应参照《信息安全技术 信息安全风险评估方法》（GB/T 20984），制定风险评估计划，覆盖风险评估准备、资产识别、威胁识别、脆弱性识别、已有安全措施确认、风险分析、风险处置等环节。（　　）

答案及解析

【问题 1】

信息安全系统在进行工程验收方案的审核时监理要重点关注以下几点：

（1）与安全需求、设计方案和实施方案的一致性。

（2）能够从技术、管理和工程方面保障信息安全，实现安全目标与安全需求。

（3）安全设计要求和指标、实现方法及其检测、验证手段。

（4）工程交付物清单（安全体系架构图、安全配置策略、工程设计和实施文档等）齐全、完整，且与实际相符。

（5）如适用，验收步骤和验收程序可考虑信息安全测评和风险评估环节。

【问题 2】

监理机构对数据中心设计方案的评审要点包括：

（1）对业主单位的风险评估工作提出建议。

（2）协助业务单位做好安全需求确定。

（3）配合业主单位、安全供应商完成定级备案程序，并做好网络安全等级保护方案的审核。

（4）做好对商用密码应用系统建设方案的审核。

（5）对关键信息基础设施安全防护方案的审核。

【问题3】

（1）对。应按照"谁主管谁负责、谁运营谁负责、谁使用谁负责"的要求，落实信息安全责任主体。

（2）错。应按照"自主定级、自主保护"的原则，参照《信息安全技术 网络安全等级保护实施指南》（GB/T 25058），开展等级保护的定级、备案、建设、测评、整改等工作。

（3）对。应参照《信息安全技术 网络安全等级保护基本要求》（GB/T 22239）中相应等级的技术和管理要求，选择并落实安全控制措施。

（4）错。应定期对信息系统安全状况、安全控制措施的符合情况进行自查，并按要求开展等级保护测评。

（5）错。应参照《信息安全技术 信息安全风险评估方法》（GB/T 20984），制定风险评估流程，覆盖风险评估准备、资产识别、威胁识别、脆弱性识别、已有安全措施确认、风险分析、风险处置等环节。

第25章 运行维护监理

25.1 概述

- 信息系统运行维护服务对象不包括___(1)___。
  - (1) A. 基础设施　　　B. 应用软件　　　C. 市政设施　　　D. 信息安全
- 信息系统运行维护监理的阶段不包括___(2)___。
  - (2) A. 招标阶段监理　　　　　　　B. 实施阶段监理
    　　C. 评估阶段监理　　　　　　　D. 试运行阶段监理
- 信息系统运行维护实施阶段监理中，___(3)___不是监理机构的责任。
  - (3) A. 建立考核制度、指标和办法　　B. 保证运行维护服务的质量
    　　C. 制定市场推广策略　　　　　　D. 协助组织灾难恢复演练

答案及解析

(1) **答案：C** 解析　信息系统运行维护服务对象通常分为基础设施、应用软件、数据、信息安全四类。

(2) **答案：D** 解析　信息系统运行维护监理的阶段包括：招标阶段监理、实施阶段监理和评估阶段监理。

(3) **答案：C** 解析　信息系统运行维护实施阶段的监理要求如下：

1) 监理机构应依据服务级别协议及服务目录，协助业主单位对运行维护服务商的工作进行监督和考核，包括建立考核制度、指标和办法，通过有效监督保证运行维护服务的质量。

2) 监理机构应配合业主单位及运维服务提供方共同制订可操作的业务连续性运行维护方案和

计划，并按照运行维护方案和计划监督运行维护服务商的运行维护工作。

3）监理机构应配合业主单位及运维服务提供方共同制订灾难恢复方案与计划，按照灾难恢复方案与计划，协助业主单位组织灾难恢复演练，并监督演练。

25.2 招标阶段监理工作

- 信息系统运行维护招标阶段监理活动中，不属于监理机构职责的是___(1)___。

  （1）A．协助业主单位明确运行维护的主要任务和服务标准

  B．直接参与运行维护服务的执行

  C．协助业主单位编制招标文件

  D．协助业主单位与运维服务提供方签署运行维护服务合同和服务级别协议（SLA）

- 在信息系统运行维护招标阶段监理活动中，___(2)___不是监理单位明确运行维护需求的内容。

  （2）A．确定运行维护任务和服务标准 B．编制监理规划

  C．确定市场定位策略 D．明确运行维护组织及管理模式

- 在信息系统运行维护招标阶段监理的主要输出文档中，不包括___(3)___。

  （3）A．监理规划 B．项目章程

  C．招标需求文件评审的监理意见 D．SLA评审的监理意见

答案及解析

（1）**答案：B**　**解析**　信息系统运行维护招标阶段监理活动主要聚焦于协助业主单位在运行维护服务采购过程中的规划和管理，确保招标、合同签订等环节的合规性和有效性。监理机构的职责包括协助业主单位明确需求、协助编制招标文件以及辅助签署合同和服务级别协议。监理机构的角色是监督和咨询，而不直接参与运行维护服务的执行，这一工作通常由选定的服务供应商完成。

（2）**答案：C**　**解析**　信息系统运行维护招标阶段监理单位应明确的运行维护需求内容如下：

1）根据运行维护招标特点编制监理规划，经业主单位签认后，作为监理工作的指导文件。

2）协助业主单位进行招标策划工作，根据业主单位需求及相关法律法规、政策和标准，确定运行维护任务和服务标准，作为后续监理工作的依据之一。

3）明确运行维护需求，包括运行维护对象、运行维护流程、运行维护组织及管理模式等，形成合法合规的、有针对性的、符合实际运行维护需要的招标要求。

在信息系统运行维护招标阶段，监理单位的职责包括根据运行维护招标的特点编制监理规划、协助业主单位进行招标策划工作、明确运行维护需求等，这些活动旨在确保运行维护服务的采购过程合法、合规且有效。其中，确定运行维护任务和服务标准、编制监理规划、明确运行维护组织及管理模式是监理单位的核心职责。相对而言，确定市场定位策略并不属于监理单位的职责范围，因为这更多关注于业务战略层面的决策，而非运行维护服务的采购和监理过程。

（3）**答案：B　解析**　在信息系统运行维护招标阶段监理的主要输出文档包括：
1）监理规划。
2）服务需求研讨会会议纪要。
3）招标需求文件评审的监理意见。
4）招标答疑纪要或备忘录。
5）合同评审的监理意见。
6）SLA 评审的监理意见。

25.3　实施阶段监理工作

- 信息系统运行维护监理实施阶段的进度控制监理工作不包括＿＿（1）＿＿。
  - （1）A．对运维服务提供方的整体运行维护计划进行审核
  　　　B．根据进度计划设置关键进度检查点
  　　　C．针对进度检查点进行审核，发现偏差时可以组织多方会议会商，修正进度计划
  　　　D．直接修改运维服务提供方的运行维护计划
- 在系统运行维护监理实施阶段，关于投资控制的描述，下列选项描述正确的是＿＿（2）＿＿。
  - （2）A．固定运行维护费用不需要监理机构的跟踪和评价
  　　　B．不固定运行维护费用的计算方法是服务单价加上固定费用
  　　　C．固定运行维护费用合同签订后，监理机构应跟踪合同执行情况并分块评价
  　　　D．不固定运行维护费用鼓励服务商减少工作量以降低成本
- 在系统运行维护监理实施阶段，关于投资控制活动及内容的描述，下列选项描述正确的是＿＿（3）＿＿。
  - （3）A．监理机构仅在项目结束时提交运维费用支付情况的监理报告
  　　　B．监理机构不参与运维服务提供方的技术方案评审
  　　　C．监理机构负责审核运行维护过程中的索赔事项及金额
  　　　D．监理机构不需要审核运行维护付款申请
- 在系统运行维护监理实施阶段合同管理的主要监理内容中，下列选项描述正确的是＿＿（4）＿＿。
  - （4）A．监理机构仅负责监督合同执行，不参与合同变更或索赔事件的处理
  　　　B．监理机构在合同变更或索赔事件时不需要协调项目各方提交相关材料
  　　　C．监理机构负责促使项目各方提交变更或索赔材料，并审查这些材料
  　　　D．监理机构不需要参与运行维护合同档案的归档、保存和借阅工作
- 在系统运行维护监理实施阶段文档资料管理的主要监理内容中，下列选项描述正确的是＿＿（5）＿＿。
  - （5）A．监理机构不需要参与运行维护过程文档的管理体系建立
  　　　B．监理机构仅负责运行维护服务的最终文档检查
  　　　C．监理机构负责检查和评审运维服务提供方提交的各类文档和单据

D. 监理机构不需要督促项目各方按表格模板编制文档
- 在系统运行维护监理实施阶段，____(6)____不属于监理工作的主要输出文档。
  (6) A. 监理实施细则 B. 项目竣工报告
  C. 监理月报 D. 绩效考核记录和报告

答案及解析

（1）**答案：D** **解析** 信息系统运行维护监理实施阶段进度控制监理工作的内容包括：
1）对运维服务提供方的整体运行维护计划进行审核。
2）根据进度计划设置关键进度检查点。
3）针对进度检查点进行审核，发现偏差时可以组织多方会议会商，修正进度计划。

监理方不应直接修改运维服务提供方的运行维护计划，而是通过审核、检查和会商的方式，与运维服务提供方沟通并达成一致，必要时修正进度计划。

（2）**答案：C** **解析** 系统运行维护监理实施阶段投资控制的方法如下：
1）固定运行维护费的控制方法。如果运行维护合同签订的是固定运行维护费，监理机构应跟踪合同执行全部过程，分块评价运行维护服务商对每部分合同内容的执行情况。
2）不固定运行维护费的控制方法。不固定运行维护费的计算方法一般是服务单价乘以数量（或工作量）。

固定运行维护费的控制方法要求监理机构在合同签订后，全程跟踪合同的执行情况。这包括分块评价运行维护服务商对每个合同内容的执行质量和效率，以确保服务提供商按照约定提供服务，并达到预期的维护标准。这种方法有助于确保项目的运行和维护费用控制在合理的范围内，同时保证服务质量。

选项A错误，因为固定运行维护费用确实需要监理机构的密切跟踪和评价。

选项B描述的计算方法错误，不固定运行维护费用的计算基于服务单价乘以数量或工作量，而不是加上固定费用。

选项D错误，因为不固定运行维护费用的计算方法并不直接鼓励服务商减少工作量。实际上，这种计费方式促使服务商根据实际提供的服务数量或工作量来确定费用，旨在合理控制成本，同时鼓励高效和高质量的服务。

（3）**答案：C** **解析** 选项A错误，监理机构应该按阶段而不是仅在项目结束时提交运行维护费用支付情况的监理报告。这有助于业主单位及时掌握和调整预算执行情况。

选项B错误，监理机构实际上需要协助业主单位对运维服务提供方的技术方案、实施方法等做出必要的经济可行性评审，并提出有效建议。这是其关键职责之一。

选项C正确，因为在系统运行维护监理实施阶段，监理机构负责审核运行维护过程中的索赔事项及索赔金额。这是投资控制活动的一部分，目的是确保运行维护费用的合理性和透明度，防止不必要的成本增加。

选项 D 错误，监理机构的职责之一就是审核运行维护各阶段的付款申请，核算运维过程的实际工作量，并出具支付意见，以确保费用的合理性和准确性。

在系统运行维护监理实施阶段投资控制活动及内容如下：

1）协助业主单位对运维服务提供方的技术方案、实施方法、管理方案、所采用的运维设施及设备等方面做出必要的经济可行性评审，并提出有效建议。

2）在运行维护实施过程中，按阶段提交运行维护费用支付情况的监理报告，协助业主单位掌握运行维护预算执行情况。

3）针对运行维护过程中的索赔事项，审核各项索赔金额。

4）审核运行维护各阶段的付款申请，核算运维过程的实际工作量，出具支付意见。

（4）**答案：C 解析** 选项 C 正确，因为在系统运行维护监理实施阶段合同管理中，监理机构的职责之一是在发生合同变更或索赔事件时，促使项目各方提交变更或索赔材料，审查这些材料，并做好协调工作及提出监理意见。这有助于确保合同变更或索赔处理的透明性和公正性，同时也保护了业主的利益。

选项 A 错误，因为监理机构的职责不仅仅是监督合同执行，还包括在合同变更或索赔事件中的参与和处理。

选项 B 错误，实际上监理机构在合同变更或索赔事件发生时，需要协调项目各方提交相关材料，并参与审查工作。

选项 D 错误，监理机构同样参与运行维护合同档案的管理工作，包括归档、保存、借阅等活动的监督和协调，以确保合同管理的规范性和有效性。

系统运行维护监理实施阶段合同管理的主要监理内容如下：

1）监督运行维护合同执行情况。

2）在发生合同变更或索赔事件时，促使项目各方提交变更或索赔材料，审查变更或索赔材料，做好协调工作并提出监理意见。

3）协调项目各方共同建立运行维护合同档案的归档、保存、借阅等合同管理制度，并监督其落实。

（5）**答案：C 解析** 在系统运行维护监理实施阶段文档资料管理的主要监理内容如下：

1）协助业主单位、运维服务提供方建立运行维护过程的文档管理体系和管理计划。

2）按照运行维护服务过程中统一的表格模板要求，督促各方编制运维文档。

3）检查和评审运维服务提供方在运行维护服务过程提交的各类文档和单据。

4）督促项目各方落实运行维护文档资料的归档、保存、借阅等的管理要求。

选项 C 正确，因为在系统运行维护监理实施阶段，监理机构的职责之一就是检查和评审运维服务提供方在服务过程中提交的各类文档和单据。这有助于确保文档的完整性、准确性和合规性。

选项 A 错误，监理机构需要参与或协助业主单位和运维服务提供方建立适当的文档管理体系和管理计划，以确保文档资料的有效管理。

选项 B 错误，监理机构的责任不仅限于最终文档的检查，还包括整个运维过程中文档的持续监督和评审。

选项 D 错误，监理机构的确需要督促项目各方根据统一的表格模板要求来编制和提交运维文档，这是保证文档一致性和标准性的重要措施。

（6）**答案：B** **解析** 在系统运行维护监理实施阶段的主要输出文档包括：监理实施细则；监理会议纪要；监理专题会议纪要；监理周报、监理月报；文档评审意见；针对各种事项提出的监理意见；监理联系单和监理通知单；绩效考核记录和报告等。

25.4 评估阶段监理工作

- 信息系统运行维护评估阶段，不属于本阶段监理活动的是＿＿（1）＿＿。
  （1）A．协助业主单位对运行维护对象的实际运行效果进行评估
  　　B．对运维服务提供方提交的服务验收申请、计划及其方案等进行审核
  　　C．协助业主单位制定绩效考核办法、方案和指标体系
  　　D．根据 SLA 协议对运维服务提供方进行考核
- 在信息系统运行维护评估阶段，＿＿（2）＿＿不属于监理工程师在服务验收过程中的工作内容。
  （2）A．审查服务商提交的验收申请
  　　B．检查服务商提交的验收文档，并输出监理意见
  　　C．根据绩效考核办法和方案对运维服务提供方进行综合评估
  　　D．协助业主单位组织验收会议，并签订验收报告
- 下列文档＿＿（3）＿＿不属于信息系统运行维护评估阶段的监理输出文档。
  （3）A．运行维护服务评估报告　　　　B．运行维护服务验收方案
  　　C．运行维护服务验收记录　　　　D．监理工作总结报告

答案及解析

（1）**答案：D** **解析** 信息系统运行维护评估阶段的监理活动包括：

1）协助业主单位对运行维护对象的实际运行效果进行评估，主要包括对基础设施、软件、数据和信息安全等各类运行维护对象的性能状况进行调查和评价。

2）对运维服务提供方提交的服务验收申请、计划及其方案等进行审核。

3）协助业主单位制定绩效考核办法、方案和指标体系。

4）根据绩效考核办法和方案进行绩效考核，对运行维护服务进行评估，形成运行维护服务评估报告。

5）协助业主单位完成服务验收。

（2）**答案：C** **解析** 信息系统运行维护服务验收过程的监理工作内容包括：

1）审查服务商提交的验收申请。

2）检查服务商提交的验收文档，并输出监理意见。
3）协助业主单位组织验收会议，并签订验收报告。
4）协助业主单位做好服务移交工作。
5）根据运行维护合同，签发运行维护费用支付意见。
（3）**答案：B 解析** 评估阶段的输出监理文档：监理意见；运行维护服务验收记录；监理会议纪要；运行维护服务评估报告；运行维护费用支付意见；监理工作总结报告、监理费申请等。

25.5 运行维护的监理要点

- _____（1）_____ 不属于软件类运行维护服务例行操作监理的要点内容。
  （1）A. 督促运维服务提供方根据软件运行维护对象的特点开展工作
  　　B. 审核运维服务提供方提供的例行维护实施方案、维护记录、维护报告等文档
  　　C. 要求运维服务提供方定期对软硬件资产进行盘点，并提交盘点报告
  　　D. 跟踪系统变更过程，监督变更过程的规范性
- _____（2）_____ 不属于软件类运行维护服务响应支持监理的要点内容。
  （2）A. 检查运维服务提供方的响应支持服务与运行维护 SLA 的符合性
  　　B. 监督、检查运维服务提供方响应支持服务处理过程的严谨性
  　　C. 对运维服务提供方响应支持服务中存在的问题及时提出纠正和改进建议
  　　D. 审核运维服务提供方的运维人员资质，确保其具备相应的技能和经验
- _____（3）_____ 不属于信息安全类运行维护服务优化改善监理的工作内容。
  （3）A. 督促运维服务提供方对安全运行维护方案进行调整和适应性改进
  　　B. 建议运维服务提供方优化完善安全运行维护方案，并对优化后的方案进行评审
  　　C. 根据安全运行维护记录和趋势分析，发现安全运行过程的脆弱点，督促服务商进行针对性改进
  　　D. 直接对运维服务提供方的安全运行维护方案进行修改，并要求其严格执行

答案及解析

（1）**答案：C 解析** 软件类运行维护服务例行操作监理的要点内容如下：
1）督促运维服务提供方根据软件运行维护对象的特点。
2）对软件例行巡检、缺陷管理、变更管理、补丁程序管理、发布管理、版本管理、文档管理等运行维护活动实施监督管理。
3）对系统恢复过程进行跟踪和监督。

4）依据维护计划、维护手册或维护规程，监督运维服务提供方的例行维护活动，审核运维服务提供方提供的例行维护实施方案、维护记录、维护报告等文档。

5）跟踪系统变更过程，监督变更过程的规范性。

6）督促运维服务提供方在运行维护过程中记录运行状态、异常处理记录，提供趋势分析及可能的风险消除建议。

7）督促运维服务提供方对软件缺陷实施统一管理，形成缺陷管理表，并定期对缺陷状态进行确认。

8）要求运维服务提供方利用运行维护管理平台自动实现对软件各类资源的数据采集、状态监控和性能分析、更新软件分发。

（2）**答案：D 解析** 软件类运行维护服务响应支持监理的要点内容如下：

1）检查运维服务提供方的响应支持服务与运行维护 SLA 的符合性。

2）依据运行维护 SLA、维护手册或维护规程，监督、检查运维服务提供方的响应支持服务，包括处理的及时性、处理过程的严谨性及准确性、文档提交的准确性等。

3）对运维服务提供方响应支持服务中存在的问题及时提出纠正和改进建议。

4）宜要求运维服务提供方建立故障诊断知识库，应包括常见故障的原因与现象、故障排除步骤、故障诊断方法、故障诊断与修复原则等。

（3）**答案：D 解析** 信息安全类运行维护服务优化改善监理的工作内容如下：

1）依据安全运行维护相关管理制度和系统安全定级情况，督促运维服务提供方对安全运行维护方案进行调整和适应性改进，包括但不限于安全巡检、安全加固、脆弱性检查、渗透性测试、安全风险评估、应急保障等方案和措施。

2）建议运维服务提供方在安全运行维护过程中，优化完善安全运行维护方案，并对优化完善后的方案进行评审。

3）可根据对安全运行维护记录、趋势的分析，结合安全运行的需求，发现安全运行过程的脆弱点，督促服务商有针对性地进行改进性作业和预防性改进。

25.6　案例分析题

阅读下列说明，回答问题 1 至问题 2，将答案填入答题纸的对应栏内。

【说明】某市电子政务网招标运行维护监理业务，监理公司 A 中标电子政务运行维护监理业务。

事件一：监理单位在监理过程中对中心机房的运行维护服务商响应支持服务中存在的问题及时提出纠正和改进监理建议，使响应服务得到改善。

事件二：监理单位在监理过程中要求电子政务网的运维服务提供单位使用针对性的运行维护工具，对本项目的电子政务网开展运行维护活动。

【问题 1】请根据事件一回答基础设施类响应支持监理要点有哪些。（8 分）

【问题 2】请根据事件二回答基础设施类例行操作监理要点有哪些。（8 分）

答案及解析

【问题 1】 基础设施类响应支持监理要点包括：

（1）检查运维服务提供方的响应支持服务与运行维护 SLA 的符合性。

（2）依据运行维护 SLA、维护手册或维护规程，监督、检查运维服务提供方的响应支持服务，包括处理的及时性、处理过程的严谨性及准确性、文档提交的准确性等。

（3）要求运维服务提供方建立故障诊断知识库。

（4）对服务商响应支持服务中存在的问题及时提出纠正和改进建议。

【问题 2】 基础设施类例行操作监理要点包括：

（1）监督检查例行操作的计划性和完整性。

（2）对设施监控的不间断性、问题汇报和分析的及时性进行监督。

（3）监督检查定期保养、配置备份等常规操作的计划性、准确性、记录的完整性及可追溯性。

（4）要求运维服务提供方利用运行维护系统和工具，对基础设施开展运行维护活动。